管理会计与内部控制

于 明 著

济南出版社

图书在版编目（CIP）数据

管理会计与内部控制 / 于明著 . -- 济南 : 济南出版社 , 2025. 7. -- ISBN 978-7-5488-7468-3

Ⅰ . F234.3

中国国家版本馆 CIP 数据核字第 2025E43G22 号

管理会计与内部控制

GUANLI KUAIJI YU NEIBU KONGZHI

于 明 著

责任编辑 陈玉凤
封面设计 张 倩

出版发行 济南出版社
地 址 山东省济南市二环南路 1 号（250002）
总 编 室 0531-86131715
印 刷 济南新科印务有限公司
版 次 2025 年 7 月第 1 版
印 次 2025 年 7 月第 1 次印刷
开 本 170mm × 240mm 16 开
印 张 19.5
字 数 283 千字
书 号 ISBN 978-7-5488-7468-3
定 价 68.00 元

如有印装质量问题 请与出版社出版部联系调换
电话：0531-86131736

版权所有 盗版必究

前　言

在经济全球化与市场竞争日趋激烈的当下，企业若想在复杂多变的环境中站稳脚跟，实现可持续发展，高效的内部管理至关重要。管理会计与内部控制作为企业内部管理的两大关键要素，在企业资源配置、风险防范、战略推进等诸多方面发挥着核心作用，二者相辅相成、相互促进。然而，在实际运营中，众多企业对管理会计与内部控制的协同运用存在理解偏差、执行不力等问题，导致其效能未能充分释放。基于此，我们精心编写了这本《管理会计与内部控制》，期望为企业管理者、财务工作者以及对该领域感兴趣的人士，提供全面且深入的理论知识与实践指引。

本书在撰写过程中，博采众长，深入挖掘管理会计与内部控制的理论精髓，紧密结合国内外企业的实际案例，力求做到理论与实践的深度融合。从管理会计的发展脉络、职能范畴，到内部控制的架构搭建、要素解析，再到二者融合的路径探索、价值创造，均进行了细致入微的阐述。同时，对当下企业在管理会计与内部控制实践中面临的挑战与困境，如信息沟通不畅、风险评估滞后、控制活动形式化等，进行了深入剖析，并有针对性地提出了解决方案。

衷心希望本书能够成为您在管理会计与内部控制领域探索之路上的得力助手，助力您深化对这两大领域的理解，提升企业内部管理水平，为企业的繁荣发展贡献力量。由于时间与作者水平有限，书中难免存在疏漏与不足之处，恳请广大读者批评指正。

于　明

目 录

第一章　管理会计概述

一、管理会计基本理论

管理会计作为企业管理的一部分，其基本理论涵盖多个核心要素。这些要素不仅包括传统的成本核算、预算管理和财务控制，还涉及更为动态的战略规划和决策支持。成本核算是管理会计的基础，通过精确的成本计算，企业能够实时了解各项活动的经济效益，从而进行合理的资源配置。这种精确的成本核算使管理者能够针对不同部门或项目采取灵活而有效的措施，以实现最大化的经济效益。预算管理是企业实现目标的关键工具，通过制定和执行预算，企业可确保资源合理分配，并跟踪了解实际业绩与计划出现的差异。这不仅有助于实现财务健康与可持续发展，还能够提高对风险的敏感度，使企业能够提前识别潜在问题并采取预防措施。此外，现代管理会计还强调战略规划与决策支持的重要性。通过分析市场趋势和竞争态势，管理会计能够赋予企业更强的竞争力，使其在快速变化的商业环境中稳步前行。这些扩展功能不仅提升了企业的管理效率，也为其长期发展奠定了坚实的基础。财务控制不仅是监督企业资源使用的工具，而且在多个层面对企业的持续发展发挥着至关重要的作用。一方面，在资源配置和优化上，财务控制通过详尽的数据分析和预算管理，确保企业在资源分配上达到最佳效果，从而提高运营效率；另一方面，管理会计的理论框架提醒企业，战略规划不只是对当前资源的合理利用，更是对未来发展的前瞻性布局。通过对市场趋势和竞争环境的深入分析，企业能够更准确地设定长期目标，并在不断变化的市场中保持竞争优势。

与此同时，决策支持系统借助先进的数据挖掘技术和预测模型，可以帮助管理层打破信息壁垒，为其提供更为精准的决策依据。这些工具可以快速处理大量的经营数据，识别潜在的市场机会和威胁，使决策过程更加灵活和敏捷，尤其是在当前复杂多变的经济环境中，企业依赖于准确的信息和分析，才能在市场竞争中立于不败之地。这种多层次的支持系统，使得企业在面对不确定性时，仍然能够快速响应，并保持稳健增长。

因此，管理会计的基本理论不仅能帮助企业在日常运营中优化资源配置，还可以为战略决策提供必要的支持。通过详细的数据分析和财务预测，能够为企业提供准确的内部报告支持，确保企业能够在激烈的市场竞争中持续发展。这些报告不仅可以揭示当前的财务状况，还能预测未来的经济趋势，为管理层制定长期战略提供科学依据。管理会计的灵活性也允许企业根据外部环境的变化做出及时调整，从而抵御市场风险，提升竞争优势。此外，管理会计强调数据的时效性与准确性，使得企业能够迅速识别和解决运营中的问题。这种前瞻性和系统性的方法，使企业在快速变化的市场中始终保持敏捷性和创新能力，确保其在复杂多变的商业环境中实现可持续增长。

（一）管理会计的核心目标

管理会计作为重要的管理工具和学科领域，在不同历史阶段呈现出独特的发展特点，在现代企业管理中展现出前沿的发展趋势。探讨管理会计的基本理论，能够帮助我们更深刻地理解其角色与定位，以及在日益数字化的商业环境中的发展驱动力。首先，管理会计的演变反映了其从单纯的成本核算工具向战略决策支持角色的转变。随着商业环境的复杂化和竞争的加剧，管理会计逐步涵盖预算、绩效评估、风险管理等领域，进而为企业提供更全面的管理信息支持。在20世纪后期，平衡计分卡的引入又将管理会计推向新的高度，通过综合财务和非财务指标促进企业的全面发展。在当代，管理会计的数字化转型成为不可逆的趋势，先进的数据分析技术、人工智能和区块链等工具正大幅提升管理会计的效率和精确性。这些技术不仅加快了信息的处理速度，还增强了管理会计承担复杂管理决策的能力。因此，研究管理会计不仅是学术探讨，而且能为企业在激烈竞争中取得成功提供关键性的战略支持。

管理会计作为企业内部管理的关键工具，发挥着至关重要的作用。它不仅通过系统化的数据收集、精准的分析和深入的解读为企业提供全方位的支持，而且为企业制定战略提供科学而客观的基础。通过合理的资源分配和严谨的绩效评价，管理会计帮助企业在日益激烈的市场竞争中立于不败之地。从学科性质来看，管理会计虽然属于财务学科领域，但其功能远远超出传统的财务控制范畴。随着管理理论的不断发展和深化，管理会计逐渐演变为一门注重经营决策的学科，它不仅是对数字进行分析的决策支持工具，更是企业在制定可持续发展战略和优化资源分配方案时的重要价值管理手段。在企业长期规划、风险管理和成本控制中，管理会计能够为企业管理层提供洞见，从而提升企业整体运作效率和竞争优势。通过对外部环境和内部运营情况的全面把控，管理会计确立了在企业战略制定中的核心地位，是现代企业不可或缺的支柱。

构建管理会计的核心目标体系，是实现其职能价值的关键之举。在现代企业中，管理会计不可或缺，其核心目标通常包括提高决策质量、优化资源配置、提升运营效率以及全方位的风险管理。这些目标不仅是独立的职能，而且包含在一个系统化的战略框架中。通过这些目标的实现，管理会计能够帮助企业在复杂多变的市场环境中保持竞争优势。

提高决策质量是管理会计的首要目标。精准的财务分析和数据支持能够为企业的高层管理人员提供宝贵的信息，使其在做出战略性决策时，最大限度地避免盲目性和错误。资源配置的优化则关注企业内部资源的合理调度与利用，确保企业在获取最佳收益的同时保持稳健经营。提升运营效率则致力于简化流程、减少浪费，提高各部门协同工作的执行力。

在风险管理方面，管理会计通过敏锐的风险预测和有效的应对措施，确保企业在动荡的商业环境中具备足够的抵御能力。管理会计的目标体系往往与企业的战略目标紧密相连，这种关联性要求其具备高度的适应性和前瞻性，确保企业能在市场竞争中持续保持优势地位。一个立体化的管理会计目标体系，实际上是企业长远发展的重要驱动力。

了解管理会计的发展历程，可以帮助我们从历史视角解读其演变逻辑和进化路径。管理会计的发展，从最初的财务管理阶段，到后来的成本控制、绩效管理阶段，彰显了其在支持企业决策过程中不可或缺的地位。20世纪初期，管理会计主要聚焦传统财务数据分析，旨在帮助企业更好地分配资源和控制成本。20世纪中期，随着企业规模的扩大和市场竞争的加剧，绩效管理逐渐成为管理会计的核心内容。企业不仅需要关注成本，还需要关注绩效指标，以推动经营目标的达成。

进入21世纪，信息技术的迅猛发展对管理会计产生了深远的影响，推动其向数字化转型方向迈进。现代企业面临着前所未有的数据处理需求，大数据、人工智能等新技术的引入，使管理会计能够更深层次地挖掘数据价值，从数据中提炼出更具洞察力的决策依据。这种数字化转型为管理会计带来了新的机遇，如提高决策准确性、缩短决策周期等，同时也赋予了管理会计新的挑战。管理会计从业者必须不断更新技能，掌握新技术，以便更好地整合和应用这些工具来应对复杂的商业环境。这一进程强调了管理会计在企业可持续发展进程中不可替代的战略地位。

在数字化转型背景下，管理会计的前沿趋势包括向智能化、实时化发展。在这一过程中，人工智能（AI）和大数据分析等技术的应用，促使管理会计越来越依赖于精确的数据驱动决策。例如，借助AI技术进行实时预算调整，企业能够根据市场动态和内部条件的变化，迅速调整其财务策略，从而保持竞争优势。此外，通过复杂的数据建模和机器学习算法，管理会计能够模拟不同情境下的财务结果，帮助企业在不确定的环境中做出更明智的决策。值得一提的是，这些技术趋势不仅提高了管理决策的科学性和准确性，还大大缩短了决策的反应时间，使得企业能够更加灵活和快速地响应市场变化。同时，智能化工具的广泛应用还帮助企业降低了运营成本，提高了效率，从而推动了企业的整体发展。这些趋势无疑为管理会计的未来发展开启了新的可能性。

随着全球对可持续发展的日益关注，管理会计逐渐将ESG（环境、社会、治理）目标纳入其框架中，赋予预算编制新的内涵。这一趋势促进了环境保护与企业经营活动的有机融合，推动企业在履行社会责任的同时实现经济效益最大化。值得注意的是，ESG框架的引入不是对传统财务指标的补充，而是以一种全新的视野，激发了企业内部的创新和变革。通过将资源合理配置到绿色技术和可持续项目上，管理层既能减少对环境的负面影响，又能在履行社会责任方面取得显著成就。通过透明化与有效的治理结构，企业能够更好地管理风险，提高资本的吸引力，增强长期投资者的信心。随着这一趋势的不断深化，企业在全球竞争中不仅能够提升声誉，还有机会拥抱新的增长点，实现可持续发展的长期愿景。

综上所述，管理会计基本理论框架的合理构建，要求我们立足理论研究与实务应用并重，持续深入探索、践行其内涵与作用。这不仅有助于企业适应不断变化的市场环境，还将在实现长期战略目标的过程中发挥至关重要的作用。随着数字化技术的渗透与企业经营环境的复杂化，管理会计在企业管理中的地位将愈发重要，未来的发展前景也将更为广阔和多元。

在这种背景下，管理会计不仅仅是提供财务信息，还将扩展到策略制定和风险管理等领域。通过持续更新和深化管理会计理论，企业可以获得更敏锐的市场洞察力，并制定更有效的运营策略。另外，数据分析、人工智能等数字化工具的应用，正在重塑管理会计的职能。这些技术不但提高了财报的精准度和实时性，还增强了企业对未来的预测和应对能力，促使管理会计从传统角色向智能化、战略化方向转型。因此，我们必须关注行业动态和技术进步，确保管理会计能够在企业各个层面创造更大价值，从而推动企业在全球竞争中取得先机。

1. 管理会计的学科定位

管理会计是一门介于财务会计和企业管理之间的重要学科，既关注企业的财务数据记录和报告，又深入分析这些数据，以支持各种决策制定过程。管理会计的核心职责不仅是提供准确的财务信息，更在于转化这些信息，使其能够为企业各种战略与运营决策提供有效的数据支持。通过预算编制，管理会计能够预测未来财务需求，帮助企业制定合理的财务规划；通过成本管理，管理会计能够识别并消除不必要的资源浪费，从而提升企业的盈利能力。此外，通过业绩评估，管理会计还能监测和分析企业或部门的业绩表现，及时调整经营策略，以增强竞争力和市场应对能力。在这一过程中，管理会计师不仅需要具备扎实的会计和财务知识，还需具备出色的分析能力和战略思维，以便与各部门协同合作，共同推动企业资源的优化配置，并最终实现提升经营效率和创造企业价值的目标。

不同于财务会计主要面向外部报告的职能，管理会计更侧重于企业内部的管理需求。它不仅是传统的成本核算工具，更是为企业战略规划和运营决策提供支持的动态平台。其强调信息的时效性和相关性，通过实时、可用的财务和非财务信息来帮助企业优化业务流程、降低运营成本、提高生产效率以及增强市场竞争力。在信息提供方面，管理会计关注如何将复杂的财务数据转化为易于理解的决策支持信息，助力企业在激烈的市场环境中站稳脚跟。

随着信息技术的飞速发展，管理会计已经不再局限于传统的手工报表和计算，而是与大数据分析、云计算、人工智能等现代技术相结合。通过这些技术手段，管理会计不仅提升了信息处理的速度和广度，还提供了对市场趋势、消费者行为等的深刻洞察，使企业能够更准确地把握发展机遇和预见潜在风险。这种技术进步使得管理会计成为企业高层决策不可或缺的工具，推动决策的科学性和准确性提升。通过不断革新管理会计的职能，企业可以在快速变化的商业环境中保持灵活性和创新能力，为长期的价值创造打下坚实基础。

管理会计的学科定位还强调了其跨学科的特性，涵盖了经济学、统计学、行为科学等多个领域的知识，使得管理会计师除了具备会计专业技能，还需具备广泛的商业视野和综合分析能力，以更好地支持企业应对日益复杂的经济环境和竞争压力。这种跨学科的特性使得管理会计师不仅是数字的管理者，还是企业战略的重要参与者。他们需要理解市场动态，分析消费者行为，并将这些信息转化为财务数据，为企业制定战略规划提供重要依据。此外，管理会计师还需要具备良好的沟通能力，以便有效地与企业内外不同部门合作，推动企业朝着既定的目标前进。在科技迅猛发展的现代社会，管理会计师也需要不断更新自身技能，熟悉最新的信息技术和分析工具，从而在大数据和人工智能的浪潮中保持竞争优势。总之，管理会计的发展不仅需要传统的技术能力，更需要不断拓展的视野和灵活应对变化的能力。

（1）区别于财务会计的内部管理属性

财务会计的主要功能在于为外部利益相关者提供透明、标准化的财务信息，这些利益相关者包括投资者、债权人和监管机构。通过客观、准确的财务报告，外部各方能够评估公司的财务健康状况、经营表现以及现金流动，从而做出明智的投资或信贷决策。这些财务信息通常需要遵循普遍认可的会计准则，比如国际财务报告准则（IFRS）或普遍公认会计原则（GAAP），以确保其可靠性和可比性。同时，财务报告通常会经过严格的第三方审核，以保证其准确性和公正性。

然而，与财务会计侧重于外部使用者的信息需求不同，管理会计侧重于为企业内部管理层提供信息。管理会计的宗旨是提升内部决策的效率和有效性。其通过翔实的数据分析，帮助公司管理层开展运营优化、预算编制、绩效评估和战略规划。在管理会计工作中，信息的准确性和实时性尤为重要，因其直接影响企业的日常运作和长期发展策略。因此，在为管理层提供支持的过程中，管理会计往往会采用灵活的、不受严格标准限制的方法，以更好地服务于企业的具体管理需求。

在现代企业内部管理中，数据的灵活性和即时性显得格外重要。管理人员依靠这些信息，可以更快速地调整企业的运营战略，以适应日益变化的市场环境。管理会计的角色不仅限于传统的财务数据分析，还跨越了各个领域，整合了运营指标、市场趋势和其他相关因素。这种多维度的分析工具，使管理层能够获得一个关于企业表现的更全面、更深入的视角。

通过全面的分析，管理会计聚焦未来的预测和长期的计划，使之成为一个动态的过程，深度融入企业的日常运营。内部管理会计的特性使其常常不拘泥于财务会计的严格规范，更加强调实用性和针对性。管理会计以灵活的方式助力企业在激烈的市场竞争中维持优势，使其在市场波动时也能够迅速做出调整，并抓住机遇。这种以实用为导向的分析方式，推动企业内部的创新和效率改善，为其长期发展奠定了坚实的基础。

（2）服务于战略决策的价值创造职能

服务于战略决策的价值创造职能不仅限于简单的数据分析和信息提供的任务，其实质是企业形成持久竞争力、实现长期战略目标以及推动可持续增长的核心驱动力。在这一职能的引导下，决策者不仅能够依托全面细致的市场分析，还能精准识别市场走向和行业趋势，进而做出明智的预测和规划。在面对不断演变的商业环境时，决策者通过整合内部和外部的多元数据资源，可以更加清晰地识别出潜在的机会和隐含的风险。这样一来，他们能够自信地优化资源分配策略，合理调配人力、物力和财力，同时推动创新和变革，确保企业在激烈的市场竞争中保持活力和创新力。无论是开发新产品，还是开拓新市场，这种深刻的战略决策职能都发挥着不可或缺的作用。

这种职能需要具备高度灵活性和敏捷性，以迅速响应不断变化的市场动态和日益加剧的竞争压力。这不仅仅是执行层面的要求，更是企业生存与发展的关键。通过这种灵活性，企业能够更快速地调整战略，捕捉细微的市场趋势，并及时推出有针对性的解决方案。此外，这一职能还要求与公司的各个部门形成协同效应，包括财务、营销、研发团队等。各个部门的紧密合作确保了战略决策的科学性和有效性，实现与企业整体战略方向的无缝衔接。通过制度化地开展战略评估和价值分析，企业不仅可以有效提升投资回报率，而且能在竞争激烈的市场中构建并巩固持久的品牌影响力与信任度。价值创造职能的有力运用，能够帮助企业在市场变动中立于不败之地，同时也能在新兴市场和技术领域抢占先机，推动企业实现更长远的商业成功和可持续发展。通过这种职能的有效发挥，企业既能满足当下的市场需求，又能够为未来的创新和增长奠定坚实的基础。

2. 核心目标体系构建

企业在制定核心目标体系时，需要深入分析自身的市场地位、竞争优势以及面临的挑战。首先，企业应明确自身的使命和愿景，厘清长期发展的方向。这不仅有助于内部各级员工理解企业的终极目标，还可在对外宣传中塑造清晰的品牌形象。其次，核心目标体系的构建应基于全面的数据分析和市场调研，以确保目标的现实性和可行性。在此基础上，企业需设定若干具体的阶段性目标，对长远战略进行有效的分解和执行。此外，企业需具备目标体系的动态调整能力，及时应对外部环境的变化，如政策调整、市场需求变化等，从而在竞争中持续保持领先地位。最后，建立有效的沟通机制和绩效评价体系，让每一位员工都能在实践中感受到核心目标的指导作用。这不仅能激发员工的自我驱动力，也能增强团队的凝聚力，推动企业持续创新和发展。通过以上措施，企业能够打造出适应性强、具备前瞻性的核心目标体系，在激烈的市场竞争中稳步前行。

在构建核心目标体系时，企业需要全面考虑内外部环境的变化，准确把握市场趋势和技术创新的动向。企业需要深入了解自身的优势与不足，通过数据分析和市场调研，明确企业在未来发展中的定位和方向。这种战略性的思考和前瞻性的规划，有助于企业在新的商业格局中顺利转换，并且识别出潜在的机遇与挑战。

除此之外，企业还需建立灵活的应对机制，以便能够迅速适应不断变化的市场环境。现代商业环境往往充满不确定性，因此，企业必须具备敏捷性，以快速调整和优化其战略决策。另外，强化企业内部的创新文化，通过开放的沟通和跨部门的协作，激发员工的创新潜能，这也是提升企业竞争力的关键之一。最后，企业还应关注可持续发展，将社会责任融入核心目标，提升企业的社会形象和市场信任度。这不仅有助于实现经济利益的最大化，更能为企业的长期成功奠定坚实的基础。

核心目标体系的构建，还应强调企业文化和价值观的融入。企业文化不仅是企业发展的根基，更是员工激励的源泉。企业虽然可以通过物质奖励提升员工的工作动力，但当企业文化与员工个人价值观紧密契合时，这种内在动力则会更加持久和深远。构建一个以企业文化为导向的核心目标体系，不仅能够增强内部凝聚力，使员工感受到归属感和成就感，还能吸引志同道合的合作伙伴，形成更广泛的战略联盟。例如，通过明确企业的使命、愿景以及核心价值观，企业可以在面对激烈的市场竞争时，确保所有成员在统一目标指引下行动，从而在变化多端的商业环境中站稳脚跟。拥有强大文化根基的企业往往更具创新能力，因为在这样一个开放包容的环境中，员工能够感受到支持与信任，从而勇于提出创新的观点和方案。因此，企业应当考虑将文化建设作为核心战略的一部分，确保其与业务发展同步推进。

最后，核心目标体系不能仅停留在规划层面，而应落实到具体的执行计划中，确保每一位员工都能在日常工作中贯彻执行。这就要求企业具备强大的管理能力和灵活的调整机制，以应对快速变化的市场环境。在这个过程中，随着目标的不断调整和优化，企业将建立起较高层次的竞争优势，从而在行业中稳步前行。企业需要注重员工的持续培训和知识更新，确保他们能够适应新的挑战和技术变革。这不仅是为了提升个体的效率和技能，而且是通过打造一个更为同心协力的团队，形成强大的内部协作力。与此同时，开放的沟通渠道和合理的激励机制也是关键，能够激励员工不断追求卓越，并在企业求变时，提供有力的支持与创新动能。通过这些方式，企业不仅能够在市场竞争中占据上风，还能在内外环境的转变中保持长久的活力与生机。

（1）资源优化配置与效率提升

资源优化配置与效率提升是现代企业管理中至关重要的一部分，不仅关系到公司的运营成本，还对企业的竞争优势有着直接的影响。在不断变化的市场环境下，企业面临着如何以最小的成本投入获得最大的产出这一难题。为了实现这一目标，企业需要从多方面入手进行资源的优化配置，包括深入分析市场需求，准确预测未来趋势，从而合理分配人力、物力以及财力资源。企业还应该引入先进的技术工具，如人工智能和大数据分析，以实现更加精细化的管理。这些技术可以帮助企业识别潜在的低效环节，并提出有针对性的改进措施。此外，加强员工的培训和发展计划，也是提高工作效率的重要途径，一支技能熟练且具备创新思维的团队，能够更好地应对瞬息万变的市场挑战。通过全面的资源优化，企业不仅能有效降低运营成本，还能提升整体的工作效率，从而在激烈的市场竞争中占据有利地位。

首先，企业可以通过引入先进的信息技术来提高资源配置的效率。例如，使用数据分析工具来识别资源浪费的环节，及时进行调整和优化。企业还可以运用人工智能和机器学习技术，分析海量的数据，预测市场需求变化，进而调整资源分配以适应新的市场动态。依托这些技术手段，企业不仅能够更精准地掌握市场趋势和消费者偏好，还能减少资源浪费，提高资源利用率。随着信息技术的不断发展，这些工具也在不断更新进化，企业可以通过与时俱进的技术应用来保持竞争优势。通过整合这些新技术，企业还能够优化供应链流程，提高生产效率，在市场中形成独特的竞争力，从而确保在瞬息万变的商业环境中立于不败之地。

其次，优化供应链管理在提升资源配置效率中扮演着至关重要的角色。企业在协调整个供应链时，首先需要建立与供应商之间的良好合作关系。通过加强信息共享，企业能够及时获取原材料供应情况，从而更精准地安排生产计划，避免库存积压或产品短缺。另外，企业应注重与分销商和客户的互动，以实现信息的双向流通。通过实时了解市场需求的变化，企业能够快速调整营销策略和产品分销策略，确保产品以最优速度和数量到达市场。这不仅降低了库存持有成本，还有效提升了企业对市场需求变化的灵活应对能力。此外，技术的应用也是不可忽视的因素。借助现代化技术手段，企业可以对供应链的每一个环节进行精准的监控和优化，实现物流和信息流的高度整合，进而全面提升资源配置的效率和效益。凭借这些策略，企业不仅能够在市场中保持竞争优势，还能通过优化内部流程实现可持续发展。

最后，企业要重视人力资源的优化配置。在当今竞争激烈的商业环境中，人力资源作为企业最重要的资产之一，其优化配置不仅影响生产效率，还直接影响企业的长期发展和竞争优势。为了实现这一目标，企业需要建立和实施完善的培训机制，通过动员内部资源和利用外部资源，系统性地提高员工的专业技能和综合素质。此外，合理的激励制度同样至关重要。通过设定合理的绩效考核标准，结合物质奖励和精神激励，企业可以有效地提高员工的工作积极性和职业忠诚度。同时，通过定期反馈机制，企业能够及时了解员工的需求和期望，以便进行适时的调整和改善。这种长期规划与短期激励相结合的策略，不仅有助于提高员工的工作效率和满意度，还能在动态的市场环境中确保企业资源实现最佳利用，从而推动企业持续发展、迈向成功。

资源优化配置是一个复杂且需要多方面协同的过程，不仅依赖于先进技术的运用，更要求管理制度完善以及决策模式灵活。先进技术的引入能提高资源的使用效率，减少浪费，从而进一步降低企业的运营成本。例如，通过大数据分析和人工智能算法，可以精准预测市场需求和库存管理，确保企业能够及时调整生产计划，避免资源的闲置或短缺。然而，仅仅依赖技术并不足够，企业管理制度的健全和决策机制的灵活同样不可或缺。管理制度的完善能确保企业各个部门之间高效协作，避免资源的重复配置或不当使用。此外，灵活的决策模式允许企业在面对市场变化时，迅速调整策略，以最优的方式配置资源，实现效益的最大化。通过技术、制度和决策的有机结合，企业才能在高度竞争的市场环境中持续保持效率和竞争力。

（2）风险量化管理与决策支持

在现代商业环境中，风险量化管理扮演着至关重要的角色。财务、技术和市场都充满了不确定性，企业需要全面的风险管理策略来指导决策过程。风险量化管理的核心在于通过各种数学模型和统计分析手段，将潜在的风险因素以可量化、具体的形式呈现，从而帮助管理层针对不同风险制定有效的应对措施。这一过程不仅需要对历史数据进行深入分析，还需结合预测模型来评估未来可能发生的情况。通过风险量化管理，企业不仅可以识别和评估风险，还能够提高资源配置的效率，优化整体战略规划。管理层可以通过这种方法识别出高风险区域并进行优先处理，确保企业在快速变化的市场环境中保持灵活性和竞争力。此外，风险量化管理还可以提升企业的透明度和问责制效能，增强投资者信心，进而提高公司在金融市场中的声誉。使用先进的风险量化工具，企业能够更好地实施内部控制，并在必要时及时地调整策略，从而实现长期可持续发展。

决策支持是将量化后的风险信息转化为实际行动的关键步骤。在这一过程中，管理层依托这些定量分析结果，可以更理性地优化决策过程，实现资源配置效率的最大化，同时将潜在损失降到最低。决策支持系统所扮演的角色不可小觑，它能够帮助企业在错综复杂、瞬息万变的市场环境中保持灵活性，快速应对外部变化，将潜藏的风险转化为企业的战略优势。举例来说，当市场条件发生不可预测的变化时，一个有效的决策支持系统可以提供精准的数据分析，帮助企业迅速调整其行动策略。这种快速调整能力使得企业在瞬息万变的商业世界中，能够在保障安全的前提下抢占市场先机，在竞争激烈的环境中脱颖而出。通过这种方式，企业不仅能够确保短期运营稳定，更能于长期构建持续竞争优势。

（3）绩效评价与战略落地

绩效评价与战略落地对企业而言是至关重要的两个环节，两者间的深刻互动为企业的发展提供了坚实的基础。绩效评价不仅是衡量员工和团队工作表现的工具，更是确保企业战略得以有效实施的关键因素。通过有效的绩效评价，企业能够明确其战略目标是否得以实现，以及在何种程度上得以实现，从而调整其计划和策略，进一步推动战略目标的落地。绩效评价提供了一个反馈机制，使管理层能够识别组织内的潜力和不足之处。通过分析绩效评价结果，企业可以识别出需改进的领域，以及那些值得表扬和激励的员工，从而形成一种能动的工作文化。此外，与企业战略紧密对接的绩效评价体系还能帮助企业识别市场和经营中的新机遇，并及时响应外部环境的变化。这种双向反馈的流程不仅有助于提高生产效率、推动员工职业发展，还能确保企业在竞争激烈的市场中占据有利位置，维系企业的长久生存和发展能力。因此，绩效评价与战略落地的紧密结合，构成企业持续成功的重要保障。

一个完善的绩效评价体系，不仅关注财务指标，如收入和利润率，还应包括定量和定性指标，如员工满意度、创新能力和客户满意度等。这些指标帮助企业从多个角度评估其战略执行效果，并指引组织变革与改进方向。战略落地需要有效的沟通和组织管理，确保全体员工理解并认同企业的愿景和目标。在此过程中，绩效评价不仅是督促执行的工具，更是激发员工潜能和创造性的动力。通过在绩效考评中纳入多样化指标，企业能够更加全面和准确地识别其核心竞争力和发展机会，推动企业在快速变化的市场环境中立于不败之地。同时，企业应注重员工参与感的建设，通过反馈机制来促进内部对话，使员工以更积极的态度面对挑战。此外，培训与发展计划同绩效评估紧密结合，使员工在个人成长过程中不断调整目标，适应企业的长期战略。这样不仅提升了员工的忠诚度，也在更深层次上增强了企业的竞争优势。绩效评估的过程因此转变为动态循环，持续推动个人和组织的共同进步。

总之，绩效评价不仅为管理层提供了一个评价员工绩效的平台，也为改进和创新提供了数据支持。通过这种评估机制，企业能够识别出组织内部的优势与劣势，从而更精确地调配资源，实现效能最大化。绩效评价能够为员工的职业发展提供指导，帮助员工了解自身的表现以及需要提升的领域，进而激励他们不断追求卓越。在透明且系统化的评估环境中，员工更能感受到公平和激励，这有助于提升整个团队的工作满意度和凝聚力。通过将绩效评价与战略落地紧密结合，企业不仅能够在竞争激烈的市场中获得持续发展的动力和方向，还能保持灵活且具有前瞻性的市场应对能力。绩效评价的成果还能为企业的长期规划提供深度见解，让企业在未来的业务扩展和创新过程中有据可循，从而提升其市场竞争力。

（二）管理会计的发展趋势

管理会计的发展趋势主要有以下几个方面。

一是动态预算。现代企业环境日新月异，市场波动频繁，在这样的背景下，传统的静态预算已无法满足企业快速反应的需求。企业愈加意识到成功的关键在于灵活和及时的决策，因此动态预算开始崭露头角，通过AI预测模型实时获取市场数据进行预算调整成为企业的新选择。这种预算方式以实时数据分析为基础，使企业能够提升预测的准确性。例如，通过分析历史销售数据，结合市场趋势和消费者行为，实现销售预测的动态更新，企业能够预判潜在的销售高峰或低谷，从而更有效地配置资源。不仅限于预测销售数据，动态预算更是将市场情报与运营战略相结合，通过快速反馈机制对市场变化做出及时反应。这种灵活性使得企业在遇到突发的市场变化时，能够敏捷地调整预算，优化资源配置，避免不必要的损失。动态预算的强大之处在于它不仅提升了财务指标，还提升了企业在市场中的竞争力和适应力，确保其在竞争激烈的环境中处于有利位置。

二是场景化预算。在现代企业管理中，场景化预算不仅是一个工具，还是企业构建未来抗风险能力的基石。随着全球经济环境日益复杂和多变，企业面临的市场形势和竞争压力也与日俱增。在这种情况下，场景化预算的应用不可或缺，它为企业提供了一种系统化的战略方法，帮助企业在各种情况下最大限度地保护自己的业务利益。企业可以通过收集和分析过往的市场事件、经济趋势以及内部运营数据，建立一整套可行的场景模型。这些模型助力企业从多角度评估不同情况下的财务表现，不仅能帮助企业预判可能存在的风险点，还可以让企业规划更趋精细化和定制化。例如，通过数据分析，企业可以更准确地预测市场需求的变化，从而制定更加灵活的生产和采购计划。此外，场景化预算还鼓励团队跨部门协作，使得市场、财务和运营团队能够共同探讨和优化企业的应对策略。在应对经济下行或政治不确定性等大环境挑战时，场景化预算使企业有能力迅速反应和调整，其作用不仅仅是实现短期风险规避，还能通过优化资源配置、强化竞争优势，从而确保企业在激烈的市场竞争中实现长期可持续发展。从长远来看，这种前瞻性的财务管理方式将不断推动企业改善管理流程，提高经济效益，并增强企业对未来的把控能力。因此，场景化预算不仅是现代企业不可或缺的管理工具，更是企业提升核心竞争力的利器和走向持久成功的关键。

三是业财融合。随着信息技术的发展，企业的管理手段逐渐从以财务为主的静态管理向业财融合转变。业财融合强调以业务数据直接驱动预算编制，如通过客户订单、库存周转等业务数据来影响预算的制定。这一方式大大提高了预算的精确性和及时性，企业能够更好地理解业务运作与财务表现之间的联系，促进跨部门的协作与信息共享。通过业财融合，预算不再单纯依赖于财务数据，而是充分考虑业务实际情况，使预算更加符合企业的战略方向和运营需求。随着这种转变，企业内部的沟通和决策流程也随之优化，营造出一种更加以数据为中心的企业文化。如今，前所未有的大规模数据分析和人工智能工具的出现，使业财融合的落地实现更加高效和精准。这些工具可实时监控和分析业务动态，及时提供洞见和决策支持。在此背景下，企业不再局限于短期财务目标，而是长远地制定战略规划，以应对市场变化和竞争压力。通过业财融合，企业可以实施更加灵活的资源配置，快速响应市场需求变化，提升市场竞争力和客户满意度。这种以数据为驱动力的转型，正在重塑企业的管理格局，为其未来的发展奠定坚实的基础。

四是可持续预算。在全球可持续发展的潮流中，企业在预算编制中逐步将ESG（环境、社会、治理）因素纳入考虑范围，可持续预算应运而生。可持续预算不仅关注企业的财务表现，还重视其在环境保护、社会责任和公司治理方面的投入和表现，如将碳减排成本、环保技术投资等纳入预算规划中。通过这样的方式，企业能够在实现盈利的同时，履行社会责任，树立良好的公众形象并增强市场竞争力。可持续预算的实施，能够引导企业深入思考自身在整个生态系统中的角色和义务，从而推动更多创新型、环保型产品和服务的开发。除此之外，这种预算模式还促使企业加强内部管理、优化流程，以便更好地应对因气候变化或社会舆论变化带来的潜在风险。借助可持续预算，企业和利益相关者之间的关系也有望得到改善，从而形成更具协作性的商业环境。这种多维度的进步为企业在新时代实现可持续发展铺平了道路，助力其平衡经济增长与社会效益。这些预算方法包括零基预算、弹性预算、滚动预算和参与式预算。零基预算要求企业在每个预算周期重新审视所有的支出决策，避免基于过去预算进行简单增减，有助于消除低效活动，促使资源合理分配。弹性预算则赋予企业适应多变市场的能力，通过调整预算指标，在不同销售水平和生产状况下持续满足目标需求。滚动预算是持续更新预算数据的过程，确保始终有未来一年的预算可作为依据，从而提高预算的准确性和及时性。参与式预算则强调各级管理人员共同参与预算制定，提高预算的可行性和员工的认同感，促进执行效率提升和责任意识养成。结合这些方法，企业可形成一套动态的预算管理体系，充分利用市场信息，增强自身的竞争优势。同时，通过这些方法，企业还能够提升社会责任感，在资源调配中更关注社会影响，推动可持续发展。这种预算策略不仅为企业在市场竞争中提供了坚实支撑，也使其在利益相关者中树立起更可靠的形象。

1. 历史演进阶段

（1）萌芽期（19世纪工业革命至20世纪初）

管理会计的发展起始于19世纪的工业革命时期，是当时经济、技术和社会变革的产物。在这一新兴的工业化时代，规模化生产和分工的加剧催生了对企业内部资源管理和成本控制的迫切需求。传统的财务会计根植于外部报告，不足以满足企业自身的管理需求，因此，管理会计应运而生，以应对越来越复杂的业务环境。这一时期的工业革命不仅带来了生产方式的转变，也重新定义了企业经营的模式。企业管理者需要更多的数据和分析来进行决策，从而提高生产效率和经济效益。管理会计成为一种重要工具，帮助企业通过分析产品成本、控制预算、评估绩效等方式，确保资源以最优方式分配。此外，随着技术革新的深入，信息流动速度的加快，管理会计在战略规划、风险管理等方面的作用也逐渐显现，进一步推动了企业管理水平的提升和竞争力的增强。通过不断适应和演变，管理会计在现代商业社会中已经成为企业不可或缺的一部分。

在萌芽期，企业管理者逐渐认识到，拥有一套内部管理工具来支持决策是至关重要的。随着工厂和大规模生产的兴起，企业开始关注成本核算和预算控制，以优化资源配置和提升生产效率。这种关注使得企业逐渐从简单的财务记录转向更为复杂的管理需求，并驱动了管理会计的初步发展。企业不仅需要追踪财务绩效，更需要通过系统化的管理工具来进行全面分析，以便在快速变化的市场环境中保持竞争力。

与此同时，工程管理和计时研究（Time Study）等方面的进步，也为管理会计提供了理论和技术支持，使得管理层可以利用更科学的方法进行生产流程和人力资源的优化配置。管理会计的这些努力不仅在公司内部事务中产生了直接影响，还为企业在制定战略时提供了更为清晰的视角。这一时期的管理会计主要聚焦于成本分配、预算编制和绩效评估等方面，为以后的发展奠定了理论和实践基础。

随着企业组织结构的不断扩大和治理体系的复杂化，管理会计的应用领域也逐步扩展，从早期单纯的内部管理职能不断延伸到价值链分析、跨部门协作及全球化财务管理等方面。这为20世纪乃至现代管理会计的进一步发展提供了广阔的空间和充足的条件，使得管理会计不仅仅是企业运营的一部分，更成为推动整体战略发展的重要基石，契合企业日益增长的全球布局和多样化业务需求。这样的演变不仅为管理会计的专业化和技术化升级注入了新的动力，也为企业了解其经营环境和构建未来发展策略提供了不可或缺的支持。

（2）形成期（20世纪20年代至70年代）

20世纪20年代至70年代，标准成本法在全球范围内得到广泛接纳和应用。这个时期被称为标准成本法的形成期，其间经济体发展的活跃程度直接推动了这一方法的演进。当时企业面临的竞争环境复杂多变，各类资源的获取及成本控制成为企业管理者关注的核心焦点。通过实施标准成本法，企业能够更有效地设定成本基准，不仅提升了内部审计的效率，也为企业管理层提供了更为精准的财务信息。在这一时期，工业化的推进也让标准成本法与技术发展紧密结合，并在制造业企业中迅速推广。除此之外，标准成本法在财务预算和绩效考核方面的应用，为企业决策提供了可靠依据。它不仅是成本控制的工具，更成为企业战略规划的重要组成部分。尽管该方法在实施过程中为企业带来了诸多优势，但其实际运用仍面临多重挑战，比如如何准确设定标准，以及如何在快速变化的市场中保持适用性。

为了应对这些挑战，一些企业开始尝试将标准成本法与其他管理工具相结合。例如，他们可能会使用差异分析来实时评估实际成本与标准成本的偏差，找出背后的原因并及时采取改进措施。企业还需要根据市场的动态变化不断调整标准，确保其成本管理方法与当下的经营环境需求相符。与此同时，企业也需要加大对员工的培训力度，使其在使用标准成本法的过程中更加得心应手。随着信息技术的不断发展，企业也逐渐意识到利用计算机技术实施标准成本法将会大大提升效率和精准度。总之，标准成本法在这段时期的形成和发展，为现代成本管理奠定了坚实的基础，并不断演变以适应变化的经济环境。

（3）发展期（20世纪80年代以后）

20世纪80年代，作业成本法迎来了与战略管理相融合的关键发展期。这一时期，企业经营环境复杂度大增，竞争愈发激烈，传统的成本管理方法已无法满足企业不断变化的需求。为应对这一挑战，作业成本法开始与战略管理结合，形成了一种既关注成本控制又强调竞争战略的综合方法。这种融合使得企业不再仅仅关注成本的核算和控制，而是将资源分配和利用与企业的长期战略目标紧密联系起来。在此过程中，作业成本法被进一步优化，以更加精确地分配间接成本，让管理者能够对产品和服务的真实经济状况有更深入的洞察。通过对经营活动的细致分析，企业能够识别出哪些活动为价值创造贡献较大，哪些活动则可能造成资源的浪费。这一精准分析提升了决策的科学性，使得每一项资源投入都更加符合企业的战略目标。

此外，作业成本法与大数据分析工具的结合，进一步扩大了其应用范围。通过数据驱动的洞察，企业可以更灵活地制定应对市场变化的战略。在生产、营销、供应链等多个环节中，企业都能实现更为精准的资源配置，在激烈的市场竞争中保持优势。这种战略与成本的结合在之后的几十年中不断被证明是企业实现长远成功的一大推动力，成为现代企业管理的基石之一。企业借此不仅能提高运营效率，还能在快速变化的市场中预见风险，抓住机会，为实现可持续发展奠定坚实基础。

2. 数字化转型趋势

管理会计数字化转型逐渐在全球各个行业中蔓延，其核心在于利用前沿技术提升财务分析和管理决策的有效性。随着云计算、人工智能、区块链等技术的加速应用，企业能够更好地分析和处理庞杂的数据流，迅速将其转化为有价值的决策信息。这种转型迫使财务管理者重新定义其角色，管理会计不再仅仅是信息的提供者，而是成为战略上的合作者。

数字化工具的采纳不仅改善了数据的透明性和可访问性，还提高了预测分析的精确性，使企业能够更快地响应市场变化。通过自动化流程，企业能将原本耗时费力的财务工作简化为高效的自动操作，从而将更多资源投入战略分析和增长规划中。另一个值得关注的趋势是，越来越多的企业开始注重培养复合型管理会计人才，他们不仅需要懂财务管理，还需精通数据挖掘与分析技能。因此，数字化转型不仅是技术实施和工具应用的简单结合，更是企业文化和人员素质的整体提升。

智能自动化和人工智能正在重新定义管理会计的边界。通过自动化软件和AI技术，可以快速处理大量的财务数据，实现数据分析的实时化。这不仅提高了信息的准确性和时效性，还减少了人工处理过程中的差错。区块链技术的引入，则增强了财务数据的透明性和安全性，为企业提供了可靠的决策支持。此外，数字化工具的引入，如云计算和数据分析平台，也为管理会计带来了前所未有的变革。借助云平台，企业能够更加高效地协调各部门数据，并进行更宏观的财务规划。数据分析平台则提供了深度数据挖掘的能力，帮助企业发现潜在的财务风险和机遇，实现财务管理的价值最大化。

因此，数字化转型不仅是管理会计行业的未来趋势，更是企业在激烈的市场竞争中立于不败之地的显著优势。这一趋势的推进，将促使管理会计超越传统财务分析的局限，成为企业战略发展的重要驱动力。

（1）AI驱动的预测性分析

AI驱动的预测性分析为现代企业提供了一种强有力的工具，用于提高决策效率和准确性。AI算法基于大量历史数据和实时信息，能够快速识别趋势和模式，从而生成更加精准的预测。这种分析不仅仅局限于财务预测，还可以扩展到市场需求、库存管理、生产计划等多个领域。通过制定更加精准的生产计划，公司可以更好地协调供应链操作，以避免物料短缺或仓库积压。了解市场需求变化则使营销部门能够实时调整营销策略，以便更好地满足消费者期望和提升客户满意度。

利用AI驱动的预测性分析，企业能够提前识别潜在风险，优化资源配置，提升运营效率。AI的学习能力使其能不断改进和调整预测模型，即便在变化多端的市场环境中，也能持续提供高准确度的预测结果。这种智能分析的优势不仅体现在缩短决策时间、降低成本上，还在于它能够帮助企业在激烈的竞争中保持创新和灵活性。在动态的商业环境中，抓住新兴机遇、迅速响应客户需求变得至关重要。

通过整合管理会计与AI预测分析，企业管理者能够获得更全面、更深入的洞察，便于制定具备前瞻性和战略性的商业决策。这样的整合不仅提升了企业的竞争力，还通过精细化管理提高了整体效率，助力企业在长远战略布局中走在行业的前列。无论是短期的运营还是长期的战略规划，AI预测性分析都成为不可或缺的决策利器。

（2）业财融合的实时数据平台

在复杂多变的商业环境中，企业领导者如同驾驭巨轮的舵手，需要借助先进的辅助系统来指引方向，保持航向。业财融合的实时数据平台正成为这一辅助系统的核心组成部分。这个平台不仅能够收集和储存大量的业务与财务数据，更重要的是它通过强大的数据分析能力，将这些数据转化为直观、可操作的信息，帮助企业洞察市场趋势和内部运营状况。在这一过程中，企业能够实时监测业务动态，优化资源配置，提高运营效率，降低风险。简而言之，业财融合的实时数据平台是企业在激烈竞争中稳健发展，乃至脱颖而出的强大动力。

随着数字化转型的加速推进，企业对数据的需求已经从传统的事后分析逐渐演变为对实时洞察的渴求。在这种背景下，业财融合的实时数据平台应运而生，其作用不仅限于简单的数据收集与分析，更在于跨越业务部门之间的界限，将分散在各个系统中的数据流进行整合。这种整合不仅使企业能够以更快的速度、更高的精度获取全局视角，从而提升管理层决策效率，还从根本上消除了各个部门之间的信息不对称，增强了沟通与协作。这种实时的数据洞察能力使得企业能够迅速响应市场变化，优化资源分配和运营方式。通过这种调整，各个业务部门之间的协同性显著增强，“信息孤岛”被有效打破，使得企业整体运作更加流畅，资源配置更加合理，组织的适应能力和创新能力也得到显著提升。

这些平台还通过人工智能和机器学习技术的应用，提供预测性分析功能。这种技术的运用使得企业能够进入更高效的信息处理阶段。借助庞大的数据集和智能算法，系统可以快速识别出潜在风险，并生成一系列数据驱动的洞察意见。这些洞察不仅帮助企业在危机出现前采取预防措施，而且让企业在面对市场波动和竞争压力时，能够做出更加明智和可持续的发展决策。通过这些预测性分析工具，企业能够优化资源配置，减少运营中的不可控因素，提升竞争优势的同时，也为企业的长远发展奠定了坚实的基础。这种前瞻性的视角不仅提升了企业的风险管理效率，还能够让企业在不断变化的商业环境中保持稳固的市场地位，实现更加可持续和健康的发展。

（3）ESG（环境、社会、治理）指标的纳入

随着可持续发展理念的深入人心，企业开始更加关注ESG指标的纳入。这不仅是响应全球对环保和社会责任的呼声，更是出于对自身长期发展战略的考虑，并逐渐成为企业战略规划的核心之一。纳入ESG指标后，企业不仅能够更全面地评估和管理自身对环境的影响、社会责任的履行情况以及治理结构的有效性，还能通过量化的数据指导未来的发展方向。在环境方面，这意味着企业需要采取积极行动，进一步减少碳排放、优化资源利用，实现绿色生产，并投入创新技术以推动可持续的经营模式。在社会层面，企业愈加重视雇员福祉，通过制度保障提升员工福利，确保供应链的公平性，为弱势群体提供平等的机会，并通过各种形式参与社区建设以增强社会凝聚力。在治理方面，企业则致力于提升透明度，创造良好的公司文化，培育负责任的企业氛围，加强合规性和风险防范机制的建设。通过这些举措，企业不仅能够更有效地识别和管理潜在的风险，还能够增强自身声誉，从而在市场上吸引更多关注ESG表现的投资者和消费者。值得注意的是，随着消费者和投资者对企业可持续发展表现的关注度日益提升，注重ESG指标的企业因此更具市场竞争优势，并能够在激烈的市场环境中脱颖而出。因此，ESG指标的纳入成为现代企业实践中不可或缺的一部分，助力企业多维度实现可持续发展，为商业界注入正能量，推动全球迈向更可持续的未来。

二、成本管理核心方法解析

（一）作业成本法理论与实践

作业成本法（Activity-Based Costing，ABC）作为现代企业管理中的一项创新成本管理工具，其理论基础和实际运用在多元化行业中的成功应用，已经帮助众多企业实现了成本管理的革新。ABC方法的核心在于详细识别企业内部的具体活动，将资源成本细致地分摊至这些活动之中，从而有针对性地为每个产品、服务以及涉及的客户精确计算出其真实成本。通过精准的成本分摊，企业不仅能够获取更加真实、准确的成本信息，还能在此基础上实现资源的更优化配置，提高运营效率和竞争力，在市场中保持领先地位。

ABC方法还能够揭示传统成本核算方法下隐藏的成本动因，帮助企业发现无效或多余的成本来源，从而开展更为有效的成本削减和经营改善。这一方法还在不断进化，结合现代信息技术的发展，企业可以通过实施自动化和利用数据分析技术，进一步增强对成本管理的洞察力和反应速度，更加灵活地适应市场环境的变化。这种持续的进化不仅仅是对现有成本管理体系的完善，更是对企业管理理念的一种升华，使其更具战略性和前瞻性。

在实践中，ABC方法不仅应用于制造业，在服务业和非营利组织中也发挥了重要作用。细致到位的成本构成分析使管理者能够轻松识别出组织中开销最大的活动，不仅有助于揭示资源消耗的真实情况，还能为未来的战略决策提供基础。通过此方法，企业可以获得关于资源使用的详细信息，从而在规划中减少冗余支出。ABC方法的应用也促使绩效评价过程更加精确，确保资源配置的透明度和有效性。

有了这些数据支撑，企业能够识别并消除隐藏的成本来源，提高整体运营的效率。在竞争日趋激烈的市场环境中，ABC方法为企业提供了无可比拟的战略优势，使其能够比同行更快地调整和优化运营模式。这一方法在服务业的应用也极为广泛，如在医疗、教育和公共服务领域，ABC方法为改进服务质量和成本控制提供了可靠途径。通过合理分配资源并优化流程，组织可以更好地实现业务目标。这种全方位的成本管理策略，不仅使企业在经济层面更具韧性，还助力其在市场竞争中脱颖而出。

在实施ABC方法的过程中，企业常常面临诸多挑战，不仅包括现有财务和运营系统的调整，还涉及大量的时间和人力资源的投入。其中最为复杂的是，系统调整并非仅限于简单的程序更新，而是可能需要对整个企业流程进行重新设计，以确保所有相关数据的无缝对接。此外，数据的收集和分析本身也充满了困难，因为这需要高质量的数据源和科学的分析方法，以保证结果的准确性。ABC方法能够提供更为精确的成本认知，帮助企业在决策过程中更清晰地了解各项业务的具体成本和价值贡献，可谓一项值得投入的管理工具。采用作业成本法的企业不仅能够实现内部成本的透明化，还可以在竞争激烈的市场环境中，凭借对成本和效益的精细把控，打造出独特的竞争优势。通过这种方法，企业可以更好地识别和淘汰低效作业，从而优化资源配置，为未来的发展奠定坚实的基础。

1. 基本原理与逻辑框架

作业成本法是一种现代化的成本计算技术，其背后的核心理念在于深入理解和分析企业内部的运营活动以及这些活动对资源的真实消耗。在传统成本分配方法中，企业往往将所有间接成本按一定的比例或既定的标准进行简单分摊，这种方法虽然简便，但缺乏足够的准确性，使得成本分配可能偏离实际情况，无法真正反映出各个业务环节的成本特征。

与此形成鲜明对比的是，作业成本法通过一系列系统化的步骤来提升成本分配的准确性。首先，它通过详细分析企业的运营流程，识别关键活动，这有助于绘制出全面的活动地图，揭示出各项活动之间的联系及其对企业整体运作的贡献。其次，它确定并测量每项活动所需的资源消耗，并探寻这些活动的驱动因素。通过这些活动驱动因素，企业可以精确地掌握成本产生的源头，从而实现对间接成本的精确分配。借助作业成本法，企业不仅能够对成本结构有更全面的理解，还能够优化资源配置和业务流程，提高运营效率，并最终增强其市场竞争力。

作业成本法的逻辑框架可以分为几个步骤。首先，必须识别企业所有的活动，这些活动可能包括生产、物料采购、质量检验等。在这个阶段，企业需要对其业务流程进行全面审视，以确保没有任何一个活动被遗漏。这不仅包括日常的显性活动，还要关注那些影响企业成本的隐性活动。其次，必须对各项活动进行详细分析，找到能够影响成本的驱动因子。例如，在制造业中，驱动因子可能是机器运转时间或生产批次数量。这一步骤需要深入了解每项活动如何运作，以及哪些因素对其效率与成本起关键作用。再次，计算每项活动的单元成本。这就要求将活动成本与资源消耗量进行关联，从而精确地计算出每个活动的实际成本。在此过程中，企业需要使用准确的数据，以便合理分配资源，实现成本的最优分解。最后，根据产品或服务的使用情况，将这些成本分配到具体的产品或服务中，以得出更加准确的产品或服务成本核算结果。这种方法可以帮助企业提高对成本分配细节的洞察力，改善产品定价策略，并最终提升盈利能力。

通过这一流程，作业成本法能够更好地揭示成本动因，从而为企业决策提供更为可靠的信息支撑。这种方法不仅有助于企业进行成本控制，还能够帮助其在市场中制定更具竞争力的价格策略，从而提升企业的利润率和市场份额。事实上，作业成本法的应用范围已经远远超出了传统的成本核算领域，它为实现更精准的成本分配和管理提供了有效途径，使管理人员能够识别出企业内部的非增值活动，从而进行相应的优化和调整。

通过识别和消除这些非增值活动，企业能够进一步减少浪费，提高运营效率，进而改善其整体财务表现。同时，作业成本法的精确性和科学性为企业的战略决策提供了坚实的数据支撑。这种方法不仅能帮助企业进行详细的产品线评估，还能对客户的盈利能力进行深入分析，确保企业资源的高效配置和利用。

在日益激烈的市场竞争中，作业成本法能够帮助企业及时调整其运营策略，确保其竞争优势的持续保持。不仅如此，这一成本管理方法还可以为企业预测未来财务表现提供重要依据，使企业能够制定出更具前瞻性的长期发展战略。因此，作业成本法已成为企业成功应对挑战、保持可持续发展的重要工具。

（1）“资源—作业—产品”的三级分配模型

“资源—作业—产品”的三级分配模型堪称现代成本管理的一个重大革新，为企业提供了一种更精确的成本分摊方案。在这一模型中，企业首先需要对多种资源进行细致的分配，这些资源涵盖了人力、物力以及设备设施等，这些是企业运作的基本保障。在资源分配过程中，企业必须明确地记录并量化每种资源的成本，以确保分配的准确性和合理性。这不仅使资源分配过程更加透明，也便于企业在后续分析中运用这些数据提供更好的决策支持。

接下来，该模型通过识别各作业活动与产品或服务的关联，将作业成本进一步传导至具体产品或服务中。这一过程允许企业识别出哪些作业活动直接影响产品或服务的价值，进而为优化生产流程和资源配置提供宝贵的信息。例如，企业可能发现某些看似低效的作业环节对最终产品的市场竞争力至关重要。

作业成本法还通过提升企业成本信息的透明度，帮助企业在管理决策中更具洞察力，揭示可优化的流程和减少成本的潜在方式。它不仅能帮助企业找出低效或冗余的环节，促进资源的合理利用，而且能推动流程不断改进。通过这样的全面分析，企业能够提升整体竞争力和市场表现，在竞争激烈的市场中立于不败之地。

（2）成本动因的识别与分类

作业成本法在现代企业中的地位不可忽视，它不仅是成本核算的一种有效方法，更是企业实现精益管理和持续改进的有力工具。作业成本法的应用有助于企业在激烈的市场竞争中保持优势。其精髓在于精准识别和分类成本动因，进而实现精准的间接成本分配。要在企业的运作中最大限度地发挥作业成本法的效用，深入挖掘成本动因尤为重要。

一方面，资源动因的识别与分类是核心步骤之一。资源动因是那些对资源消耗产生影响的因素，这些动因通常与企业内部资源的使用密切相关。它们可能包括机器的运行时间、员工的工作时长、生产线的使用率，甚至还涉及能源和材料的投入量。这些细节能够帮助企业通过作业成本法，更加精确地分配资源成本，避免浪费和重复投入。

通过对资源动因进行深度分析，企业不仅能够识别出哪些环节存在效率低下和浪费，还能为未来的成本控制与预算编制提供关键数据支持。随着技术的发展和市场要求的变化，作业成本法还会不断演变，助力企业在各种环境里灵活应对挑战。准确的成本动因分析不仅仅是为了眼前的经济效益，它还能为企业制定长远发展战略提供有力的支撑，是企业实现可持续发展的基石。

另一方面，作业动因涉及具体业务活动中的引发因素，直接影响作业的成本。作业动因不仅局限于单一的方面，而是一个复杂的综合体。例如，它可以是订单的数量，随着订单数量的增加，相关的处理、包装和运输成本也会相应增长。同时，生产批次规模对成本影响显著，因为大批次生产通常可以摊薄单位产品的固定成本。然而，这并不意味着生产批次规模越大越好，因为过于庞大的批次规模可能导致库存和周转压力，从而增加隐性成本。此外，客户的定制化需求程度也尤为重要。高度定制化的需求通常意味着更长的设计、生产周期以及更高的质量管控成本，这要求企业在灵活性与标准化之间找到平衡点。这些多层次的因素共同驱动着企业的各项活动，并最终决定了作业成本的具体走向。因此，准确识别和分析这些作业动因是有效成本管理的关键。

通过对资源动因和作业动因的区分和细化，企业能够进行更有效的成本控制和战略规划。在这一过程中，准确识别和合理分类成本动因是关键，不仅能帮助企业优化资源配置，还能提高整体运作效率，最终增强企业的市场竞争力与可持续发展能力。作业成本法因此成为企业提升财务透明度与优化决策的重要手段之一。

细究成本动因，资源动因通常指的是企业在运营中消耗的物力和人力资源的原因，涉及资源的分配和使用效率。而作业动因则与企业内部各种不同活动相关，这些活动是企业实现生产和业务目标的重要环节。因此，通过精确划分这些动因，企业可以发现隐藏的成本节约机会，并针对不同的动因制定具体的优化策略。这种方法论不仅帮助企业削减不必要的支出，增强竞争优势，还为企业制定更具前瞻性的策略提供了数据支持，使企业在快速变化的市场环境中更灵活地调整运营方案。通过透彻的动因分析，管理者能够深层次地理解各项成本的驱动因素，从而更科学地配置企业资源，提升财务管理的效率和质量。

2. 实施步骤

作业成本法作为一种现代化的成本管理工具，已在全球范围内广泛应用于精细化管理场景。与传统成本计算方法相比，作业成本法强调了作业活动在资源消耗中的核心地位，通过详细分析企业内各项活动的资源使用情况，为企业提供更为精准的成本信息。这一方法为企业决策者揭示了产品和服务在各项活动中产生的真实成本，帮助企业做出更为明智的定价和成本控制决策。

要成功实施作业成本法，企业需经历几个关键步骤。首先，需要对企业内部的所有活动进行识别和分类，确定每个活动的资源投入。这涉及仔细分析每项活动所需的人员、设备、材料和时间等要素。其次，建立资源成本库，将这些资源成本分配给各项活动，从而更精确地计算产品和服务的成本消耗。

首先，企业需要深入探讨并明确业务运作中的关键作业。为了做到这一点，必须全面梳理现有各个部门及其业务流程，以便识别出那些对整体成本产生显著影响的核心活动。这一步骤不仅需要细致的分析，还需要鉴别各个作业之间的相互关联及其在价值链中的位置。对这种相互依赖关系的理解，是成功构建全面作业成本系统的基础。企业通常会借助现代化的流程图或者作业分析工具来系统地识别和评估这些作业。这些工具不仅可以帮助企业更清晰地描绘出每一项作业的具体步骤，也可以在视觉化过程中揭示流程中的瓶颈和改进点。通过这种方式，企业能够更好地优化资源配置，实现成本管理效率的最大化。而且，这样的分析也为企业的战略调整提供了更为扎实的数据支持和决策依据。

在成本管理中，识别与每项作业相关的成本动因至关重要，因为这些成本动因是引发成本的核心要素。通过正确识别这些因素，企业可以更精准地将间接成本分摊到各种产品或服务上，从而提高财务管理的精确性和有效性。为了实现这一目标，企业需要深入分析各项作业活动所消耗的资源。这一过程通常伴随着对实际数据的仔细收集和分析，以确保所识别的成本动因准确、真实。这不仅需要理解作业的性质和资源消耗模式，还需要企业运用历史数据和预测分析来洞悉可能的变化趋势。这为企业提供了一个稳健的框架，以便在复杂的业务环境中更好地做出决策。通过这样的分析，企业还能够发现潜在的成本节约机会，从而提升其竞争优势。因此，在这一阶段，企业的财务团队和运营专家需要紧密合作，共同搭建一个基于数据的准确成本分摊模型，为企业的长期健康发展奠定扎实的基础。

分配成本至各作业的过程，不仅是一个简单的计算过程，而且是对企业资源使用情况的全面分析和考量。为了做到这一点，企业需要首先明确各项作业的具体活动和关键驱动因素，如生产时长、劳动力消耗、机器使用率等。这些因素将直接影响资源分配的准确性和合理性。在分配过程中，使用准确的成本动因来衡量每项活动所耗费的资源也是必不可少的。此举可以帮助管理层更好地理解不同作业对整体成本的贡献程度，从而在未来的运营决策过程中实现更精准的成本控制与资源配置。此外，这一过程还有助于识别出那些在资源消耗方面表现不佳的作业，为后续的流程优化提供重要数据支持。因此，作业成本法不仅是确保成本合理分配的工具，更是提升企业运营效率与竞争力的战略手段。

其次，将作业成本分配至产品或服务上。这一步骤，堪称呈现产品真实生产与销售成本的“点睛之笔”。这一过程不仅为企业提供了翔实的数据支持，使其能够更准确地为每种产品或服务定价，还为企业改进生产流程和优化资源配置提供了坚实的基础。在明确各项作业成本的基础上，企业能够识别出哪些部门或流程的成本效益较低，从而有针对性地进行优化。通过对作业成本的深入分析，还可以发现市场中的定价机会和薄弱环节，有助于企业在激烈的市场竞争中保持优势。作业成本的精确分配作用重大，它让企业能够从整体上把握经济活动的有效性和效率，为长远战略决策提供有力支持。

总体而言，作业成本法的精确实施，既要准确地识别和分配成本，更要持续监测和动态调整。采用这一方法，有助于企业在竞争中增进效益、优化运营管理，使决策更为明智和高效。

（1）作业链分析与作业中心划分

作业成本法实施过程中，作业链的分析和作业中心的科学划分是至关重要的两个环节。首先，作业链分析强调全面识别和追踪企业内部各项活动的流转路径，以便更准确地反映资源在不同作业之间的流动。企业需要通过仿真建模或数据分析等现代化手段，详细了解每一个作业节点的职责和效益，进而找出关键作业链条以及可能的瓶颈环节。合理划分作业中心对于提升企业整体运营效率具有不可估量的影响。作业中心是相关作业的集合，其有效划分能帮助企业更精准地分配和追踪成本。科学的划分需要考虑每个中心的功能特性、资源分布和贡献价值，以确保在减少浪费和优化资源利用方面取得最佳效果。只有通过全面的作业链分析与精确的作业中心划分，企业才能更好地识别效率提升方案，从而在激烈的市场竞争中保持长久的竞争优势。

其次，作业中心的合理划分有助于优化资源配置和提高资源利用效率。在作业成本法的视角下，企业需要将具有相似性质和功能的作业整合到一个作业中心。这种整合策略带来了诸多益处，不仅能够更容易地进行成本的归集和控制，还能通过集中管理和优化决策，为企业创造更多的价值。合理划分作业中心意味着企业可以更精准地识别出各项活动的资源消耗，并以此为基础优化各类资源的调度。例如，通过对人力资源的统一管理，企业能够更有效地匹配员工的技能与作业要求，减少闲置工时。与此同时，设备和技术资源的集中使用可以降低冗余，提升设备利用率，减少不必要的能源消耗和损耗。作业中心的划分还可以为企业提供更高的生产灵活性，帮助企业更快速地响应市场变化，从而增强竞争力。综上所述，合理划分作业中心不仅是提升资源效率的关键，也是企业实现长远发展目标的重要支柱。

在作业中心的设定过程中，企业不仅要充分考虑自身的战略目标和市场竞争环境，还需敏锐地捕捉外部市场的变化趋势以及竞争对手的策略动态。这意味着企业必须建立一个敏捷且具有适应性的作业管理体系。保持作业链与企业整体运作目标的一致性，要求企业从全局出发，进行有机整合与优化，这不但能提升企业内部资源的利用效率，还能增强市场响应能力和竞争力。灵活调整作业策略对于企业保持竞争优势至关重要，因为这有助于企业在市场环境发生变化时迅速做出调整，确保资源配置和战略执行的最佳效果。因此，作业链分析与作业中心划分相辅相成，它们不仅是企业进行成本管理的有力工具，更是助力企业实现战略目标的强大引擎。通过这种深度的管理模式，企业能在激烈的市场竞争中获得领先地位，并持续推动创新和增长。

（2）资源成本向作业的精准分配

作业成本法的应用，是现代企业在激烈的市场竞争中谋求精准成本管理的重要手段之一。其核心在于将资源成本精准地分配到各项作业中，从而弥补传统成本法在资源分配上的不足。传统成本法多以固定比例或简单的工时作为资源分配基准，虽操作简单，却常常导致成本核算的偏颇，使得管理者面对模糊的成本数据，难以做出准确的决策。相比之下，作业成本法通过全面分析资源与作业间的关系，为企业提供了更为精细的成本分配模型。这一方法的实施需要企业投入大量时间和精力，甄别并分类所有作业，识别相关资源的具体消耗，并基于这些数据进行详尽的核算。这样，不仅能显著提高成本信息的准确性和透明度，还使企业能够有效识别高成本且低效的活动。这种精细化的资源分配方法，助力企业在提升产品和服务质量的过程中，不断优化其运作效率和市场竞争力。作业成本法为企业制定精准的成本控制策略和改进措施奠定了基础，使管理更加科学化和系统化。通过这种方法，企业在面对资源消耗和市场变化时，能够更具战略性地调整并部署其运营资源，确保在市场变化中始终保持竞争优势。最终，通过资源成本的精准分配，助力企业在拓展业务规模的同时，保障盈利能力的稳步提升。

（3）产品成本归集与盈利能力分析

在作业成本法中，产品成本归集与盈利能力分析是企业进行精细化管理的关键环节之一。这种方法强调通过识别和追踪企业活动的具体成本，将资源消耗与产品制造过程中的每一个环节直接挂钩。通过作业成本法，企业能够更准确地将间接成本分配到各个产品或服务上，从而使得产品成本核算更加精细和透明。

在产品成本归集的过程中，首先要识别企业内部的各种作业活动，这些活动不仅包括生产环节，还涵盖了产品开发、市场营销、售后服务等多个业务流程。接着，企业必须对各个作业活动的成本进行合理分配，使得每一项作业都能被准确地计入相关产品的成本中。这种分配方法利用不同的分配基准，比如机器工时、人力工时或者其他资源消耗的衡量标准，将间接成本系统地分配到各个产品中去。

盈利能力分析是在全面了解产品成本构成的基础上进行的。企业通过分析不同产品线的成本结构，可以发现哪些产品具有较高的成本效益，哪些产品可能在成本回报上存在困难。换句话说，这种分析能够帮助企业找出资源分配的最佳组合，以提升总体盈利水平。精准的产品成本归集方法使得企业可以更好地进行比对和决策，尤其在多元化经营战略中，通过细化产品成本与收益的对比，帮助管理层制定出更具竞争力的市场策略和产品组合方案。

总之，作业成本法提供了一个更加系统和细致的视角来观察企业内部资源的流动和消耗。在竞争激烈且快速变化的市场环境中，这种方法不仅能帮助企业开展精准的成本核算，而且成为企业提升盈利能力和优化战略决策的重要工具。

3. 适用场景与案例

作业成本法作为一种精细化的成本分析方法，特别适用于成本构成复杂、多样化的企业场景。在这些环境中，传统成本法可能无法全面反映产品具体的资源消耗和实际利润情况。具体来说，作业成本法最适合应用于制造业、服务业和复杂的项目管理场景，因为这些领域的活动和业务单元往往繁多且相互关联，需要精确识别和分配成本。例如，在制造业，大型生产企业如汽车制造商或电子设备生产商通常应用作业成本法，准确地计算每条生产线、每种产品所消耗的具体资源和费用，从而优化流程，减少浪费，提升整体效率。在服务业中，咨询公司或IT服务商可以利用作业成本法分析和分解各类咨询项目或服务请求的具体成本，从而改善报价策略，推动资源合理分配。在复杂的建筑或基础设施项目中，作业成本法能够帮助项目经理对多项工程活动的资源消耗进行准确跟踪，做好成本控制，确保项目在预算范围内高效完成。通过这些实例可以发现，作业成本法不仅有效支持了企业的成本管理，还在战略决策中发挥了重要作用，成为企业提升竞争力的关键工具。

（1）间接费用占比高的制造业

作业成本法是一种在制造业领域广泛应用的成本核算方法，尤其适用于间接费用占比较高的行业，例如汽车零部件行业。汽车零部件制造是一个复杂而精密的过程，涉及大量的机器和人力资源。与传统成本法不同，作业成本法通过对生产活动中的各项作业进行详细的成本追踪，实现更为精确的成本分配。这种方法特别适合汽车零部件行业，因为在该行业中，间接费用往往占据了生产总成本的很大一部分。

在汽车零部件制造中，间接费用包括生产过程中的设备折旧、机器维护、能源消耗以及质量控制等。这些费用不像直接材料和直接人工那样可以明确归属于个别产品，而是需要通过合理的分摊标准来进行分配。作业成本法通过识别各项作业活动并分配相应的资源费用，使得管理者能够清晰地看到每一项生产活动的成本投入及其成效。这不仅提高了成本控制的精准度，还帮助企业发现成本节约潜力，优化生产流程，提升整体效益。因此，对于如汽车零部件行业这样间接费用占比较高的制造业，作业成本法的实施显得尤为重要，能够有效地支持企业在竞争激烈的市场环境中持续改进和创新。

（2）服务型企业的成本核算

作业成本法作为一种现代成本核算方法，在服务型企业中具有显著的应用价值。在物流行业，作业成本法提供了一种更为精确的成本计算方式，通过识别和分析企业内部各项活动，将综合成本明确地分摊到具体服务上。这种方法有效地反映了物流企业在运输、仓储、配送及其他附加服务过程中的实际资源消耗情况。例如，物流企业可能由此识别出其核心作业活动，如订单处理、货物装卸、运输、存储等。在这些活动中，作业成本法使得各项服务活动与其对应的资源消耗关系更加清晰透明，这不仅能帮助企业更准确地评估每项服务的成本，还能支持管理层优化资源配置，提高经营效率。

在实践中，作业成本法为物流企业提供了三个重要的成本分摊价值。首先，它推动企业仔细审视每个作业环节，从而识别出那些隐藏的或间接的费用；其次，通过对各作业活动成本的分类和归集，企业能够确定业务中的成本驱动因素，从而更有针对性地进行成本控制和费用削减；最后，作业成本法有助于制定更加合理的定价策略，以确保产品或服务的价格不仅具备市场竞争力，同时也能实现预期的利润水平。因此，在竞争激烈且资源密集的物流行业，作业成本法不仅是一种成本核算工具，更成为支撑企业战略和竞争优势的关键要素。

4. 优势与局限性

作业成本法是一种通过识别和分配成本来准确地分配企业资源的方法。与传统成本法相比，作业成本法能够更精确地识别产品或服务的真实成本，从而帮助企业提高决策准确性和盈利能力。这种方法的优势在于其细致入微的成本分摊能力，可以更好地识别高成本的运作和低效的流程，使得管理层能够有针对性地进行优化。同时，它还能帮助企业更好地理解客户的盈利能力，制定更具竞争力的市场策略。

然而，作业成本法也存在一定的局限性。实施成本高、过程复杂是其主要障碍。为了成功应用这种成本分摊方法，公司需要投入大量的时间和资金来进行系统改造和员工培训。在一些业务环境中，尤其是业务流程相对简单的企业，作业成本法可能无法带来显著的成本效益改进。再者，作业成本法可能产生过于复杂的信息输出，导致管理层难以快速从中做出决策。因此，企业在选择成本计算方法时，需要权衡其复杂性和实际收益的关系，确保其在特定业务背景下发挥最大效用。

（1）精准成本核算与流程优化价值

实施作业成本法，企业需要对各项活动进行详细的识别和分类，并结合资源消耗情况，计算出每项活动的实际成本。这一过程需要对企业的生产流程、员工工时、设备使用等进行全面的分析和记录。运用作业成本法，企业能够识别出低效环节及资源浪费，通过活动成本分析，优化资源配置，减少不必要的开支。作业成本法的数据输出为管理层提供了可靠的决策支持，帮助其识别哪些活动为企业创造了更大的附加值，从而集中资源投向高回报的项目。这不仅提升了企业的竞争力，也为长远战略规划筑牢了坚实的基础。

（2）实施复杂度与数据维护成本

作业成本法是一种全面的成本管理技术，旨在通过识别和分配引发成本发生的具体活动，为决策提供更加精准的信息。然而，其实施过程往往需要面临较高复杂度。首先，企业需识别并厘清各项活动，明确每项活动所耗费的资源。这不仅耗费时间，还需深入了解企业内部运作和资源分配细节。此外，活动间常常存在复杂的交叉关系，增加了实施的复杂性。同时，数据维护成本也显著增加。企业必须建立并持续更新详细的成本数据库，以记录不同活动的资源消耗情况。这需要配备专门的人员来收集和处理数据，并确保信息的及时性和准确性。在快速变化的商业环境中，数据更新的频率和准确度至关重要。因此，即使作业成本法能够提供精确的成本信息，其在实施和维护成本方面的挑战也不容忽视。这需要企业在实施前做出充分的评估，并在执行过程中不断优化管理流程，以实现预期的收益。

（二）标准成本法的应用框架

标准成本法是一种重要的成本管理工具，其应用框架需要包括多个方面的考量，以确保其有效性。首先，标准成本法的实施需要建立在全面、准确的数据基础之上。企业需要对生产过程、消耗资源和市场环境有深入的了解，以设定合理的标准。这些标准通常通过分析历史数据，结合未来的市场趋势和企业战略进行预测来确定。

其次，在应用标准成本法时，需要建立一套严谨的成本核算体系。这就要求企业在日常运营中，能够对实际成本与标准成本进行持续监控和对比。通过对比分析，企业可以识别出成本偏差，并进一步探讨偏差的原因。这一过程不仅有助于提高成本控制的精确性，还能为企业的决策提供有价值的经营数据。

再次，标准成本法的应用还需要员工的协作和支持。为了让标准成本在实际操作中发挥作用，企业需要对员工进行培训，确保他们理解并运用标准成本概念。在追踪和分析成本偏差时，员工的反馈和意见也不可忽视，因为他们对生产和运营过程有着直接的了解。

最后，标准成本法应该嵌入企业的整体战略中，以支持企业的长期发展目标。企业需要在标准成本设置与经营战略之间找到平衡，确保标准成本法不仅是一种工具，更是一种支持企业可持续发展的战略选择。通过将成本管理与企业战略紧密结合，企业可以更为精准地把握市场脉搏，在竞争中占据优势地位。

1. 标准体系构建

标准成本法在企业的成本管理中具有重要作用，其标准体系的构建是该方法成功实施的关键。首先，制定标准成本体系时需先确定产品各项成本的分类与归属，包括材料成本、人工成本和制造费用等。这一过程需要综合考虑市场行情、成本结构及历史财务数据，以确保标准的合理性和可操作性。

其次，企业需建立全面的成本核算体系，通过细化和分解各环节的成本，确保每一项成本的分配符合现实生产流程。同时，标准成本的制定要与生产部门紧密沟通，确保其具备实际执行条件，并能在一定程度上激励员工的生产积极性。企业需建立健全的成本监控和反馈机制，以便及时发现和纠正偏差，调整标准成本的适用性和准确性。

总之，标准成本法的标准体系构建不仅要关注科学合理的成本测算，还需关注执行与反馈的双向沟通及持续优化，以实现提升企业效率和竞争力的目标。

（1）标准成本的制定依据

标准成本法在现代企业管理中扮演着至关重要的角色，其核心在于如何合理地制定标准成本。制定标准成本时，我们通常基于三个主要依据：历史数据、技术参数及行业标杆。

首先，企业通常会参考自身的历史数据。通过对过去一段时间内的成本开支、资源消耗和运营效率进行分析，企业可以获得一系列具有参考价值的数据。这些数据不仅反映了过去的运营状况，还揭示了可能的成本节约空间和效率提升潜力。在制定标准成本时，历史数据提供了扎实的基础。这些数据可以帮助企业识别过往不足，从而制定更具针对性和实效性的成本标准。

其次，技术参数是另一个重要依据。随着生产技术的不断进步，企业可以通过详细的技术参数和生产流程优化进一步精确成本测算。例如，通过引入先进的生产设备和技术手段，可以减少材料浪费，提高效率，从而制定出更具前瞻性和科学性的标准成本。

最后，行业标杆的设立也是制定标准成本必不可少的一环。通过对同行业领军企业的成本结构、生产效率和管理措施的深入研究，企业可以了解本行业的最佳实践。这不仅有助于找出自身存在的差距，还能为标准成本的设定提供一个合理的参考框架。

总之，标准成本的制定并非一蹴而就，它需要综合考虑历史数据、技术参数和行业标杆，以确保最终的标准成本既符合企业的实际情况，又具备一定的前瞻性和竞争力。通过这种多层次、多维度的分析，企业能够更好地应对市场变化，提升在行业中的竞争优势。

（2）直接材料、人工成本、制造费用的标准设定

在标准成本法中，直接材料、人工成本和制造费用的标准设定是至关重要的环节，可以有效地帮助企业进行财务预测、控制成本及评估绩效。对于直接材料而言，它的标准设定基于历史数据以及市场价格趋势分析，以确保成本预测的准确性。在此设定过程中，必须考虑材料的采购价、运输费以及其他相关的合理费用。对于人工成本，它的标准往往通过分析工时、产出效率以及工资市场条件制定。这不仅促进了劳动力资源的合理配置，而且提供了衡量员工生产力的基准。制造费用的标准则较为复杂，通常包括固定成本和变动成本。这里涉及机器设备的维护、工厂管理、折旧费用等。通过科学合理的标准成本设定，企业可以全面掌握成本运作情况，在生产安排、预算编制和战略规划中发挥指导作用。简言之，标准成本的精确设定，不仅是企业在全球化竞争中占据一席之地的关键，而且为管理层提供了必要的数据支持和决策依据。

2. 差异分析与控制

标准成本法的差异分析与控制是企业财务管理的重要环节，它帮助企业识别并纠正生产过程中出现的经济偏差，进而提高效率、降低成本。标准成

本法首先通过设定标准成本，将生产过程中各项费用（如材料成本、人工成本、制造费用等）进行标准化。随后，在实际生产过程中，将实际成本与标准成本进行比较，从而分析差异。

这种差异分析可以分为价格差异、数量差异、效率差异等。其中，价格差异可能因市场价格波动或采购策略变化而产生，而数量差异则与材料使用的优化水平有关，效率差异则主要与生产工艺流程改进或设备利用效率挂钩。通过这些分析，管理者能够获取更为精准的信息，进而制定更为有效的成本控制策略。

在进行差异控制时，企业不仅要注重短期内费用的减少，更需将目光放长远，结合质量控制与客户满意度，全面优化成本结构。此外，信息技术应用也为企业提供了更为便捷和高效的差异分析平台，使其能够实时掌握生产运营成本，及时反馈并调整生产计划，这对于提升企业竞争力具有重要意义。

（1）价格差异与数量差异的计算模型

标准成本法是成本控制与分析的重要工具，其核心在于将实际成本与标准成本进行比较，从而识别并分析成本偏差。价格差异和数量差异这两个概念在标准成本法中尤为关键。价格差异反映的是实际支付价格与标准价格之间的差距，而数量差异则揭示了实际使用量与标准用量的差别。具体而言，价格差异（Price Variance）可以用以下公式来计算：价格差异=（实际单价-标准单价）×实际数量。这个公式中的每一个分量都有重要的经济学意义。例如，当实际单价高于标准单价时，价格差异为正，可能意味着市场价格上涨或采购效率降低。而数量差异（Quantity Variance）则通过如下公式计算：数量差异=（实际数量-标准数量）×标准单价。这一项差异的正负，揭示了资源利用效率的变化。例如，如果实际使用量多于标准用量，那么可能是生产计划不当或资源浪费的信号。理解并准确计算这两种差异，能帮助企业发现问题的根源，实施针对性的改进，提高经济效益。同时，这些差异分析还有助于加强预算控制，优化资源配置，为企业的长远发展提供有力的战略支持。

（2）差异根源追溯

标准成本法中的差异根源追溯是一项至关重要的分析工作，它有助于企业了解实际成本与标准成本之间的差异，从而采取有效措施进行改进和控制。首先，在采购策略方面，差异可能源自供应商价格波动、原材料质量或市场供需变化。分析这些因素后，企业可以判断是否需要重新评估供应商关系或者调整采购策略以加强成本控制。其次，在生产效率方面，差异可能是由操作不当、设备故障或人工效率低下造成的。因此，企业须持续监控生产流程，并实施改进措施，如员工培训或设备升级，有效提高生产效率，减少成本差异。最后，工艺设计的差异可能涉及产品设计欠佳或工艺流程不合理，这会导致材料浪费或额外的生产步骤。通过优化工艺设计或创新技术，企业能够实现更高效的生产流程，降低成本偏差。综合分析这些方面，企业能够更精准地找到成本差异的根源，通过有效的措施来减少差异，从而实现成本管理的目标。

3. 适用场景与案例

标准成本法是一种企业管理工具，适用于在稳定且可预测的生产环境中管理成本和控制预算。它为企业提供了一个理想化的成本基准，帮助企业通过对比实际成本与标准成本，识别出成本控制中的差异，从而进行相应的调整和优化。这种方法特别适合于那些生产过程稳定、材料和生产工艺稳定、产量和产品规格相对不变的企业。

在制造业中，标准成本法常用于管理各类产品的生产过程。例如，一家生产家用电器的大型工厂就可以使用标准成本法来控制生产洗衣机、冰箱等产品所需的材料、人工和制造费用。通过预先设定每个生产环节的标准成本，企业可以对每批次生产的实际成本进行分析。如果发现某批次的实际成本超出了标准成本，管理层可以立即分析原因，比如查看是否由原材料价格上涨、生产效率降低或者机器设备异常等因素导致。

另一个典型的适用案例是快速消费品行业，比如大型饮料制造商在生产过程中，把每一个饮料包装的标准成本计算在内，包括瓶子、标签、液体成分和装瓶的人工及设备成本。通过这种方式，企业可以在生产和销售过程中不断监控实际成本与标准成本之间的差距，并及时进行调整，从而有效地控制成本，提高企业的盈利能力。

（1）流程标准化的食品加工行业

在食品加工行业，标准成本法的应用至关重要，因为它能够显著提升生产过程的效率和成本的可控性。在流程标准化方面，标准成本法提供了一套详细的标准和指南，确保生产过程的每一步都能严格按照既定的规范进行。这种系统化的管理流程不仅能够帮助企业更好地掌握生产成本，还能在原材料采购、生产、包装等每一个环节实现精确的成本分摊。

比如，一个食品加工企业可以通过标准成本法制定详细的生产标准，从而精确计算出每个生产批次所需的原材料量和生产时间。这不仅减少了浪费，还确保了产品质量的一致性。标准化流程还能快速地识别和解决生产中的各种问题，缩短停工时间，提高整条生产线的响应灵活性。通过定期对标准成本与实际成本的差异进行分析，企业能快速调整生产策略，优化资源利用，从而实现利润最大化。这种严格的流程控制，对于维持良好的市场竞争力和企业长远发展非常关键。

（2）连锁餐饮企业的成本管控

标准成本法应用于连锁餐饮企业，可以有效地进行成本管控，特别是在统一流程和产品质量管理方面发挥着重要作用。以汉堡的标准成本为例，餐饮企业可以通过这种方法明确每个汉堡中包含的原材料的理想使用量以及制备过程中的人工成本。标准成本法不仅有助于设定汉堡的标准售价以确保企业获得合理利润，还能帮助管理团队识别和分析生产中的浪费或偏差。当实际成本与标准成本产生差异时，企业可以通过详细的数据分析，找出导致差异的原因，比如供应商原材料价格波动或生产效率的变化，从而采取针对性措施加以改进。此外，标准成本法还为员工的工作提供了明确的指导标准，帮助形成统一的操作规范，从而提升整个餐厅的运作效率和客户满意度。这种精准的成本控制和分析方法，为连锁餐饮企业在竞争激烈的市场中保持成本优势发挥着不可或缺的作用。

4. 与预算管理的协同机制

标准成本法与预算管理之间的协同机制，是实现财务管理有效协作的基础。标准成本法通过对产品和服务成本进行标准化估算，为企业设定了一个控制和评估实际成本的基准。预算管理则通过详细的计划过程，统筹企业的收入与支出，以确保资源被合理分配。在这一过程中，两者的合作能够引导企业在成本控制与决策制定方面更加精准。

首先，标准成本法为预算的制定提供了重要的基准数据，使预算具有更高的可靠性和可操作性。通过比较实际成本和标准成本，企业能够迅速识别出成本偏差，从而及时采取调整措施。这一协同机制促使企业在预算执行的每一阶段进行动态监控与评估，以适应内部和外部环境的变化。这一组合为绩效考核提供了清晰的衡量标准，通过对成本差异进行分析，助力企业提升运营效率，优化资源配置。

通过这种密切的协同，企业能够在复杂多变的市场环境中保持竞争优势，并确保财务稳健。这种机制不仅是实现成本最优化的关键环节，更是提升整体经营效益的有效手段。

（三）两种成本法的对比与整合

作业成本法与标准成本法是企业在成本管理和核算中广泛应用的两种方法。作业成本法的优势在于其能更精确地分配间接费用，通过分析企业各项作业活动，识别哪些活动耗费资源最多，从而提高企业的成本效益和决策质量。这种方法特别适用于制造业中生产流程复杂、产品多样化的企业，因为它可以帮助管理者更好地理解实际耗费与成本之间的关系。

标准成本法则侧重于预定标准成本和实际成本之间的对比，便于企业进行成本控制和业绩评估。它能够通过对成本进行差异分析，揭示管理和执行过程中的问题，为管理层提供调整和改善的指导。这种方法适合生产过程相对稳定且可控的环境。

作业成本法与标准成本法在实践中整合，可以实现优势互补，特别是在复杂的制造环境中。企业可以利用作业成本法的精确分配机制来完善标准成本法的假设，对成本控制和决策提供更为全面的支持。例如，通过识别作业成本法中的高成本活动，可以调整标准成本，提高预算的准确性。而标准成本法提供的差异分析反过来可以用于检验作业成本法的有效性。这样的整合不仅提升了企业成本核算的精度，还优化了财务管理与资源配置。

1. 核心维度对比

作业成本法与标准成本法是两种重要的成本计算方法，它们在多个核心维度上具有明显的差异。在目标维度上，作业成本法的主要目标是更加准确地分摊间接成本，以提高成本管理的精确性。通过识别和分析各项作业的资源消耗，它能够更全面地反映产品、服务或客户的实际成本；而标准成本法的核心目标则在于建立成本控制基准，并通过实际成本和标准成本的对比，识别并分析成本偏差，从而推动组织效率优化。

在动因维度上，作业成本法的动因主要是作业的消耗，它关注的是具体的作业过程和资源使用，从而能够提供全面的成本管理视角；相比之下，标准成本法的动因聚焦于经济性原则，力求通过设立合理的成本标准，来辅助规划和控制成本以提升整体盈利水平。

在适用场景上，作业成本法更适合应用于作业复杂、间接成本占比较高的行业，如制造业、金融服务等，能帮助组织识别哪些活动是产生价值的，哪些是浪费资源的；而标准成本法则更多地应用于流程较简单、产品标准化程度高的行业，例如大规模生产的制造企业，在这些行业中，可以有效地监控和分析成本偏差。

在数据维度上，作业成本法依赖于大量的作业数据和资源消耗信息，强调从底层数据中挖掘成本动因；而标准成本法侧重于标准数据的设定和管理，强调通过对比和分析差异来进行成本控制和绩效评估。

因此，这两种成本计算方法各有其适用性和优势，选择使用哪种方法应基于企业的具体需求和环境。

2. 整合应用模式

作业成本法与标准成本法的整合应用模式，为企业提供了一种融合实时成本跟踪与成本控制标准化优势的创新解决方案。在企业运作过程中，作业成本法可以提供更精准的活动成本分配，通过识别并分析具体业务活动，帮助企业了解各层级成本动因，有效反映每一活动所需的真实成本；而标准成本法则强调成本控制和预算管理，通过设定成本标准，使企业能够进行成本比较和分析，及时发现并纠正成本偏差。

在整合应用过程中，企业不仅能够获取实时、细致的成本数据，还能依靠标准成本法的框架建立起科学的成本管理体系。这种整合模式有助于企业更准确地进行成本预测和分析，提高资金使用效率，优化资源配置。企业在推进这种模式的过程中，还可以借助现代信息技术手段，对数据进行深度挖掘和分析，从而进一步提升财务决策的精准性。这种整合应用模式在不断变化的商业环境中赋予企业更大的竞争优势，推动企业在高效管理和战略发展中双向受益。

（1）日常生产控制与战略成本分析的结合

作业成本法与标准成本法的结合，为日常生产控制和战略成本分析提供了全新的视角。这种整合不仅实现了更为精确的成本分配，还深化了企业对资源使用和成本结构的洞察。在日常生产控制中，作业成本法通过详细的核算活动，为管理者提供了及时有效的数据支持。实时的数据反馈有助于企业在生产过程中及时发现问题并采取措施，从而提高生产效率。标准成本法则为企业制定成本控制目标提供了基准和预期，通过对比实际成本与标准成本，企业能够识别出生产过程中的差异，并进行调整以优化成本结构。

在战略成本分析中，这两种方法的结合能够为管理层提供更为综合的成本视图，从而支持更为明智的战略决策。作业成本法的细分数据可以帮助企业识别哪些活动是有价值的，哪些需要重新评估或削减。借助标准成本法的预算模式，企业能够在制定长期策略时，分析不同路径的成本效益，并在市场动态变化中调整运营策略。两种方法的互补性，在快速变化的商业环境中尤为关键，帮助企业在追求短期效率与长期战略目标之间取得平衡。因此，作业成本法与标准成本法相结合，不仅为成本管理提供了一个动态的框架，还提升了企业整体的竞争力和财务表现。

（2）电子制造企业的双法并用实践

作业成本法与标准成本法是现代成本管理领域的两种重要方法。在电子制造企业中，这两种方法的融合使用可有效提升成本管理的效率和准确性。作业成本法能够通过分析具体作业活动的成本驱动因素，准确分摊间接费用，使得企业能够识别成本动因，进而优化业务流程。而标准成本法则通过设定标准成本，对比实际发生的成本，帮助企业识别成本差异，并及时采取改进措施。

将这两种方法结合应用于电子制造企业，能够充分发挥各自的优势。例如，企业可以利用作业成本法对不同作业环节的成本核算进行精细化处理，识别低效环节，进而优化生产流程。同时，通过标准成本法对不同产品的生产和运营进行成本对比分析，可以有效监控和控制成本偏差。这种双法并用的实践，不仅提升了成本控制的精细程度，也提高了决策的科学性和有效性，有助于企业在竞争中取得更有利的地位。结合两者的特性，电子制造企业可以实现更卓越的成本管理，获得更大的市场竞争优势。

3. 未来发展方向

作业成本法与标准成本法的结合可以为企业提供更精确和动态的成本核

算方法，这将在未来得到越来越广泛的应用。首先，时间驱动的作业成本法（Time-Driven ABC）作为传统作业成本法的一种高级形式，能够处理复杂且多变的业务环境。它通过简化活动成本动因的识别过程，提供了一种更直接的成本分摊方式，有效地减少了复杂性并提高了准确性。它能够更好地适应企业运营中的实时变化，使得公司在进行成本管理时更加灵活，从而支持战略决策的优化。

人工智能、大数据和物联网等数字化工具，可以为作业成本法和标准成本法的融合提供新的助力。通过应用数字化工具，企业能够在较短的时间内处理和分析大量的数据，实时监控成本流动变化，并快速调整成本策略。

未来，作业成本法与标准成本法的融合不仅需关注成本核算的精确性和实时性，还应结合数字化工具，打造一个高度自动化且智能化的成本管理系统，从而促进企业在成本管理中的变革与创新，更好地应对动态市场，保持持续增长。

三、预算编制与控制体系

为确保企业财务管理的有效性与灵活性，预算编制与控制体系的作用尤为关键。预算编制作为财务管理的核心环节，不仅需要对企业未来一段时期内的收入和支出进行详细的规划，还需对市场环境变化保持敏锐的洞察力，以便及时调整战略，应对不确定性因素。预算编制应充分结合企业的战略目标与经营计划，确保资源配置的合理性与有效性，从而支持企业的可持续发展。

与此同时，完善的预算控制体系是保障预算执行到位的重要手段。通过建立严格的监督和反馈机制，可以实时监控预算执行的进展和效果，及时发现并纠正偏差。这不仅需要准确的数据分析，还需要各部门的协调与配合，形成完整的监督链条，使预算成为指导企业各项业务活动的有效工具。

综合来看，优良的预算编制与控制体系能够帮助企业在复杂多变的商业环境中保持财务的稳定性和增长的持久性，为企业的长远发展奠定坚实基础。

（一）预算管理基础理论

预算管理作为一种重要的财务管理工具，承载着通过合理的计划和控制，助力组织有效进行资源分配与使用的多重任务，其最终目的是确保财务目标的实现。在现代商业环境中，预算管理尤为关键。它不仅是对收入和支出的简单预测过程，而且为组织提供了一个全面的财务框架，以便在未来某个时期实现资源的最优配置。

预算管理的流程始于预算的编制，这是一个系统而复杂的过程，要求各部门之间的协调与合作。不过，成功的预算管理并不止于此。对预算执行情况进行持续的监控和分析同等重要，这有助于发现潜在的问题及可能存在的资源浪费，使管理人员能够快速响应，采取相应措施。

此外，预算管理也为组织提供了一个回顾和反思的平台。在执行过程中，通过分析实际与预算之间的差异，管理者不仅可以更好地理解组织的财务健康状态，还能够对未来的财务规划进行合理的调整。通过这种持续的反馈和改进，预算管理不仅促进了财务的稳定和增长，同时也提升了整体的组织效能。

预算管理主要包括预算编制、预算执行、预算控制和预算分析。预算编制是指根据组织的战略目标和业务计划，制订详细的财务计划。在预算执行过程中，组织需要根据预算安排实际的收支活动，并对偏差进行及时的调整和纠正。预算控制是指通过比较实际收入和支出与预算的差异，实现对财务活动的有效监管。预算分析是对预算实施情况的总结和评价，以便找出原因并为未来预算编制提供依据。

实施有效的预算管理可以帮助企业预见财务问题、优化资源配置、提高管理效率，并增强企业的竞争力。因此，预算管理不仅是财务部门的职责，也是整个组织共同的职责。有效的预算管理能够为企业提供更清晰的财务路径，使各个部门在资金调配方面协同作业，避免不必要的支出和资源浪费。通过精确的预算分析和反馈机制，企业能够快速识别潜在的财务风险和市场变化，并迅速采取措施加以应对。这种前瞻性的管理方式还能推动员工更加积极地参与成本控制和绩效评估，从而营造高效且透明的工作环境。总之，良好的预算管理不仅仅是企业财务健康的基石，更是推动企业持续发展的重要动力。

1. 预算的本质与功能定位

预算是指计划在未来一段时间内以一定价值形式呈现的资源配置安排。这种安排涉及企业、政府或个人在一段时间内收入与支出的计划。预算不仅是简单的数字罗列，它还反映了组织或个人对未来的预期、目标以及风险承担能力。预算作为一种重要的管理工具，其功能不仅限于传统意义上的财务控制和成本节约，更是战略决策的一部分。在现代管理中，预算被视为一个动态的过程，强调预算与企业整体战略目标的一致性。在这一过程中，预算帮助管理者识别战略目标的优先级，并分配资源以实现效益最大化。因此，预算的成功实施依赖于准确的市场预测、详细的成本分析以及内外部环境的充分调研。预算的制定与执行也需要考虑外部环境的变动，以便灵活调整，从而实现既定目标。例如，在复杂多变的经济环境中，预算需要体现对市场变化的敏感性，能够及时进行调整以适应环境的变化。预算过程中涉及的沟通与协调，也促使组织内各部门之间建立更为紧密的合作关系，实现资源的最优配置。

（1）战略落地的量化工具

战略落地的量化工具是将组织的高层战略目标转化为可执行的行动计划和可量化的绩效指标的关键手段。通过这些工具，企业能够更精确地跟踪、评估和调整其战略实施过程，以确保各项战略目标能够在预定的时间范围内实现。量化工具包括平衡计分卡和关键绩效指标（KPI）等，这些工具帮助管理层将复杂的战略概念转化为具体的、可操作的数据点，从而为决策提供可靠依据。

运用量化工具，企业不仅可以明确各层级人员的责任和目标，还能够识别过程中的风险点和资源分配的不足。管理者可以通过对比实际数据与既定指标，识别出偏差并及时采取纠正措施，以优化流程、提高整体效率与绩效。除此之外，量化工具还为企业文化及员工行为的转变提供了支持。在这些工具的指导下，员工能够更好地理解组织战略，并在日常工作中付诸实践，这大大提高了战略执行的一致性和领导层工作的透明度。对战略实施情况的可视化追踪，不仅促进了组织内部的良性循环，还增强了外部的市场竞争力。

（2）资源协调与过程控制手段

在实现项目目标的过程中，资源协调与过程控制是两个至关重要的方面。资源协调不仅涉及人力、物力、财力等显性资源的合理配置与调度，还涵盖了诸如信息、知识和沟通渠道等隐性资源的有效整合。成功的资源协调能确保资源得到最大化利用，避免资源浪费和过度使用，从而提高项目效率和质量。资源协同还需要着眼于团队之间的合作，不同部门及人员在资源共享与协作上的默契，能进一步放大资源价值。

过程控制手段则更强调对项目各个阶段的严格监督和管理。它包括制定详细的项目时间表，确保每个子任务按时完成，以及利用现代科技手段，实时监测项目进展及潜在风险。这不仅能及时发现并纠正偏差，还能通过数据分析和反馈机制优化流程，提升项目的灵活性和适应性。有效的过程控制是对资源协调工作的保障，确保所有的规划和资源切实转化为可衡量的结果，使得项目在既定的预算和时间框架内顺利达成目标。

（3）绩效考核的核心依据

在企业的运营中，绩效考核发挥着至关重要的作用，是企业管理中不可或缺的一环。绩效考核的核心依据包括多个方面。首先是员工的个人工作表现，这不仅涉及员工是否完成了基本职责，还涵盖了他们在工作中展现出的积极性和创新能力。其次，团队协作能力也被纳入考核范围，员工在团队中扮演怎样的角色，贡献的质量和数量如何，都会对总体绩效产生影响。绩效目标的明确性和实现程度也是考核的重要基准，员工是否能在规定时间内实现既定的目标，是衡量个人贡献的重要指标。此外，企业还可能会考虑员工面对挑战和危机时的应变能力，以及他们的客户服务水平，这些都直接反映了员工对企业文化和价值观的认同程度。通过全面的绩效考核，企业能更好地识别出高绩效员工，予以奖励及提升，从而进一步激励员工，为企业的整体发展提供动力。

2. 预算体系分类

预算体系通常可以从不同的角度进行分类，以适应不同的管理需求和财务环境。首先，从时间的角度来看，可以将预算分为长期预算和短期预算。长期预算通常涉及三至五年甚至更长的时间框架，主要用于战略规划和资本项目的筹资与管理。而短期预算通常涵盖年度预算，着眼于即将到来的财政年度的具体规划与执行。

其次，根据预算编制方法的不同，预算可以分为静态预算和弹性预算。静态预算是基于预计业务水平的固定预算，适合环境相对稳定的组织，其缺点在于缺乏灵活性。而弹性预算依赖于实际业务活动水平，可以根据实际业务的发展随时调整以保持精确度和相关性。

再次，从预算的应用领域看，可以分为运营预算、资本预算和现金预算。运营预算主要用于管理日常业务活动，涵盖收入与支出的细节。资本预算则用于长期投资项目的计划和评估，是公司长期增长与发展的基石。现金预算则侧重于现金流的管理，确保企业在任何时候都有足够的流动资金。

总之，不同的预算分类方法为企业提供了灵活的工具，以优化资源配置，提高管理效率并实现其战略目标。通过准确且灵活的预算管理，公司能够更敏锐地应对内外部环境的变化，从而在竞争激烈的市场中保持良好运作和持续增长。

（1）经营预算

经营预算在企业管理中扮演着至关重要的角色，涵盖了销售、生产与成本等多个核心方面，帮助管理者有效规划资源、控制费用并实现公司的战略目标。从销售的角度来看，经营预算可以预估未来一个时期内的销售收入，根据市场分析和历史数据预测市场需求以及价格走势，从而制定合理的销售目标。这不仅有助于设定员工绩效目标，也有助于整体营销策略的规划和调整。

在生产方面，经营预算需要考量生产能力、产能利用率、原材料供求关系等因素。通过合理编制生产预算，可以确保生产计划与销售预测紧密衔接，避免产能过剩或不足的问题，提高生产效率和资源利用率。此外，还需依托先进的技术手段优化排产计划，保障产品质量和交付及时性。

至于成本控制，则是经营预算中的另一关键环节，它涉及对各种直接和间接费用的全面管理。通过详细分析各项成本的构成，企业可以找出降低成本的方法，例如实施精益生产、优化供应链管理以及提高能源利用效率等。这有助于企业在激烈的市场竞争中保持价格优势和盈利能力，同时也为企业的长期可持续发展奠定了坚实的基础。

（2）财务预算

财务预算是企业管理中至关重要的一环，涉及至少两个重要部分：现金流和资产负债。对现金流进行精准的预算，不仅有助于企业在各项资金流动中保持良好的流动性水平，还可以确保在特定时间段内，企业有足够的现金满足运营需求和应对突发情况。通过详细的现金流预算，企业能够合理安排支出和收款周期，从而有效地规避财务危机。

此外，资产负债预算能够帮助企业高层管理者更好地理解其财务状况和资本结构。资产负债预算需要全面评估企业拥有的资产价值、现有的负债水平以及资本结构，才能确保其长期发展策略的稳定性和可持续性。通过对资产负债的精准控制，企业可以有效地降低财务风险，提高筹资和投资决策的科学性。定期开展这两方面的预算审查，能进一步帮助企业调整战略，适应不断变化的市场环境，确保稳健发展。这种系统化的财务管理方式，不仅提升了企业的抗风险能力，还为未来的增长奠定了坚实的基础。

（3）资本预算

资本预算，又称长期投资计划，是企业财务管理中至关重要的环节。它的核心任务在于通过评估和选择投资项目，优化企业在长期内的资本配置，从而最大化公司价值。为了实施有效的资本预算，企业通常需要考虑多个关键因素，包括项目的可行性、风险评估、预期收益率、现金流分析，以及经济环境变化对项目的潜在影响。

在实际操作中，资本预算过程通常从识别和构想投资项目开始。企业需要分析各类潜在项目的优势和潜在风险，通过细致的财务建模和预测来评估每个项目的财务可行性。这包括使用净现值（NPV）、内部收益率（IRR）、投资回收期等多种财务指标，以便评估项目的长期收益和回报。

此外，资本预算不仅仅关心财务指标，还涉及对项目与企业战略目标的契合度的评估。在竞争激烈、科技迅猛发展的商业环境中，企业必须确保所选项目能够支持其长远发展战略，保持竞争优势。随着市场和技术的快速发展，灵活性和适应性逐渐成为资本预算中不可或缺的考量因素，以确保企业在不断变化的外部环境中获得可持续的投资收益。

（二）预算编制技术与方法

预算编制不仅涉及对财务资源的合理分配，还包括对未来不确定因素的有效监控和调整。在实际操作中，预算编制通常需要采用多种技术和方法，以确保其准确性和可操作性。

首先，零基预算（Zero-Based Budgeting，ZBB）是一种常用的方法，它要求每个预算周期从零开始重新评估所有的预算需求，而不是依赖于以往的支出水平。这种方法能够促使各部门重新审视自身的资源需求和支出必要性，有助于削减不必要的成本，提高资金使用效率。其次，滚动预算

（Rolling Budget）通过定期修订和延长预算周期，使得预算与实际经营环境更为贴合。这种方法可以灵活应对市场变化，确保预算具有前瞻性和可操作性。再次，灵活预算（Flexible Budget）是一种基于产出水平的动态工具，允许在实际产值发生变化时对预算进行调整。这种方法尤其适用于经营环境变动较大的行业，能有效地适应不确定性，保持预算的灵活性。最后，行为预算（Behavioral Budgeting）强调通过人的行为变化影响预算结果，通过推动创新、提升员工积极性及激发其潜能，促进整体组织绩效目标的实现。

通过结合这些技术与方法，预算编制不仅能够更精准地反映组织的财务状况，还能为管理者提供更为可靠的决策支持。有效的预算编制技术与方法的应用，将为企业的长期可持续发展奠定坚实的基础。

1. 传统编制方法

（1）增量预算法

增量预算法是一种在稳定环境中展现出显著效率优势的财务管理方法。在该方法下，重点不仅仅在对全面财务数据的逐年比较上，而且要关注小幅度的增量变化。通过这种方法，企业能够更精准地跟踪收入和成本的细微波动，捕捉到影响财务结果的每一个细节。这种方法通过逐步调整预算，减少了财务管理中的繁杂计算，同时还能够适应环境的微小变化，为企业提供了一种更为灵活和准确的决策支持系统。

传统的预算编制往往需要对比过去的财务数据，耗费大量人力和时间资源，最终可能会因为与实际业务活动的偏差而失去参考价值。增量预算法突破了这一瓶颈，不需要从头开始制定整个预算，而仅需要关注即将发生的变化。这意味着企业可以快速响应市场条件的改变、经济环境的波动以及内部资源的重新配置。通过不断累积的增量数据，企业不仅可以保持预算的高度灵活性，还能更精确地评估特定战略决策的成功与否。

在稳定环境里，经济变量较少，利用增量预算法有助于提高资源使用效率，减少不必要的冗余开支，加快预算调整的响应速度，从而帮助企业在不确定的经济背景下获得稳定的增长和竞争优势。这种以小幅度变化为核心的管理理念，正在逐渐改变企业财务规划的方式，使其更加贴近实际业务需求，更能迅速反映企业运营的真实状况。

（2）零基预算法

零基预算法是一种预算编制方法，尤其适用于需要严格控制成本的场景。在这种方法下，每一个会计期间的预算编制都从"零"开始，而不是基于以往的预算数据。这意味着需要逐项评估所有的费用项目的必要性和合理性，从而决定是否拨款及如何拨款。

这种方法有助于避免成本的逐年累积，有利于组织对各类支出进行重新审视。零基预算法的实施需要管理层对每项支出的细节进行深入分析和审阅，以确保每一资金去向都是合理和必要的。它不仅鼓励组织进行更高效的资源配置，还能对潜在的非必要支出做出削减。

在具体应用中，零基预算法能够帮助企业在竞争激烈的环境中保持敏捷性和适应力。通过持续的成本控制，企业可以更好地应对市场波动和内部资源限制。此外，它还促进了企业内部不同部门之间的主动沟通与协作，从而更加高效地实现整体战略目标。

尽管零基预算法在实践中可能面临执行层面的挑战，比如需要较高的时间和人力成本，但其产生的效果往往能够帮助企业在保持成本效益的前提下，推动预算管理流程朝着更透明、更精确的方向优化。

2. 动态编制技术

（1）滚动预算

滚动预算是一种市场波动应对策略，旨在提升企业在动态市场环境中的灵活性和应变能力。传统预算通常为年度编制周期，其实是基于对过去和未来市场环境相对静态的假设而制定。然而，市场的变迁总是充满了不可预测性，尤其在当今瞬息万变的全球化市场中，一年一次的预算往往显得不够及时和灵活。滚动预算通过定期更新预算数据，使企业能在不断涌现的新市场信息或条件变化下迅速调整资源分配和经营战略，从而避免资源浪费或战略失误。滚动预算的灵活性不仅体现在时间维度的连续性（通常每月或每季度更新），而且能推动组织将财务规划与业务实际更紧密结合，不仅提高了财务预测的准确性，还增强了企业整体战略的适应性。在这一过程中，企业需要不断地监控内外部的变化，管理者需提高对市场的敏锐观察能力及快速决策的能力，在修订预算的同时，保障公司在不确定性中保持竞争优势。与此同时，滚动预算还鼓励企业在短期目标达成的同时，持续关注长远战略，培养前瞻性思维，进而有效平衡短期收益与长期愿景之间的关系。这种灵活的财务管理工具不仅能够帮助企业合理分配资源，提升其面对市场波动的抗风险能力，还能确保企业在经济起伏的过程中始终维持稳健的财务状态，从而保障业务的可持续发展。

（2）弹性预算

弹性预算是指企业在面对业务量变化时，灵活调整预算以适应实际需求的能力。这种预算形式不仅增强了企业的财务控制力，更使得企业能够在市场环境不断变动的情况下，及时做出相应的战略调整。通过弹性预算，企业可以更准确地预测未来的资金流动需求，并根据业务的发展情况进行必要的资源重新配置。这不仅能够避免资源浪费，还能最大化投资回报率。

弹性预算也可以帮助企业在不确定的经济环境中增强竞争力。当市场需求发生变化时，企业需要迅速响应，以便在竞争中占得先机。这就要求企业财务管理者具备敏锐的市场洞察力和灵活的决策能力，能够快速调整预算以支持战略决策。实施弹性预算还能促使企业在上下游供应链中建立更加紧密的合作关系，以便更好地共享市场信息和资源。

总的来说，弹性预算使企业能够更好地适应市场波动，保持企业运营的连续性和稳定性，并为企业长远发展奠定更为坚实的基础。

3. 编制流程优化

（1）销售预算的市场驱动模型

市场驱动模型在制定销售预算方面扮演着至关重要的角色。这种模型通过综合分析市场趋势、消费者需求以及竞争对手策略，帮助企业更为精准地预测和分配销售资源。首先，这种模型通过大数据分析，实时捕捉市场动态，以确保企业能够快速响应市场变化，从而在激烈的市场竞争中保持领先地位。伴随着市场状况的不断变化，这种实时响应能力使企业能够迅速调整策略，无论是在产品定价、促销活动还是营销渠道的选择方面，都更具灵活性与适应性。其次，市场驱动模型能有效帮助企业识别潜在的市场机会和风险，为制定切实可行的销售策略提供强有力的支持。例如，它可以通过分析消费者的购买习惯与偏好，精确定位目标客户群体，并优化营销沟通策略。市场驱动模型还能融合先进的人工智能技术，以更科学的方式对消费者行为进行预测，调整产品和服务的方向，从而提升客户满意度和忠诚度。该模型通过全面评估市场的变化趋势和竞争对手的动向，协助企业优化资源配置，最大化投资回报率，并在研发和产品创新方面提供战略指导。这种优化不仅提高了企业的运营效率，还增强了市场的竞争力。总的来说，市场驱动模型不仅仅是一种预算工具，它更是企业在发展过程中的一项战略性资产，能够为企业创造可持续的增长动力，这种增长不仅体现在财务方面，还包括品牌形象的提升以及长期市场领导地位的巩固。

（2）生产预算的产供销平衡公式

生产预算的产供销平衡公式是企业制订生产计划时的重要依据，通过合理的数学模型平衡产量、供应和销售三者之间的关系。其基本原理是确保企业的生产活动能够满足市场需求，同时最小化库存和浪费。这一公式的有效实施，可以显著增强企业的竞争力。通过优化资源配置，企业不仅能够减少原材料的浪费，还能在市场出现供需波动时迅速做出反应。此外，平衡公式还能促进企业内部部门之间的协调和信息共享。生产部门、采购部门和销售部门通过这一公式，可以实现更紧密的合作，各部门能够在更短的时间内整理、分析和应用数据结果，确保企业的整体运作更为高效和灵活。只有生产、供应和销售三者保持协调一致，才能使企业在竞争激烈的市场环境中立于不败之地。通过不断调整模型和提升技术，企业能更精准地预测市场变化趋势，从而进一步优化生产计划，实现企业收益最大化。

通常情况下，产供销平衡公式包括以下几个关键要素：预测需求量、生产能力、现有库存和预计销售量。企业应根据市场调研和历史数据准确预测未来销售，这一预测决定了生产计划的制订。接着，考虑生产能力，包括设备运行时间、员工生产率以及原材料供应等因素，在此基础上，进一步调整生产计划以达到最优。此外，企业还需要检视自身的库存水平，判断需要生产多少新产品来补充库存，实现供需平衡，避免出现过高的库存成本或因库存不足而导致的断供风险。

通过科学的产供销平衡公式，企业能够有效协调资源、降低生产成本、提高市场响应速度并增强竞争力。在市场需求和供给多变的环境中，不断调整和完善这一公式则是企业成功的关键。

（3）现金流预算的风险预警机制

在现代企业管理中，现金流预算的风险预警机制不仅是前瞻性地识别和评估潜在财务风险的基础工具，更是企业财务健康的重要保障。这个机制如同敏感的雷达，能够在经济动荡或企业内部运营发生变化时，迅速发出警报，提醒管理层采取适当措施。企业为了在充满不确定性的市场环境中立于不败之地，必须确保其风险预警机制的灵活性和准确性。

有效的风险预警机制需要综合运用多样化的数据分析工具，实时监控市场趋势、汇率波动、原材料价格变化等关键外部因素，同时深入了解企业自身的财务结构、资金链条以及经营战略。通过建立精准的数据模型并不断更新风险参数，企业能够在风险苗头初现时迅速调整战略，优化资源配置，确保资金高效运作。此外，管理层应保持对风险的高度敏感，并通过定期培训提高员工的风险识别和处理能力，形成企业内部良好的风险管理文化。这一系列措施为企业维持良好的财务稳定性提供坚实的基础，为其长期发展保驾护航。

首先，企业需要建立一个全面的监控系统，涵盖所有可能影响现金流的因素，例如客户付款周期、市场变化趋势以及供应链中断等。这一系统不仅要实时更新，还需要具备预测分析的能力，以便在问题初露苗头时及时预警。同时，企业应建立明确的应对策略，包括增加现金储备、拓宽融资渠道以及优化成本管理等，以确保在风险来临时能够迅速采取行动。

其次，企业可借助科技手段，运用大数据分析和人工智能技术，进一步提升风险预警机制的前瞻性和精准性。这不仅能帮助企业提高应对突发风险的能力，还能为其长期决策提供有力支持。在此基础上，企业应定期对风险预警机制进行评估和调整，以适应不断变化的内外部环境，确保在各种经济条件下始终保持财务稳健。

（三）预算控制关键环节

预算控制是企业管理中至关重要的一环，不仅关乎企业资源的有效分配，还直接影响企业整体运营效率和战略目标的实现。在预算控制的过程中，有几个关键环节需要特别关注。第一个关键环节是预算编制。在这一阶段，企业需要根据过去的财务数据和未来的发展目标，制订合理的资金分配计划。这不仅要求准确的市场预测，还要关注内部和外部环境的变化，将可能的风险和机会一并纳入考虑范围。第二个关键环节是预算的执行和监控。在实际执行过程中，必须对各个环节的资金使用情况进行实时跟踪和记录，确保每一分钱都花在刀刃上，同时警惕可能出现的超支或违规情况。第三个关键环节是预算的调整与反馈。根据执行中的实际情况，企业必须具备灵活性，及时调整预算以应对突发变化。第四个关键环节是绩效评估。预算执行结束后，需对其进行全面评估，分析偏差原因，总结经验教训，以改进未来的预算编制和控制工作。通过精细化的预算管理，不仅可以提高企业的财务透明度，还可以增强其竞争力和市场反应能力。

1. 全过程控制机制

全过程控制机制是一种将系统化管理理念应用于项目或工作全过程的策略。通过对项目生命周期的每个环节进行精准的控制和监控，可以有效地确保项目按计划进行。

在规划阶段，全过程控制机制通过设定明确的目标、识别潜在的风险和制订详细的工作计划来奠定项目的方向和基础，通过精确的计划和资源分配，可以预先避免许多常见的执行问题。

在执行阶段，管理层需要通过实时的数据和信息反馈，监控项目的进展情况。这不仅包括日常检查和协调，也需杜绝额外的资源浪费或无效的工作环节，确保所有活动保持在轨道之上。

监控阶段是一个持续的过程，通过定期的审查、反馈和调整，确保活动结果与预期保持一致。这一阶段强调根据实际表现进行分析与优化，迅速响应出现的任何问题或障碍，避免小问题演变成大麻烦。

在项目结束阶段，全过程控制机制还通过系统的总结和反思，为未来项目提供宝贵的经验和教训。这种基于事实的总结可以帮助优化未来的全过程控制机制，进一步提高项目管理的整体水平。

总的来说，全面控制机制不仅是管理的方法论，也是提升组织执行力和竞争力的关键保障。通过全面而系统的管理思维，企业或组织能够更高效地达成目标，同时最大限度地降低风险。

（1）事前：授权审批体系设计

在企业管理中，授权审批体系是提高效率和确保安全的关键部分。权限矩阵作为一种可视化工具，从根本上帮助组织厘清不同角色及其权限范围，为后续的活动设定明确的边界。这种矩阵不仅确定了谁能做什么，还能进一步界定在什么条件下哪些人需要被授权。这对于维护组织秩序、防止越权行为，以及保障数据安全至关重要。

权限矩阵的高效应用并不仅仅体现在权限的明确划分上，更在于其为复杂的业务环境提供了灵活的权限管理方案。通过权限矩阵，组织可以识别出哪些任务是高风险的，并且在执行这些任务时，确保只有必要人员介入。这种机制可以极大地减少操作上的失误和潜在的安全隐患。同时，权限矩阵可以不断更新和优化，以适应组织在发展过程中出现的新需求和新挑战，从而保持管理体系的动态平衡。权限矩阵的使用还可在审计和合规检查中发挥重要作用，为审查提供清晰的权限轨迹记录。因此，权限矩阵在现代管理实践中不可或缺，它不仅在提升组织运转效率方面具有重要意义，而且在构建稳固的安全管理体系方面发挥着关键作用。

设计权限时必须全面考量组织的结构和需求，因为这些都直接关系到每个角色的职能划分。具体来说，明确列出每个角色的职责是设计权限矩阵的基础。权限的设定应该精确地反映这些职责，以确保各角色仅有执行任务所需的权限，避免多余的授权，从而减少潜在的安全风险。例如，在一个大型企业中，财务部门的员工不应该拥有修改技术架构的权限；同样，技术部门的员工也不需要访问财务系统中的敏感数据。因此，与职责相匹配的权限分配，能够最大限度地降低违反原则的可能性。在这一过程中，提前识别并分析潜在的安全威胁及管理漏洞是至关重要的。这种前期的准备和分析能够帮助组织避免因权限配置不当而导致的管理混乱、责任不清等问题。此外，权限矩阵的设计也不应该是一成不变的，它应当根据业务环境和技术条件的变化而动态地更新。定期审核和评估权限，可以不断完善权限结构，确保组织既能应对新的挑战，又能在既定的高效安全框架内持续运作。

（2）事中：实时监控与差异分析

实时监控与差异分析在企业资源计划（ERP）系统中扮演着至关重要的角色，它们不仅有助于企业有效地适应市场的瞬息万变，还通过全面、及时掌握并解析业务运营各个层面的信息，提升管理效率和决策精确度。在现代企业面临的激烈竞争环境下，实时监控已成为企业维持竞争优势的重要手段，它能使企业及时掌握生产线状态、库存水平、订单进展等各个环节的动态，并在必要时迅速做出相应调整。与此同时，ERP系统强大的预警功能通过对监控数据与企业预设目标的持续比对分析，能够快速识别潜在的问题，并向管理层发出早期警报。这种警示包括但不限于材料即将耗尽、生产滞后或订单出错等突发情况，帮助企业在问题演变成重大损失之前积极采取补救措施。更为重要的是，通过实时监控与差异分析所获得的精准数据分析，企业高层可以在战略规划中做出更具前瞻性的调整，从而在决策时更具方向感与信心。面对不断变化的市场环境，这种预警机制不仅显著提升了企业的操作效率、节省了宝贵的资源，还有效地帮助组织规避了潜在风险。总之，拥有先进的实时监控与差异分析系统的企业可以准确预测市场动向，提高灵活应变的能力，确保在竞争激烈的环境中始终占据战略高地。

（3）事后：绩效挂钩与改进措施

在完成项目或任务之后，进行全面的评估与改进，始终是推动持续进步的核心环节。这一过程不仅能通过详细的绩效分析帮助我们识别出任务中有效实现的目标和策略，还能揭示那些需要进一步提升和优化的领域。通过这样细致的分析，我们不仅能制定未来改进的路线图，还能保证将每一次项目经验转化为团队和个人的成长驱动力。在现代管理中，将绩效结果与个人或团队的奖励措施紧密结合，被证明是持续提振员工士气和提升生产力的重要方式。这样的激励机制不仅在于对已完成任务的及时认可，还能持续激励团队成员在后续的任务中不懈追求卓越。长期来看，它更能在组织内营造出一种主动学习和创新的文化氛围，使得每个人在不断发展自身能力的同时，为团队的整体进步贡献力量。通过这样的方式，员工不仅将执行标准设定为高标准，更将其内化为自身的职业态度，在未来的每一个项目中，推动实现更出色的团队协作和成果交付。

根据评估所得到的反馈，制定切实可行的改进措施也是不可或缺的一部分。改进措施应明确目标，具体且可操作，并需与员工的职业发展相结合，从而提升整体团队的能力水平。首先，企业应确保所有反馈都被系统地记录和分析，识别出需要优先解决的问题，并根据这些问题设计有针对性的解决方案。这不仅包括技能培训和资源配置，还可能涉及流程优化和技术升级。其次，为确保改进措施的有效性，设定阶段性目标和可衡量的标准是至关重要的，这使得团队可以时刻评估自身进展，并对方案进行必要的调整。通过不断地、反复地评估与改进，企业可以确保在竞争激烈的市场环境中保持创新和效率，以此持续推动组织的成长与成功。这样的过程还营造了通过反馈持续完善自我的文化氛围，使每位员工都能充分发挥自身潜力。这种文化不仅激励员工努力工作，更激励他们成为变革的倡导者，从而促进整个组织的持续发展和进步。

2. 差异分析方法论

差异分析方法论是一种关键的分析工具，广泛应用于商业、科学研究、质量控制和金融等领域。它通过比较理想值和实际值之间的差异，帮助组织和个人识别影响绩效的关键因素，从而有效地实施改进措施。差异分析不仅限于数值上的比较，还涉及对背景和环境的深刻理解。

在企业管理中，差异分析可以用于评估预算执行情况。通过比较实际支出和预算之间的差异，管理者能够识别出资源分配的问题和效率的不足。在质量管理中，通过比较产品质量的现状与理想标准，企业能够识别生产过程中可能存在的瑕疵，从而进行工艺改进和质量提升。金融领域则利用差异分析来评估公司业绩，识别影响盈利能力的核心因素，如市场波动、成本增加或销售策略变化。

差异分析方法论在科学研究中也有重要应用。研究人员利用这种方法来分析实验结果，比较实验组与对照组之间的差异，从而得出有效的结论。这种细致而全面的方法论不仅为研究提供了定量的基础，还强调了数据解释和应用的复杂性，促使研究者从多个维度进行深入的探讨。通过差异分析方法论，研究者能够更深入地理解实验数据，为进一步的研究提供可靠依据。由此可见，差异分析方法论是一种强大的工具，能够在众多领域中帮助我们更好地理解和利用数据，从而推动进步与创新。

（1）有利差异与不利差异的辩证分析

在每一个群体、组织或国家中，差异无处不在，既有可能带来利益，也存在潜在的风险。辩证地看待差异，有助于我们更好地理解和驾驭其影响。在历史的长河中，有利差异常常成为推动进步与发展的动力。例如，不同国家和文化的交流可以促进全球合作，推动科技创新和进步。不过，差异也可能成为分歧与冲突的根源，导致误解与对立。

有利差异首先表现为思想和观念的多样性。当人们处于不同的文化背景、接受不同的教育时，往往会带来新颖的观点与独特的思维方式。这种思想的激荡可以催生创新，推动社会进步。在职场中，由不同背景员工组成的团队，往往能够在复杂问题的解决中表现出更高的创造力和解决问题的能力。

不利差异则可能在沟通过程中造成障碍。语言、价值观和工作方式上的差异可能导致误解和误判，从而影响团队合作和决策质量。文化差异有时还可能深化先入为主的偏见，甚至在群体中引发冲突和不满。

因此，面对差异，我们需要在看到其潜在价值的同时保持警惕，对可能产生的负面影响做好准备。教育、开放和包容的态度是应对差异挑战的关键。通过加强沟通、增进理解，以及为不同的观点和声音提供表达的空间，我们能够将差异转化为实际的优势，促进更加和谐且富有成效的社会环境的形成。

（2）销售、成本、费用差异的典型原因

销售、成本、费用差异的典型原因可能涉及多个方面。首先，在销售方面，市场需求的变化和竞争对手的活动是两个主要的影响因素。市场需求的波动可能导致销售额的不稳定。新的竞争者进入市场或现有竞争对手的促销活动也可能会削弱企业的市场份额，导致销售收入降低。

其次，成本差异可能源自原材料价格的波动和供应链的中断。如果关键原材料的价格上涨，会直接增加生产成本，从而影响企业的利润率。供应链的中断，例如自然灾害或政治因素，也可能导致生产停滞和成本增加。

最后，费用的差异通常与经营决策和管理效率有关。企业在员工培训、市场营销或技术研发等方面的投入可能会导致费用增加，但这些投入可能在长期内促进企业的增长。此外，管理不当或资源浪费也可能导致费用的非预期上涨。因此，企业需要在销售、成本和费用管理中保持灵活性和预见性，以应对这些行业波动和内部管理的挑战。

3. 案例分析：零售企业预算松弛治理

在零售行业中，预算松弛问题一直是企业预算管理中的一大挑战。预算松弛通常是指部门主管在编制预算时，故意低估收入或高估成本，以便在实际执行中轻松实现或超额完成目标。这种行为虽然可以为部门争取到更多资源，但整体上损害了企业的资源配置效率，并可能导致业绩评估失真。因此，治理预算松弛对于推进企业高效运营具有重要意义。

其一，企业要明确和强化预算管理的文化与制度，将预算编制与实际业务紧密结合。在预算编制过程中，普及开放透明的沟通机制，使各层级的负责人员对预算数据和假设达成共识，以便更准确地反映市场动态和企业实际需求。要加强对预算执行情况的动态监控，确保各部门能够根据市场变化和业务进展及时调整预算，保持灵活性和准确性。

其二，企业应考虑引入绩效激励措施，将员工的绩效评估与预算编制的准确性和合理性挂钩。这不仅可以激励部门主管更为严谨地编制预算，还能够有效减少预算松弛现象。通过合理的激励机制，鼓励员工在预算过程中提出建设性的收支预测，从而为企业的长远发展奠定坚实基础。

其三，零售企业可以借助现代技术手段来加强预算管理的科学性。例如，利用大数据分析工具提升预算编制的精细化水平，帮助企业更好地预测市场趋势并优化资金分配。财务团队需保持数据敏感性，关注同行业的动态变化，持续调整预算政策，以抵御不确定因素带来的影响。

综上所述，通过机制保障、文化引导和技术支持，零售企业能够更有效地应对预算松弛问题，提升资源利用效率，促进业务的健康可持续发展。

（四）预算管理的挑战与创新

预算管理作为企业财务管理的重要组成部分，对企业的运作与发展发挥着至关重要的作用。在快速变化的商业环境中，预算管理面临着越来越多的挑战，比如市场的不确定性、成本上升、技术变革以及全球化带来的竞争压力。这些挑战要求企业在预算管理方面进行创新，以提高效率和灵活性。

首先，市场的不确定性使得预测变得愈加困难，传统的年度预算制定显得力不从心。企业需要引入动态预算管理机制，通过不断调整和优化预算来应对市场的变化。这不仅需要更为频繁的市场分析，还需借助大数据、人工智能等技术手段提升预测的精准度，以便更好地进行战略规划。

其次，随着成本上升压力逐渐显现，企业必须在预算中更加注重资源的有效配置。通过引入零基预算的理念，企业可以摒弃固定思维模式，重新评估每个业务单元的实际需求，从而降低不必要的开支，提高资金利用效率。

最后，全球化带来的竞争加剧了预算管理的复杂性。企业需在全球范围内整合财务资源，了解不同市场的经济动态，以制定更具竞争力的预算策略。此外，这还要求企业具备灵活的跨国财务管控能力，以适应不同国家和地区的法律法规和税收政策。

企业通过创新的预算管理策略，不仅可以提升财务管控能力，还能更有力地支撑企业长远发展目标。

1. 常见问题诊断

预算管理中的常见问题往往会对企业的财务健康和运营效率产生深远影响。其中，预算松弛是指在预算制定时故意低估收入或高估支出的现象。这种行为通常源于管理层希望确保预算目标容易实现的动机。预算松弛会导致资源配置不当，最终损害公司整体绩效。相反，预算刚性过强是指在预算执行过程中缺乏灵活性，未能及时调整以应对实际业务环境的变化，影响了企业的及时应对能力。数据滞后则是预算管理中的另一个常见问题，指的是在决策过程中使用的财务数据往往不能实时反映当前的经营状况。这种延迟可能导致决策失误，使企业错失重要的发展机会。为有效应对这些问题，企业需要建立一个高效的预算管理体系，包括加强内部沟通，利用实时数据分析工具，以及在制定预算时保持合理的灵活性和前瞻性，以确保预算能够真正支持企业的战略目标，而非成为限制。

2. 优化策略

优化预算管理，企业不仅需要简单分配财务资源，还需深入理解内部及外部的财务环境。首先，企业应基于历史数据和市场趋势，进行精细化的需求预测，了解未来的资金需求。例如，进行市场调查，研究竞争对手的动向，从而防止在资源分配上出现重大失误。在预算分配过程中，企业应及时采取灵活的调整机制，根据实际市场变化迅速调整策略。这种灵活性可以通过引入新技术和数据分析工具来实现，帮助企业在瞬息万变的市场中保持敏捷，从而提升应对风险的能力。

其次，企业应强调部门间的有效沟通与协作，许多预算问题往往源于内部信息不对称。建立透明的沟通渠道有助于各部门达成统一目标，减少浪费。

最后，企业应定期进行预算审查和绩效评估，通过持续监控和反馈，确保预算按计划执行，并及时纠正偏离方向的问题，从而实现资源利用的最优化。这种综合策略，不仅能提高财务效率，还可以增强企业在市场中的竞争力。

（1）平衡计分卡与预算的战略衔接

平衡计分卡（Balanced Scorecard，BSC）是一种战略管理工具，旨在将企业的战略目标转化为具体的绩效指标，从财务、客户、内部流程、学习与成长等多个角度衡量组织的绩效。与之结合，预算作为企业资源配置的计划性工具，是实现这些战略目标的保障之一。将平衡计分卡与预算的战略衔接，能够助力企业战略落地，确保资源的高效利用。

在实践中，平衡计分卡可以为预算过程提供明确的导向，使决策者在编制预算时能够直接对应组织的战略目标，避免预算与战略脱节。此外，BSC的多维度视角也有助于在预算中全面考量组织所需的各类资源，而不仅仅是关注财务指标。这种方法能够有效提高企业资源分配的合理性，使资金、人力、时间等多方面资源的使用更具针对性和前瞻性。

通过定期监测平衡计分卡指标，企业可以动态调整预算分配，适时响应市场变化和内部管理需求。这种灵活性，不仅能促进企业在快速变化的环境中保持竞争力，还能确保战略目标的一致性和可持续推进。因此，平衡计分卡与预算的战略衔接不仅在理论上提供了一种有效的管理思路，也在实践中构建起提升企业绩效的闭环机制。

（2）数字化工具的应用

在快速变化的数据驱动时代，数字化工具的应用已经成为企业决策过程中的一个关键组成部分。其中，BI（商业智能）仪表盘和PowerBI可视化工具，因其直观高效的数据呈现能力，受到广泛关注。这些工具不仅能够帮助企业迅速整合和分析复杂的数据集，还能通过图表、表格、图形等直观形式，提供清晰的数据洞察。

BI仪表盘犹如企业的“驾驶舱”，在单一界面上集中展示企业关键绩效指标（KPI），帮助管理者实时监控业务运行状况。通过这些实时动态数据，企业可以迅速识别趋势和异常，从而及时调整策略，保持竞争优势。

另一方面，PowerBI作为强大的商业分析服务工具，其易用性和灵活的可视化功能，为用户提供了一个从原始数据中挖掘有价值信息的平台。无论是建立自定义报告，还是进行交互式数据分析，PowerBI都提供了强大的支持，既可以满足普通用户的简单需求，也能够支持数据专家的深入分析。

在这种背景下，企业可以通过这些工具，将数据转化为实际可行的商业洞察，推动决策过程的科学化和高效化，从而实现业务的长足发展。

（3）滚动预测与场景化预算

在企业管理和财务规划中，滚动预测与场景化预算已经成为不可或缺的工具，特别是在疫情后的不确定时期。疫情的冲击让许多企业意识到，一成不变的预算已经无法满足快速变化的环境需求。因此，通过场景化预算，企业可以模拟不同的市场情境，例如乐观、中立和悲观情境，进而预设相应的应对策略。这样，企业不但能更好地掌控财务资源，还能在突发状况下迅速进行调整和优化。通过这种方式，企业不但能够抵御未来的不确定性，还可以在市场中持续寻找增长机会，增强竞争优势。滚动预测与场景化预算的结合，显著提升了企业战略制定的灵活性和应变能力。

四、绩效评估工具与应用

绩效评估工具的选择与应用对企业的人力资源管理至关重要，它们不仅能够帮助管理者客观衡量员工的工作表现，还能够激励员工提升个人能力，进而提高整个组织的效率和竞争力。常见的绩效评估工具及其应用场景主要有：①360度反馈。这种工具涉及多方评价，除了直接上级，还包括同事、下属甚至客户。它提供了一个全面的评价视角，有助于员工深化自我认识，在评估团队协作和跨部门沟通能力时尤为有效。②关键绩效指标（KPI）。KPI是衡量员工达成特定业务目标的量化指标。这些指标通常与组织的战略目标紧密相关，可以清晰地展示员工的工作成果与企业目标之间的联系。③平衡计分卡（BSC）。平衡计分卡综合考虑了财务和非财务指标，涵盖客户、内部流程、学习和成长等多个维度。它强调在不同领域间取得平衡，以全面评估组织和员工的绩效。④目标管理（MBO）。这是一种以结果为导向的管理方法，要求员工设定和达成具体的目标。定期检查进度，有助于提高员工的自我驱动力和责任感。⑤行为锚定评分法（BARS）。这是一种将量化评估员工行为与绩效指标相结合的工具，它通过锚定特定的行为示例来评估员工的表现，有助于识别和强化特别的行为表现。

合理应用这些工具可以提高评估的准确性和有效性，但也需要考虑到工具的局限性，结合企业文化和具体需求进行个性化调整。例如，创新型企业可能需要更多地关注员工的创新能力和风险承担意愿，而服务型企业则可能更注重客户满意度和服务质量。总之，绩效评估是一个动态调整的过程，需要不断地根据反馈和变化进行优化。下面就对典型的工具进行简要介绍。

（一）平衡计分卡体系构建

平衡计分卡（BSC）体系构建是一个系统且渐进的过程，该过程旨在通过多维度的视角来评价组织的绩效。通过引入财务、客户、内部流程以及学习与成长四个维度，BSC体系帮助企业从多角度理解自身的运作状况。在构建BSC体系时，首先需要明确战略目标，并根据这些目标设定相应的绩效指标。这些指标必须能准确反映组织战略的实施情况，并具备可操作性和可衡量性。其次，企业还需通过培训和沟通确保全员理解并支持BSC体系，从而实现组织目标的一致性和策略的落地。有效实施BSC体系能够形成对组织整体绩效的清晰描绘，帮助企业识别阻碍发展的关键问题，并采取有效的改进措施，进而推动企业产生持久的发展动力。再次，BSC作为一个动态的管理工具，需要企业根据内外部环境的变化进行持续的调整和优化，以确保其长期适应性和有效性。这样，企业才能在竞争激烈的市场中不断提升自身的竞争优势。

1. 四维框架解析

平衡计分卡（BSC）作为一种卓越的战略管理工具，在现代企业和组织的绩效管理中发挥着重要的作用。这一工具的独特之处在于，它突破了传统只注重财务指标的局限，通过整合财务、客户、内部流程以及学习与成长四个关键维度，真正实现了对组织绩效的全方位评估。首先，财务维度关注的是组织如何通过高效的资金管理和投资，来获取稳健的财务回报。这不仅包括传统的财务报表分析，还需要考虑未来的投资回报以及风险管理的可持续性策略。企业在这个维度上强调财务目标的实现程度，如增长、盈利能力和股东价值。其次，客户维度强调客户满意度和市场份额的提升。组织需要明确目标客户群体，了解他们的需求和期望，从而提供更具竞争力的产品或服务。企业必须建立强大的客户关系管理系统，以确保长期的客户忠诚度和满意度，这也是企业市场地位的体现。再次，内部流程维度着眼于优化和提升业务流程效率，确保高质量的产品或服务的交付。这涉及生产、运营、销售、服务等多个环节的协调和优化。高效的内部流程可以降低成本，提高响应速度和灵活性，从而快速适应市场变化。最后，学习与成长维度重点关注组织内部的人力资源和技术能力的提升，包括员工技能培训、激励机制以及技术创新能力的不断提升。通过这个维度，组织能够保持敏捷性和创新性，确保在快速变化的商业环境中持续发展。

这些维度不是孤立存在的，而是相互关联的。一个维度的提升可能会对其他维度产生积极影响。因此，企业在应用平衡计分卡时需要综合考量，以确保整体战略目标的达成。总之，BSC不仅仅是一个绩效评估工具，更是一个战略管理框架，帮助组织实现持续性成功。

（1）财务维度

平衡计分卡（BSC）的财务维度在组织战略管理中至关重要，扮演着不可或缺的角色。通过关键核心指标，如净资产收益率（ROE）和利润增长率，企业得以准确地评估自身的财务绩效。这些指标不仅反映了企业当前的健康状态，还为未来的财务规划提供了有力的支撑。ROE作为评估企业资产使用效率的关键指标，间接揭示了股东权益的回报能力，帮助企业从长期视角考量其财务健康状况。利润增长率则聚焦于企业收入增长的总体趋势，为衡量市场竞争力提供了有力支持。考虑到日益复杂的市场环境，单纯依赖财务指标已不足以全面反映企业战略执行的效果。在BSC框架下，财务维度常与客户满意度、内部流程效率等其他维度相结合，形成一个综合评价体系。这种多维度的平衡考量，使企业能够更为精准地制定和调整战略，最大化地优化资源配置，夯实可持续财务增长和长期发展潜力的基础。通过这种系统化的战略管理方法，企业能不断提升在动态市场中的竞争优势。

（2）客户维度

在平衡计分卡（BSC）体系中，客户维度不仅仅是评估工具，更是企业战略发展的核心导向。首先，净推荐值（NPS）的高低直接反映了客户对企业的信任与依赖程度，而这种信任是市场竞争中难以替代的无形资产。高NPS不仅证明企业在提供高质量产品或服务方面的卓越表现，还彰显其在改善客户服务与客户体验方面的成功，这种成功是吸引新客户及稳定现有客户的关键因素。其次，市场份额的变化是在竞争激烈的商业环境中衡量企业实力的重要标尺。如果企业能够有效提升市场份额，通常意味着其在识别市场需求、创新产品解决方案以及为客户提供增值服务方面具有显著优势。再者，客户留存率的稳定与提升，意味着企业不仅在吸引新客户上有所突破，还在维护现有客户关系中表现优异。这一指标的提升是由多种因素共同推动的，包括客户服务质量的提升、产品持续改进及售后支持的完善。通过深入分析这些维度，企业能在纷繁复杂的市场中找到清晰的航向，制定更加科学有效的增长战略。

（3）内部流程维度

平衡计分卡（BSC）的内部流程维度不仅关注企业的生产效率、交付周期以及质量指标，还重视持续创新和灵活应对市场变化的能力。要实现生产效率的提升，企业不仅需要对现有生产流程进行深入分析，排除冗余步骤，减少浪费，还要引入先进技术和自动化手段，进一步提高产出效率。交付周期的优化不仅要求物流和供应链管理的革新，还要求灵活的库存管理及信息技术的有效应用，从而在保证产品质量的同时，快速响应市场需求，提高客户满意度。对于质量指标的设定和监控，企业在遵循严格标准的同时，还需不断引入行业最佳实践，提升质量检测技术，以确保产品和服务的卓越品质。有效管理内部流程维度能够促使企业实现精细化管理，树立卓越声誉，在快速变化的市场中维持竞争优势，实现可持续的业务增长。通过优化这些关键因素，企业不仅能内生地提高效率，还能增强外部市场适应能力，从而在行业中保持领先地位。

（4）学习与成长维度

平衡计分卡（BSC）的学习与成长维度涵盖员工培训、研发投入以及创新能力提升等多个方面。首先，员工培训不仅是提升员工个人技能和素养的途径，更是增强企业整体竞争力的关键因素。当一家公司致力于不断提升其员工的专业能力与综合素质时，它实际上是在为自己的可持续发展奠定坚实的基础。其次，研发投入代表了企业在未来技术和产品创新方面的承诺。充足的研发资金投入使得企业能够在市场中保持领先地位，并能迅速应对市场变化和消费者需求的转变。通过不断的技术创新，企业不仅能提升产品性能，还能进入新的市场领域，拓宽发展空间。最后，创新能力的提升不仅仅是技术上的突破，也包括管理理念、运营模式以及市场策略的创新。企业应该鼓励员工大胆提出新的想法和方案，为企业注入源源不断的新动力。综上所述，学习与成长维度作为BSC的重要组成部分，为企业的发展指明了方向，确保其在复杂多变的市场环境中具备持久竞争力。

2. 实施步骤与因果链设计

平衡计分卡（BSC）是一种战略管理工具，它通过财务、客户、内部流程、学习和成长四个不同的视角来帮助企业或组织达成长期目标。在实施BSC时，因果链设计是非常重要的一步，能够帮助组织清晰地梳理每个视角之间的关系及其对战略目标的影响。实施BSC的第一步是界定组织的核心目标，并明确这四个视角下的关键绩效指标（KPI）。这些指标需要与组织的整体战略目标紧密结合。各部门可以根据自身的职能，制定具体的策略来影响这些绩效指标。

因果链设计是在组织战略目标下建立清晰的关系网络，说明达成任一项中心目标需要在哪些方面采取行动。这一过程要求组织识别出各指标或策略之间的因果关系。例如，提高客户满意度可能需要改进产品质量或改善客户服务，而这些改进措施又会反过来推动财务表现的提升。通过这种明确的因果关系设计，组织可以优化资源配置，并重点推进关键领域的工作，以此来确保目标的实现。有效的因果链设计还需要不断地测试和调整，以确保其在实际执行中能够适应不断变化的环境和市场需求。这意味着在实施过程中，组织需要保持灵活性，并对反馈信息快速响应。这不仅能确保BSC真正发挥其战略管理的指导作用，而且能使组织在竞争激烈的市场中充满活力和适应性。

（1）战略目标转化为可量化指标

在平衡计分卡的框架下，将战略目标转化为可量化指标的过程至关重要。这一转化不仅有助于明确企业的战略方向，而且为企业提供了一套系统的工具，用于监测和评估战略实施的效果。在这一过程中，企业首先需要对其长期愿景进行深刻理解，并将其分解为具体的、可操作的战略目标。接着，关键绩效指标（KPI）被引入，以衡量这些目标的实现程度。通过设置明确的指标，如财务收益率、客户满意度、运营效率以及员工能力提升等，组织能够全方位地评价其策略的效果。为了确保指标的有效性，这些KPI必须具备SMART原则，即具体的（Specific）、可测量的（Measurable）、可实现的（Achievable）、相关的（Relevant）以及与时间一致的（Time-bound）。此外，企业需根据内外部环境的变化，灵活地调整这些指标，以适应新的挑战和机遇。这一过程不仅强化了企业整体的战略执行力，还提升了组织在多变市场条件下的竞争优势。

（2）跨部门协同的指标关联机制

在平衡计分卡中，跨部门协同指标关联机制是实现企业战略目标的一种关键方法。这种机制首先需要明确不同部门之间的连接点，这些点往往是企业整体目标的一部分。通过在BSC的四个维度中设定相关的绩效指标，公司可以促使各部门围绕共同的战略主题协同工作。

具体而言，跨部门协同的指标关联机制可以通过设定共享指标来实现。这些共享指标往往需要各部门共同努力才能达成，例如客户满意度、市场份额或产品创新速度等。这种结构性关联促使各部门不仅关注自身的绩效，也关注对其他部门的支持和互补作用，从而推动整体绩效的提升。

实施这种指标关联机制还需要有效的沟通和数据共享机制的支持。为了确保信息的流通和故障排除，企业应该建立跨部门交流的平台和定期协作会议机制，让各部门能够实时分享工作进展和面临的挑战。这种信息交流不仅有助于增进部门间的理解与互信，也为策略的及时调整提供了依据。

领导层在这个过程中扮演着重要的角色，他们不仅需要确立明确的战略方向，还要鼓励各部门开展协作，提供必要的培训和资源支持，保障BSC目标能够顺利实施。

通过上述方法，BSC中的跨部门协同指标关联机制能够有效地凝聚全公司的力量，为达成整体战略目标提供强有力的保障。

3. 制造业案例：数字化转型的BSC应用

在数字化转型背景下，许多制造业企业开始重视平衡计分卡（BSC）这一战略管理工具，以实现全面而高效的数字化转型。BSC的四个维度在数字化转型中得到了创新性应用。

在财务信度方面，BSC能够帮助制造企业更好地评估数字化投资的经济回报，包括生产效率提升所带来的成本节约以及新产品开发周期的缩短，这些都直接影响企业的市场表现和竞争力。在客户维度，借助BSC分析数字化转型对客户体验的优化路径，例如通过个性化定制和实时反馈系统提高客户满意度与忠诚度。在这一过程中，数据的精确分析和快速响应机制成为企业关注的核心。在内部流程维度，BSC支持优化自动化流程和智能化管理，例如利用物联网和大数据分析来提升生产线效率和质量管控水平，而这些又进一步推动生产创新，缩短市场响应周期。在学习与成长维度，BSC则强调员工技能的持续提升，推动企业技术能力的进步和组织文化的变革，以适应数字化环境带来的新挑战和新机遇。

通过在数字化转型中应用平衡计分卡（BSC），制造业能够更有策略地调配资源、监控转型进度，并迅速调整战略，确保其在新技术浪潮中保持领先地位。

（二）关键绩效指标设计原理

合理的关键绩效指标（KPI）设计是企业绩效管理的核心，能够有效推动企业资源优化配置、战略目标达成和员工积极性提升。关键绩效指标的设计应该明确、可量化，并且要与企业的战略目标高度契合。KPI的有效性不仅体现在指标的选择上，更在于其在组织内部的贯彻执行和动态调整。

首先，KPI必须具备明确性。这意味着指标应清晰易懂，不仅管理层可以毫无疑问地理解，各级员工也能够明确地认知其重要性和衡量目标。明确的指标有助于形成统一的愿景和行动方向，推动企业向前发展。其次，KPI需要高度量化。这一特性确保企业能够借助数据和定量分析来跟踪工作进展和评估结果。通过量化的指标，组织能够有效识别出绩效的进步空间并做出及时调整。除了明确性和量化特性，KPI还需与企业的战略目标保持高度一致。只有当KPI和企业的长远目标紧密结合时，才能确保每一位员工的努力和企业的整体战略互相支撑。为了实现这一点，企业需要定期审视KPI，以确保其标准与不断变化的市场环境和组织需求同步。最后，KPI还应具有一定的灵活性。它们需要在明确框架的前提下，适应外部市场环境和内部组织结构的变化。这种灵活性使得企业可以随着外部因素变化调整战略方向，增强竞争力和应变能力。合理的KPI设计不仅仅是对指标的简单罗列，而且通过科学的设计使这些指标成为企业成长发展的有力推动器。

1. SMART原则应用

SMART原则是一种有效的目标设定框架，能够帮助个人和团队更好地实现计划和目标。SMART这一概念的提出，旨在确保目标的制定是具体的、可测量的、可实现的、相关的和有时限的。具体来说，“S”代表Specific（具体），意味着目标应该清晰明确；“M”代表Measurable（可测量），要求能够通过某些指标来衡量进度和成果；“A”代表Achievable（可实现），意味着目标应在能力范围内，通过努力可以达成；“R”代表Relevant（相关），确保目标与个人或团队的使命和愿景一致；“T”代表Time-bound（有时限），指在设定的时间框架内实现目标。

在实践中，应用SMART原则可以帮助管理者和职员更好地进行优先排序、分配资源以及提高效率。例如，在商学院中，学生可以使用这一原则来设定学期目标，如“在本学期结束前将GPA提高至3. 5”，既具体又可测量，为学生提供了明确的努力方向。此外，SMART原则也能够助力大型项目的管理，通过拆解阶段性目标，确保每一环节稳步推进直至最终成功。因此，SMART目标不仅仅是一种管理工具，更是一种驱动持续进步和自我提升的思维模式。

（1）指标明确性与可测量性

应用SMART原则时，最为关键的是确保目标具备明确性与可测量性。明确性意味着目标清晰、具体，没有模糊之处。这样做的好处在于，目标的接受者能够准确地理解期望的成果。比方说，相较于“提高工作效率”这个模糊的目标，设定“每周完成四个项目”更为具体，因为它明确了具体的数量和时间范围。

与此同时，可测量性意味着目标应当能够被量化和验证，这让追踪进展和评估成果变得可行。通过设定量化的标准，就能清晰知晓何时达到预期。例如，“每月增加10%的销售额”属于可测量的目标，因为可以通过销售数据来确认这一增长是否实现。这一特性不仅能帮助个人或团队保持专注，还能够在完成阶段进行评估和调整。最终，明确性和可测量性共同作用，既确保目标更加现实和可达，又增强了各相关方的积极性和承诺感。

（2）目标相关性与时间约束

目标相关性与时间约束是SMART原则中的两大关键要素，在设定有效目标的过程中发挥着重要作用。

目标相关性强调设定的目标与个人或组织的长远战略目标保持一致。一个具备相关性的目标意味着它不仅基于当前的需求或挑战，而且要对更大的愿景和使命有贡献。例如，企业设定增长目标时，必须确保该目标与公司的整体发展方向一致，不偏离公司长远的发展战略。相关性能保障资源和努力得到有效利用，进而提高成功概率。

时间约束强调设定目标时要明确时间框架。设定具体的时间限制不仅有助于保持紧迫感，而且能促使各方关注工作进度，避免拖延。举例来说，一个项目的完成时间不应仅仅是“尽快”，而应是一个明确的截止日期，如“在六个月内完成”。这种明确的时间限制能够激励团队制订详细的行动计划，分配必要的资源，并定期评估进度，确保按时完成任务。

综上，目标相关性和时间约束使得SMART目标既有战略意义，又可在设定的时间内实现，从而提升目标管理的整体效率。

2. 层级化指标体系

关键绩效指标（KPI）层级化指标体系是在组织内广泛应用的一种战略管理工具，旨在通过明确、具体的指标来评估团队及个人的绩效表现。其核心在于将大范围的战略目标分解为具体的、可测量的指标。这一流程通常包括几个关键步骤。首先，组织需要识别其主要的战略目标，然后将这些目标细分为不同的层级，使得每一层级都能对应和支撑最高层级的战略目标。接下来在每个层级中定义具体的KPI，以便准确反映相关领域的绩效。这种层级化的指标体系可以帮助管理者清楚地识别业绩短板，并采取相应的措施进行改进，同时也能够加强内部沟通与协调，提高组织的整体效能。此外，层级化KPI不仅仅是简单的绩效考核工具，还推动了组织文化的形成，引导员工理解并认同公司的愿景和使命，从而提升整体的凝聚力和向心力。通过这种系统化的管理方式，组织得以在动态且复杂的商业环境中保持竞争优势。

（1）企业级KPI

企业级KPI，如营收增长率和净利润率，是评估企业整体业绩表现和经营效率的重要指标。营收增长率反映了公司在特定时期内的销售收入增长速度，是企业市场拓展能力和产品竞争力的直接体现。持续的营收增长通常意味着公司在变幻莫测的商业环境中，能够有效地吸引新客户和维持现有客户，对竞争对手形成更大压力，并确保在不断变化的市场中保持领先地位。伴随这样的增长，公司可能会在创新和研发方面加大投资，以进一步扩大竞争优势。净利润率则衡量公司在扣除所有费用之后的盈利能力，是评估企业盈利效率的关键指标。高净利润率不仅说明企业的成本控制措施到位、运营效率高，还反映出管理层在资源分配和优先级决策方面的智慧。这种高效经营能够增强投资者的信心，提高公司的市场价值和声誉，吸引更多优质资本。企业在追求营收增长和提高净利润率的过程中，还需兼顾其他因素，如客户满意度、员工发展和企业可持续发展，以实现综合的长期成功。这种多因素的考量不仅有助于提升企业的适应能力和韧性，也确保企业在面对未来挑战时能够灵活应对。因此，结合营收增长率和净利润率，并综合考虑其他影响因素，全面评估公司经营状况，有助于企业制定切实可行的战略以满足未来发展需要，助力企业在激烈的市场竞争中稳步前行。

（2）部门级KPI

部门级KPI在现代企业管理中扮演着至关重要的角色。它们不仅仅是衡量部门绩效的工具，更是推动组织整体战略实现的重要支柱。在这一层级，销售转化率和库存周转率成了两个标志性指标。销售转化率不仅衡量销售团队成功将潜在客户或机会转化为实际客户的能力，也反映了市场营销策略、客户服务水平及产品吸引力等多方面因素的综合效果。提升销售转化率需要深刻理解客户需求、优化销售流程，以及强化整个销售团队的协作与创新能力。库存周转率则直接影响企业的运营效率和财务健康状况。它不是简单的库存管理问题，而是反映供应链效率、市场预测准确性以及销售策略是否契合市场需求等多方面因素的结果。高效的库存管理可以帮助企业最大限度地降低持有成本，释放流动资金，从而提高整体盈利能力。对管理层而言，保持良好的库存周转率意味着要预测市场趋势并及时调整库存策略，在适当的时间以适量的库存支持销售需求，同时有效减少因库存积压造成的资金占用和存货损失。这两个KPI的成功管理需要部门间的协作，以及整个企业对市场变化的快速响应和调整能力。

（3）个人级KPI

个人级KPI不仅仅是衡量员工绩效的一种工具，更是一种激励机制。这些指标，如任务完成率和客户满意度，不仅能帮助企业评估员工在特定岗位上的表现，也为员工自身的发展提供了明确的方向和动力。任务完成率是衡量员工执行任务效率和效果的关键指标，它反映了员工在规定时间内完成预定任务的能力，进而直接影响整个团队与企业的运作效率。客户满意度则更为重要，它衡量的是员工在与客户互动的过程中，是否能够成功地满足客户的需求和期望，这是企业维持竞争优势和声誉的基础。个人级KPI的设定与考核，可以帮助员工更好地理解企业整体战略目标，通过自我反馈和评估，在工作过程中不断提升自己的职业素养和技能水平，从而为个人及企业创造更大的价值。这些KPI的制定需要结合公司战略、市场需求以及员工能力进行综合考量，确保其合理性和激励性。

当个人级KPI被正确设立和执行时，它不仅成为员工追求卓越的动力源泉，也能促进企业各层面的协调发展。一个精心设计的KPI体系能够激励员工超越现状，不断挑战高目标。与此同时，它能激发员工的创新思维，促使员工通过适应任务变化和不断迭代工作方法来实现更好的结果。通过与企业文化的深度融合，KPI可以培育团队凝聚力和员工的主人翁精神，增强他们对公司使命的认同感。在竞争日益激烈的商业环境中，透明且切合实际的KPI还可以提升员工的职业满意度，因为员工能够清晰地看到自己的贡献如何推动公司的成功。个人级KPI不仅关联短期的绩效评估，更涉及长期的人才发展规划，这在企业吸引和保留优秀人才方面发挥着关键作用。因此，企业需要不断调整和完善其KPI策略，以适应不断变化的市场动态和组织目标。

3. 电商案例：销售团队KPI权重优化

在激烈的电商市场竞争中，企业面临的挑战不仅仅在于如何完成销售目标，更在于如何提升销售团队的整体表现。在这个快速变动的市场环境中，销售团队的作用举足轻重，他们不仅是实现销售目标的中坚力量，更是企业与客户之间的重要纽带。因此，如何设定和应用有效的KPI便显得尤为重要。KPI的核心价值在于能够全面且准确地反映销售团队的工作成效，帮助管理层及时发现并应对市场变化。然而，传统的KPI设置往往面临诸多挑战，例如指标过于宽泛，无法对个体贡献进行清晰区分，或者缺乏细化的衡量标准，导致管理层难以从中洞察每位团队成员的真实表现和具体需求。一些企业在制定KPI时未能及时依据市场新趋势更新指标，这就可能导致考核结果与实际经营目标脱节。因此，企业需要在KPI的设计环节保持灵活性，定期审视和调整绩效标准，确保其始终与市场动态同步，最终助力销售团队在竞争中立于不败之地。

为了真正解决这一复杂问题，某知名电商企业不仅仅局限于传统的KPI考核指标，还深入运用大数据分析技术，对销售绩效的考评系统进行了全面革新。他们识别出多个影响销售绩效的关键因素，并通过多维度的分析将这些因素分解为具体的考核指标，其中包括但不限于客户满意度的提升、新客户的获取速度、现有客户的忠诚度及其二次购买行为，以及销售额的持续增长等。

在实际操作中，该公司特别重视对客户满意度的衡量，认为这是维持长久业务关系的基础。他们通过数据模型对客户反馈、市场趋势进行实时监控，确保团队的行动能够及时调整与优化。与此同时，新客户的开发速度被赋予了相对较高的权重，这不仅鼓励销售团队持续开拓新的市场，还能为公司带来源源不断的新商机和增长点。对于现有客户，公司的策略是通过精准营销及个性化服务维持高水平的客户黏性，这样不仅增加了客户生命周期价值，还奠定了稳定的收入基础。通过这种方式，企业在短期业绩和长期发展之间找到理想的平衡点，使得每位销售人员的工作目标和公司的整体战略目标保持高度一致，推动业绩稳步提升。

此外，该企业还定期对KPI指标进行动态调整，以确保其与市场变化和企业发展战略同步。这种优化策略不仅提升了团队士气，也大大提高了公司整体业绩，最终形成了一套灵活而有效的绩效评估系统，为同行业企业提供了可借鉴的成功案例。每次调整都基于详尽的数据分析和员工反馈，确保指标能够真实地反映团队和个人的贡献与进步。这不仅有助于识别出公司的潜在领袖，还为员工提供了明确的职业发展路径，从而激发员工的创造力和主动性。通过这种不断调整和细化的KPI权重优化策略，企业能够更好地推动销售团队的成长与业绩提升，形成良性的成长循环。从长远来看，这种方法还增强了企业的竞争力，使其能够快速适应市场变化，保持行业领先地位。

（三）BSC与KPI的协同应用

BSC（平衡计分卡）与KPI（关键绩效指标）的协同应用是现代企业管理中至关重要的一个环节。这两者的结合能够帮助企业更加全面地评价和提升整体绩效。通过BSC，企业能够从财务、客户、内部流程、学习与成长四个维度对战略进行全面分析和评估，KPI则提供了具体的、可量化的指标来追踪并促进这些战略目标的实现。

在实际应用中，BSC和KPI的协同作用体现在以下几个方面。首先，它们能够确保企业的长期战略和日常运作之间建立明确的联系。通过设置清晰的KPI，企业能够确保日常活动与长期战略一致，这有助于各级员工理解其工作与企业目标之间的关联。其次，它们促进了各个部门之间的沟通和协作。每个部门通过KPI实现其目标的同时，也为整体BSC目标的实现做出贡献，这有助于打破部门间的孤岛效应。此外，实施BSC和KPI还带来了一种全新的企业文化。它鼓励员工更加关注结果和目标实现，而非仅仅完成任务。企业领导层也能够通过定期监控这些指标，及时做出战略调整，以应对市场变化和竞争压力。因此，BSC与KPI的有效协同，不仅仅是工具和方法的结合，更是推动组织持续改进和创新发展的重要动力。

1. 核心差异对比

BSC与KPI是企业绩效管理的两个重要工具，在多个方面存在核心差异。首先，在战略导向上，BSC强调从战略层面出发，以长期的企业愿景和使命为导向，聚焦战略目标和整体长期发展路径的实现。KPI则更倾向于战术层面，关注具体业务流程的关键成果，更适合短期绩效的度量与管理。

其次，在指标数量方面，BSC通常涵盖财务、客户、内部流程、学习与成长四个维度，强调平衡与综合。因此，BSC的指标数量相对较多，以便全面反映组织的整体绩效。而KPI往往是特定领域的关键指标，更具针对性，数量相对较少，但每个指标的深度和具体性较高。

最后，在适用层级上，BSC通常适用于企业的高层管理者，他们需要从宏观层面进行战略规划和资源配置。相对而言，KPI更适合中层或基层管理者，帮助他们在具体操作和执行层面实现目标。此外，BSC在实施过程中还强调各部门之间的协同，而KPI则更多地关注单一部门或岗位的业绩表现。这些差异决定了企业在选择和实施这两种工具时需要明确自身的管理目标和需求。

2. 整合模型设计

BSC与KPI的整合模型设计，需要从战略与执行两个层面进行深度分析。平衡计分卡作为一种战略管理工具，着眼于长期的发展目标，能够帮助组织明确战略方向；关键绩效指标则着重于短期的绩效评估，确保策略的实施效果可以被实时监控。因此，成功的整合需要将BSC的四个维度——财务、客户、内部流程、学习与成长，与KPI的精确度和可操作性相结合，形成相辅相成的闭环体系。

在整合模型的构建过程中，应当首先识别和定义企业的战略目标，并借此构建适合且灵活的KPI体系，确保每一个指标都能够直接或间接地反映战略的关键方面；接下来将这些KPI合理地分布在BSC的四个维度中，以确保企业在多个关键领域都能取得平衡和协调的发展。

此外，重视数据的采集和分析是整合模型成功的关键，因为可靠的数据不仅可以支持实时决策，更能提供持续改进的反馈。建立有效的沟通渠道使各阶层保持信息同步，也是整合过程中不可或缺的步骤。这种整合不仅提升了企业战略执行的效率，更促使组织得以动态调整策略，以适应不断变化的商业环境。如此一来，BSC与KPI的整合便能协同组织迈向长远发展，推动竞争力持续提升。

（1）BSC提供战略框架，KPI细化执行目标

BSC作为一种战略管理工具，为我们提供了一个全面的战略框架，帮助组织从财务、客户、内部流程和学习与成长四个维度来审视战略。通过这种多维度的视角，我们可以更清晰地识别和衡量企业战略的执行情况。而KPI则是BSC框架中的重要一环，它们通过对战略目标的细化和量化，确保每个执行层面的员工都能明确自己的工作目标，从而实现对公司战略的有效支撑。

KPI的设定不仅仅是数字游戏，而且要与公司的整体战略紧密相连。它们应能够反映战略的实施效果，并为管理层提供必要的反馈，以便及时调整战略。在这个过程中，KPI的选取和设计至关重要，需要确保它们能够客观、公正地衡量员工的工作表现，以及整个组织的运行效率和效果。通过精心设计的KPI体系，企业可以更好地监控战略实施进度，及时发现问题并采

取改进措施，从而实现战略目标。

（2）连锁酒店集团的BSC与KPI指标体系构建

连锁酒店集团在构建BSC和KPI指标体系时，需要深入考虑多方面的因素，以确保其能有效地驱动业务发展并提升整体绩效。

在财务维度上，指标包括收入增长率、盈利能力和投资回报率等，这些指标对评估集团的财务健康状况至关重要。客户维度则关注客户满意度、客户保留率以及市场份额，帮助集团了解其在市场中的定位和客户关系管理的成效。在内部业务流程方面，指标涉及运营效率、质量控制以及创新能力，以确保业务运作高效且具有竞争力。学习与成长维度侧重于员工培训、技术开发和组织文化，确保集团在不断变化的市场中保持灵活性和创新精神。

通过合理设计并实施这些指标体系，连锁酒店集团可有效监控并改进其各项运营活动，提高整体竞争力，从而实现可持续的业务增长和长期成功。分析各指标间的相互关系，可以提供更全面的视角，帮助管理层做出更明智的决策。

3. 动态调整机制

BSC与KPI的动态调整机制在现代企业管理中常结合运用。首先，季度指标校准是一个不可或缺的过程。企业需要每季度定期审视KPI的达成情况，结合外部环境变化及公司战略调整，对指标进行适时校准和优化。这一过程要求企业不仅关注财务指标的完成情况，还需全面评估客户满意度、内部流程效率和员工成长及学习。其次，行业对标分析也是动态调整机制的关键组成部分。通过对标行业领先者，企业能够更准确地评估自身在市场中的定位和竞争力，进而制定更具前瞻性的调整策略。对标分析不仅能帮助企业识别差距与不足，还能使其学习行业最佳实践，为自身的创新决策提供参考依据。

以上机制的有效实施需要企业构建敏捷的反馈体系，一方面快速响应市场变化，另一方面确保组织内部信息流通和协作无缝化。这将帮助企业在激烈的市场竞争中保持优势，实现长期的可持续发展。

五、决策支持体系构建

在当今瞬息万变的经济环境中，企业必须具备敏锐的财务洞察力，以应对不断变化的市场需求和复杂的经济形势。因此，构建一套健全的财务管理决策支持体系尤为重要。这一体系的构建不仅仅是对企业财务数据的简单收集和整理，更重要的是通过数据分析与建模来预测未来的财务状况，从而为企业的战略决策提供准确而实用的参考。

首先，数据的精准性和完整性是财务管理决策支持体系的基石，通过先进的财务软件和数据分析工具，企业能动态地追踪和监控实时财务活动。其次，利用大数据和人工智能技术，可以发现隐藏在数据背后的财务趋势和市场机会，帮助企业提前规避风险并挖掘潜在市场。再次，财务管理决策支持体系应与企业的战略目标紧密结合，以确保企业在财务决策中始终保持正确的方向。通过系统化的财务风险控制措施，企业可以建立起风险缓解机制，为财务安全提供多重保障。最后，完善的财务管理决策支持体系能够提升企业的竞争力，使其在激烈的市场竞争中立于不败之地。

（一）投资分析方法论

投资分析方法论是对金融市场进行理性评估的关键手段，能够帮助投资者做出明智的决策。在对各类资产和证券进行分析时，投资分析方法论通常分为三大类：基本面分析、技术分析和量化分析。基本面分析关注企业的内在价值。通过对公司的财报、管理层、行业地位等因素的深入研究，投资者可以评估公司的长期增长潜力和财务健康状况。这种分析类型常被长线投资者采用，因为它强调公司的实际表现和长期价值。技术分析则侧重于价格走势和市场行为的模式识别。通过图表和技术指标，技术分析师预测市场趋势，并据此做出短期投资决策。由于依赖于历史数据和价格变动规律，这种方法在期货市场和外汇交易中尤为重要。量化分析结合了数学、统计学和计算机科学，通过模型和算法来识别市场机会。这一方法依赖于数据的大规模处理和复杂的计算能力，常用于套利和高频交易。量化分析因其数据驱动的特性，可以减少主观判断的影响。

总的来说，投资者往往结合多种分析方法，以便在不同市场环境中保持灵活性。在不断变化的市场中，坚持多样化和动态调整的策略，是实现稳健收益的重要保障。

1. 财务评估模型

财务评估模型是现代商业管理中至关重要的工具，它在评估企业财务健康状况和制定战略决策方面发挥着关键作用。这些模型通过对财务数据的分析，为企业提供了有关其财务表现的深入洞察，帮助管理层识别潜在的风险和机会。在不同类型的企业中，财务评估模型被广泛应用于预算编制、绩效评估和投资决策等领域。具体来说，财务评估模型通常包括盈利能力分析、流动性分析和偿债能力分析等核心部分。通过对收入、利润和成本结构的深入研究，盈利能力分析帮助企业了解收入与支出的平衡及盈利状况。与此同时，流动性分析则着眼于企业的短期偿债能力，确保企业能够及时偿还债务并维持正常运营。此外，偿债能力分析关注企业在长期内履行其债务义务的能力，尤其是在提高企业信用等级和吸引投资者方面尤为重要。

除传统的财务指标之外，现代财务评估模型越来越多地整合了数据分析技术和人工智能算法。这使企业能够通过大数据分析和预测性建模，更加准确地预估市场趋势和运营成果，从而提升决策的科学性与前瞻性。财务评估模型不仅是企业保持竞争优势的重要手段，也是企业管理科学化、精细化的基石。

（1）净现值（NPV）法

净现值（NPV）法作为一种久经考验的投资评估工具，不仅仅关注简单的收益和成本差异，还通过将预期现金流量进行折现处理，反映不同时间点的资金价值差异。这种方法尤其适合用来评估那些涉及长期现金流的项目，因为它能精确地反映出资金未来价值的变动。在当前经济形势多变、市场竞争激烈的背景下，NPV法的灵活性和适应性显得尤为重要。它能够帮助企业迅速响应外部环境的变化，例如通货膨胀率的波动、利率的调整以及行业发展的新趋势等。尽管NPV法需要对未来现金流进行预测，这一过程充满不确定性和挑战，但它促使决策者提升前瞻性思维，提高对市场动态的敏锐度，从而增强企业在不确定环境中的抗风险能力。因此，NPV法不仅仅是一个评价项目可行性的工具，还是企业战略规划中保障财务健康的重要依据，确保公司在瞬息万变的市场中依然具备竞争优势。

（2）内部收益率（IRR）法

内部收益率（IRR）法作为项目回报率评估的关键方法之一，广泛应用于投资决策和项目评估中。IRR法通过计算项目的内部收益率，即项目净现值为零的贴现率，来评估项目的潜在收益能力。它帮助投资者和管理者判断项目是否值得投资，或者在多个投资选项中选择最佳方案。然而，IRR法并非如此简单，它能够提供一种直观的收益衡量标准，使得投资者可以通过对比IRR与公司要求的最低回报率，轻松地评估项目的可行性。同时，IRR法还能够促使投资者更加全面地考量项目的现金流结构，尤其是在不同的投资环境和经济背景下，IRR可以揭示项目在现实条件下的潜在风险和不确定性。值得注意的是，IRR法在处理现金流不规则或存在多个变动贴现率的项目时，可能会产生歧义，需要结合其他评估方法共同运用，以确保决策的全面性和准确性。IRR法不仅是一种工具，更是一种指导投资方向的重要方法。

在实际应用中，IRR的计算不需要预测项目的市场条件或外部经济因素，因为它基于项目本身的现金流量。当IRR超出预期回报率时，一个项目就被视为有利可图。尽管IRR是一个有力的工具，但也存在某些局限性。例如，当存在多个现金流变化或多个可能的IRR时，决策可能会变得复杂。此外，项目大小和时间跨度不同时，简单依赖IRR可能会出现误导性的结论，因此通常需要结合其他评估指标，如净现值、获利指数等，以获得更全面的投资决策视角。通过灵活运用IRR法，结合其他财务分析工具，企业可以在动态且充满不确定性的商业环境中做出更加明智的财务决策。

（3）投资回收期法

投资回收期法是一种广泛应用于评估项目投资风险的指标，它通过测算某项目从开始投资到回收全部初始成本所需的时间来判断项目是否值得投入。该方法在流动性风险控制中扮演关键角色，尤其是在市场环境不确定、资金流动性紧张的情况下，能帮助投资者衡量投资项目的回报速度和风险承受能力。项目的回收期越短，意味着投资者可以更快地收回成本，并将资金重新分配到其他项目中，从而降低流动性风险和市场波动带来的潜在损失。

在实际应用中，投资回收期法具有简单易懂、操作简便的优点，可以快速地为投资决策提供参考。然而，它也有一定的局限性，例如只关注回收期长短而忽略了项目生命周期内的收益情况，忽视了时间价值和现金流发生时间的差异。这就要求投资者在使用投资回收期法时，结合其他财务评价指标，如净现值和内部收益率，以全面评估项目的投资价值和风险。随着市场环境的日新月异，投资者还需对市场变化保持敏感，以便及时调整投资策略，确保在复杂的经济形势下实现投资收益最大化。

2. 战略与风险维度

在企业经营中，战略与风险这两个维度往往不可分割地交织在一起。成功的企业必须在制定战略的过程中，全面考虑各类潜在的风险因素。战略决定了企业的发展方向，而风险管理则为战略实施的每一步行动提供保障和调整空间。首先，战略的制定需要综合考量内外部环境的影响。企业要识别市场趋势、竞争对手动态以及自身的资源与能力。这要求对宏观经济的变动、政策法律的变化以及技术进步等具备敏锐的洞察力。这种洞察力可以帮助企业在纷杂的信息中，识别出最符合长远利益的发展道路。其次，风险管理同样重要，它为企业的战略落地提供保障。企业需要建立一套系统的风险识别、评估和应对机制。这包括财务风险、运营风险、声誉风险等多个层面。在快速变化的市场中，风控系统可以使企业避免陷入意想不到的困境。

因此，战略与风险管理的融合，要求企业高层具备前瞻性思维和决策能力，确保在激烈的市场竞争中，不仅能制定出优越的战略，还能够有效规避及管理可能出现的风险，实现可持续的成功。通过这两个维度的协调运作，企业才能够在变幻莫测的商业环境中保持韧性和灵活性，走向更加辉煌的未来。

（1）实物期权法在研发投资中的应用

实物期权法作为一种分析工具，为企业研发投资决策提供了重要的灵活性，尤其在当今高度不确定且快速变化的市场环境中，其价值不可小觑。通过将投资视作一系列可管理的"期权"，企业能够灵活应对市场动态，从而选择推迟、扩展或取消投资。这种战略灵活性不仅提升了竞争力，还增强了企业在动态市场环境中的适应能力，在研发项目中表现尤为显著。研发项目常常受到技术突破、市场需求变化以及竞争态势变化的影响，而这些因素都可能对项目结果产生深远影响。在这样的背景下，传统的净现值分析由于缺乏灵活性，难以充分反映这类动态变化，而实物期权法弥补了这一不足。企业通过评估多种投资路径，可以优化研发投资组合，从而实现资源的最优配置。这种方法不仅帮助企业在技术创新的竞争中抢占优势，还能有效控制风险，最大化研发投资的潜在回报。由此可见，实物期权法为研发投资带来了革新思维，其灵活性和敏捷性使其成为应对不确定性的强大工具。随着市场环境的不断变化，这种方法的应用将越来越普遍，企业可以有效规避风险，抓住瞬息万变的机遇，在激烈的市场竞争中立于不败之地。无论是从风险控制的角度，还是从潜在收益的角度，实物期权法都为企业研发投资决策铺就了一条强有力路径，引导其更加稳健而富有创意地推进决策。

（2）ESG因素对投资决策的影响

随着全球对可持续发展认知的不断提升，环境（Environmental）、社会

（Social）和治理（Governance）因素（统称为ESG因素）在投资决策中的影响日益显著。近年来，投资者越来越多地将ESG考量作为投资分析的重要组成部分。这种转变不仅是因为ESG投资有望带来长期稳健的财务回报，还因为它能够显著提升企业和投资组合的社会责任感和可持续性。

环境因素涉及气候变化的影响、自然资源的使用效率、污染排放管理和生物多样性保护等。这些因素反映了企业对环境责任的承担，尤其是那些需要大量能源和资源的企业，其商业实践可能对长期盈利能力产生重大影响。对环境风险的忽视可能导致企业面临更高的法律责任和合规成本，从而压缩其利润空间。

社会因素关乎企业在员工权益保护、客户关系维护、社区互动等方面的表现。员工多样性和包容性政策、供应链管理和消费者权益保护等方面的良好表现可以提升公司声誉，强化与利益相关者的关联，并降低运营风险。若忽视这些因素，企业可能面临员工离职率上升、消费者信任度下滑等诸多挑战，影响市场竞争力和财务表现。

治理因素则涉及公司管理结构、股东权利、企业透明度和商业道德等。这些因素有助于评估公司的内部控制机制和管理层的诚信度。良好的治理实践不仅能确保公司的正常运作，还能增强投资者的信心，吸引更多资本投入，支持企业长期增长。

因此，ESG因素不仅是评估企业价值和风险的必要工具，也成为投资者选择投资标的的重要标杆。在当前市场环境中，能够综合考虑ESG因素的企业往往更具竞争优势，而投资者对ESG的重视也将在未来投资决策中扮演越来越重要的角色。

3. 案例：新能源项目投资的多维度分析

新能源项目投资在近几年成为一个备受关注的领域，无论是在全球能源转型的大趋势下，还是在各国政策的有力推动下，其潜力都尤为突出。此类项目的投资分析需要从多个维度入手，以确保其全面性和精准性。

从技术维度来看，投资者需评估当前技术的成熟度及其可持续发展潜力。不同类型的新能源技术，如太阳能、风能和氢能等，各自面临的技术壁垒和创新空间不同。了解这些技术的优势和限制，能够帮助投资者判断其在市场中的竞争力。

经济层面同样重要，涉及项目的资本成本、运营成本，预期的投资回报以及财务风险。政策和市场价格波动对经济收益的影响也是需要仔细研判的因素。政府的补贴政策、税收优惠及其他经济激励措施可能显著改变项目的经济可行性。

环境和社会影响也是不可忽视的维度。新能源项目虽然比传统能源项目更为环保，但在土地使用、水资源消耗以及固体废物处理等方面仍需要进行全面的环境影响评估。同时，项目对当地社区的影响，比如提供就业机会和促进经济发展，也是决定项目成功与否的重要因素。

在政治和监管层面，不同国家的政策环境、法规监管以及国际条约的实施状况都会直接影响项目的进展和收益。稳定的政治环境和友好的监管政策可以大大增加项目的吸引力。

总体来看，新能源项目的投资是一个复杂的过程，需要从技术、经济、环境、社会和政治等多个维度综合考虑，以便在可持续发展的同时，取得最佳的投资回报。这种多维度的分析方法，不仅帮助投资者规避潜在风险，也能帮助投资者更好地抓住新能源行业中隐含的巨大商机。

（二）定价策略制定框架

定价策略是企业在市场竞争中取得优势、实现盈利目标的重要工具。为了更好地制定定价策略，企业需要遵循一个系统化的框架。首先，市场分析是定价策略制定的基础。企业需要对市场的整体环境进行全面分析，包括市场规模、增长潜力、竞争情况以及消费者需求等，这些因素将影响企业的定价决策。其次，企业应明确自身的定价目标，例如提高市场份额、实现高利润率，或是快速回收投资。这些目标将直接影响定价策略的方向。另外，成本分析也是定价过程中的重要一环。企业需要了解其生产成本、营销成本以及分销成本，以确保定价能够覆盖成本并实现预期的利润水平。再次，企业应考虑竞争对手的定价策略。通过了解竞争对手的价格定位，企业可以决定是选择更具竞争力的价格，还是通过差异化的产品特色来定价。最后，定价策略还需要考虑法律法规和社会责任，例如反垄断法规和消费者保护法。通过制定合理合法的定价策略，企业不仅可以实现经济利益，还能树立良好的社会形象。综合考虑以上因素，企业才能制定出符合其整体战略的定价策略。

1. 定价目标分类

（1）利润导向

在商业世界中，利润导向的战略扮演着至关重要的角色，成本加成法便是其中一种被广泛应用的定价策略。成本加成法的核心在于首先明确产品或服务的各项成本，随后在这些成本的基础上加上既定的利润百分比。这种方法的优势在于简单明了，企业可以通过确定产品的直接成本和间接成本，迅速制定出符合市场预期的价格。它有效地将企业的获利目标与生产成本挂钩，确保公司在维持产品竞争力的同时，不断实现盈利目标。对于一些传统制造业或初创企业而言，这种定价方法尤为重要，因为它不仅有助于企业明确利润空间，还能帮助其在预算不稳定和成本核算不成熟的阶段提供稳定的财务参考。然而，这一方法也有其局限性，因为它忽略了市场需求、竞争环境和消费者对价格的敏感度等因素，因此，企业通常需要结合市场导向定价策略，以确保价格的市场化和灵活性。综合来看，成本加成法作为一种利润导向的策略，在保持企业财务健康与促进盈利增长之间取得了一定的平衡。

（2）竞争导向

竞争导向定价策略是企业在市场中生存和发展的重要手段之一。在这种策略中，企业根据竞争对手的价格来制定自己的产品或服务价格，从而在市场中占据有利地位。渗透定价和撇脂定价是两种常见的竞争导向定价策略，分别适用于不同的市场条件和商业目标。

渗透定价策略通常用于市场刚刚开始发展的阶段或市场竞争非常激烈的情况。企业以较低的价格进入市场，吸引大批消费者，并迅速扩大市场份额。通过这种方式，公司希望在短时间内建立顾客忠诚度，进而通过规模效益降低成本，随着时间的推移再逐步提高价格。这一策略的成功依赖于企业在竞争对手做出反应前占领足够的市场份额，以及其在降低生产成本和运营成本方面的能力。

与渗透定价策略相比，撇脂定价策略通常在产品进入市场初期采用，尤其适用于市场需求强劲且竞争较小的情况。企业以高价格推出产品，利用早期购买者愿意支付更高价格的意愿，优先收回研发成本并获取高额利润。这一策略特别适用于具有高技术含量、创新性强的产品，如高端电子设备、奢侈品等。撇脂定价策略的成功往往依赖于产品的独特性及市场对其的高度认可，同时要求企业在价格逐步降低后能继续保持竞争优势。

（3）价值导向

客观地说，客户感知价值评估在任何商业决策中都占据至关重要的位置。企业不再仅仅依赖产品的功能和价格，更多的是关注客户对产品价值的感知。通过深刻理解客户的需求和期望，企业能够更有效地确立市场地位和竞争优势。这不仅涉及产品的质量和价格，更深层次的是客户在使用产品或服务时所获得的情感体验以及满足感。为了做到这一点，企业需先通过多种途径收集客户反馈，以便了解客户对产品或服务的具体期望及其实现程度。通过科学的分析工具，企业可以识别影响客户感知价值的各项要素，从而在产品设计、品牌推广和用户服务等环节做出相应的调整。例如，客户可能重视快速响应的客户服务，企业便需要在这方面投入更多资源。

更进一步，企业还可以通过个性化的服务策略提高客户忠诚度。通过针对特定客户群体的价值主张，例如会员特殊优惠、新品优先体验等，企业能有效提升客户的整体满意度和忠诚度。这种策略不仅帮助企业维持现有客户关系，还能促进口碑传播，吸引更多潜在客户。因此，价值导向的客户感知价值评估不仅帮助企业提升当前销售水平，更是对未来市场占有率的一种长期投资。

2. 动态定价技术

动态定价技术是一种现代商业策略，它基于实时数据调整产品或服务的价格，以优化收入和利润。借助大数据分析、机器学习算法以及把握市场趋势，企业能够迅速响应竞争对手的变动和消费者行为的变化，在合适的时机以合适的价格出售产品。这项技术广泛应用于航空、酒店、零售等行业。

为了更好地理解动态定价技术的重要性，我们可以探讨其在航空业的具体应用。航空公司通常利用这项技术来管理机票的定价，他们会根据航班的需求、时间、剩余座位数量和竞争对手的价格变化实时调整机票价格。例如，在高峰旅行季节或节假日前夕，航班需求通常会上升，航空公司可以提高票价以确保收益最大化。同时，在低需求时段，他们可能会降低价格以吸引更多乘客。通过动态定价技术，航空公司可以最大程度地挖掘每一个座位的收益潜力。

除此之外，动态定价技术还具有提高客户满意度的潜力。通过个性化定价，企业能够根据特定消费者的行为特征和偏好调整价格，使他们感到价格符合自身期望，进而提高忠诚度。然而，企业在实施动态定价时也必须谨慎，以避免消费者因价格不一致产生的抱怨或抵制。因此，透明度和算法的公平性成为实施动态定价政策的重要考虑因素。整体而言，动态定价技术已成为现代商业环境中不可或缺的工具，帮助企业在竞争激烈的市场中占据有利地位。

（1）大数据驱动的价格弹性分析

大数据驱动的价格弹性分析是一种利用庞大数据集和先进分析技术评估

市场需求对价格变化反应的现代方法。随着信息技术的飞速发展和消费者行为数据的日益丰富，企业能够更精准地测算其产品或服务的价格弹性。这种分析不仅仅局限于传统经济学中的静态模型，更是借助动态的数据挖掘和机器学习算法，实现对市场环境的实时解读。

在实际应用中，大数据能够帮助企业捕捉到消费者在不同价格点的购买行为变化。企业可以通过分析历史交易数据、社交媒体讨论以及在线搜索趋势等，识别出影响消费者价格敏感性的关键因素。通过细致的市场细分，企业能更好地理解不同消费群体的弹性程度差异，这对于制定精准定价策略至关重要。

利用大数据进行价格弹性分析还需要注意隐私和数据安全问题。在分析过程中保护消费者的隐私，是企业享受数据带来的强大洞察能力的同时必须平衡和考量的一个重要方面。综上所述，大数据驱动的价格弹性分析不仅提升了市场战略决策的准确性，而且为企业在激烈的市场竞争中取得优势提供了基础保障。

（2）AI算法在航空票价中的实时调整

在当今数字化与智能化快速发展的时代，AI算法已经深刻地影响了航空业，尤其在航空票价的实时调整方面发挥着至关重要的作用。传统的航空票价调整往往依赖于固定的时间表和基本的市场规律，但AI技术的引入使这一过程变得更加灵活和复杂。AI算法通过分析海量的市场数据、客户行为模式、历史销售记录以及竞争对手的动态定价策略，能够实时预测需求变化，并根据供需关系的波动调整票价。这不仅提高了航空公司收益管理的精准度，还为旅客提供了更加灵活和个性化的价格选择。例如，当某条航线的需求突然增加时，AI系统可以立即提高票价，以实现收益最大化，同时在需求减少时适时调低票价以促进销售。此外，这种动态调整机制帮助航空公司更好地应对季节性波动、突发事件以及新的市场趋势，使其能够在激烈的市场竞争中始终保持领先地位。因此，AI算法在航空票价实时调整中的应用，不仅是对管理效率的提升，更是对行业发展模式的一次创新变革。

（3）案例：软件服务分级定价的ARPU提升实践

在软件服务行业中，分级定价策略已成为提升ARPU（Average Revenue Per User，每用户平均收入）的有效方法之一。通过将软件服务划分为多个层级，不同层级提供不同的功能、性能和服务支持，企业能够更好地满足用户的多样化需求。例如，基础层可能只提供核心功能，高级层则添加了高级分析工具、优先客户支持及更大的存储容量。用户根据业务发展阶段和需求，选择合适的服务层级，同时也可在业务增长后升级至更高层级，从而实现ARPU的提升。

这种策略不仅能够刺激用户进一步探索并利用更多的功能，增加黏性，还为企业开拓了更多的创收途径。有时候，通过提供免费或低价的入门级版本，吸引用户后期付费订阅更高级别的服务，不失为一种让用户逐步了解和接受软件价值的有效手段。这种方式还允许企业在保持既定客户基础的同时，细致地划分市场，准确定位新用户。通过这种方式，企业不仅能增加收入，还能增强市场竞争力和用户忠诚度。

3. 风险控制机制

风险控制机制在商业运营中尤为重要，特别是在接连不断的价格战和合规性挑战的环境中。价格战是一把双刃剑，尽管其可能让企业在短期内获得一定的市场份额，但长期来看，它可能导致整个行业的利润率下降，并对企业的生存造成严重的威胁。因此，企业必须制定一套灵活且有力的应对策略，以在价格战的压力下保持稳健的市场地位。首先，企业需要深入分析竞争对手的价格策略，并评估自身的成本结构，从而制定更具竞争力且可持续的定价模式。通过价值创新和差异化服务，企业可以避免陷入单纯的价格竞争。例如，企业可以通过增加产品的附加值、提升客户体验，或推出独特的品牌价值主张来增强竞争力。这不仅有助于企业在激烈的市场竞争中脱颖而出，还能提升客户忠诚度和企业声誉，进而增强其在市场中的地位和抵御风险的能力。通过持续监测市场动态和调整战略，企业可以灵活应对竞争对手和市场环境的变化，从而更有效地进行长期规划和实现可持续发展。

合规性审查则是企业风险控制的另一个重要组成部分。在瞬息万变的市场中，法律法规也在不断更新，企业必须保持高度的敏感性和适应能力。为了有效应对这种变化，企业需设立专门的合规部门，配置专业人员，定期审查和更新合规政策，确保运营中的每一项决策都符合法律法规。这些政策不仅要符合当前的法律标准，还需具备一定的前瞻性，以便更好地应对未来可能的法律变更。同时，加强员工的合规培训，使其在日常工作中能自觉地遵循相关规定，提升法律意识和责任感，从而防止因疏忽而引发的法律风险。通过系统化的培训，员工能够更好地理解合规的重要性，并主动识别和报告潜在的合规问题。只有在价格战和合规性方面做好充分准备，企业才能在竞争激烈的市场中立于不败之地，确保其长期的稳定和可持续发展。企业必须在这方面建立一个反馈和改进机制，以便在合规过程中及时发现不足之处并进行纠正。通过这一系统化的合规策略，企业不仅能够降低法律风险，还能提升市场信誉，赢得客户和合作伙伴的信任。

第二章　内部控制概述

内部控制是企业管理中至关重要的组成部分。它是一个动态的过程，由企业董事会、管理层和其他员工共同参与，以确保企业运营的效率、财务报告的可靠性以及遵循相关法律法规的合规性。内部控制并不是一个孤立的系统，而是融入企业各个层面的一个综合性框架，旨在帮助企业实现其目标。

内部控制包括几大核心要素，如控制环境、风险评估、控制活动、信息与沟通以及监控活动等。控制环境是内部控制的基础，它反映企业的诚信文化和道德标准。风险评估则涉及识别和分析可能影响企业目标实现的风险，通过评估这些风险，企业可以制定出有效的策略来应对。控制活动是旨在降低风险的政策与程序，通过这些活动，企业能够确保管理策略和指令被有效执行。信息与沟通在内部控制中同样不可或缺，它确保相关信息能够准确及时地传达给需要的个人和部门。监控活动则负责定期评估内部控制的有效性，根据需要进行调整与改进，以确保控制系统的持续有效性。

正因为内部控制的重要性，它不仅影响企业日常运营，还直接关系到企业的长期发展和战略目标的实现。因此，理解并应用内部控制的原则和实践，对任何一家企业而言，都是不可或缺的管理任务。

一、内部控制基础理论

内部控制是企业管理中至关重要的组成部分，旨在确保企业活动的效率、财务报告的可靠性以及遵循相关法律法规的合规性。内部控制的基础理论涵盖了一系列原则和实践，这些原则和实践为公司制定有效的控制机制提供了框架。首先，建立健全的控制环境是内部控制体系的基石，这包括管理层对道德价值观和诚信文化的重视。其次，风险评估也是不可或缺的，它帮助企业识别、分析和管理潜在风险，以减少财务损失和其他不利影响。在此基础上，企业需要制定控制活动和措施，以提高各项业务流程的效率，并充分利用信息沟通渠道，确保信息流动的顺畅性和透明度。此外，对控制系统的监督也是至关重要的。通过持续的监督与反馈机制，可以及时发现和纠正内部控制中的缺陷和漏洞，进而提高企业整体运营的稳定性和可持续发展能力。总之，内部控制不仅是企业管理的基础，更是实现组织战略目标的重要保障。

（一）COSO框架核心要素解析

COSO内部控制框架是一个经过严谨设计的结构化框架，其核心目标是帮助企业在快速变化的商业环境中优化内部控制系统。这一框架致力于通过系统性的方法，增强企业治理与风险管理的整体效能。为实现这一目标，COSO框架依托五大核心要素：控制环境、风险评估、控制活动、信息与沟通以及监控活动。控制环境如同企业制度的基石，为内部控制奠定了良好基础；风险评估则要求企业识别和分析可能影响目标实现的内外部风险；控制活动意味着企业需制定必要的政策和程序以抵御风险；信息与沟通确保重要信息在上下级之间的透明流动；监控活动则为持续改进提供反馈和检测机制。这五者密切协作，构建了系统化的、灵活的内部控制体系，帮助企业在面临复杂挑战时，更加从容应对潜在威胁，实现长远稳定发展。通过COSO框架，企业不仅能在规范运作中减少失误风险，而且能大幅提升决策质量，为可持续发展奠定坚实的基础。

控制环境是内部控制体系的基石，它不仅包含企业的道德文化，还涉及企业高层管理人员的经营理念与管理哲学，以及他们对内部控制重要性的理解和重视程度。企业道德文化作为控制环境的一部分，直接影响员工的行为标准和企业决策的质量。管理哲学则体现为领导层对业务经营的核心价值观，影响公司各个层面的决策制定，确保企业活动的合规性。这一要素为其他因素的有效实施提供了基础和方向，使得整个内部控制能在稳固的框架内运作。

风险评估是识别和分析与企业目标相关的风险的过程。通过详细的风险评估，企业能够确定各种内外部威胁的可能性和潜在影响，进而对可能产生重大负面影响的风险因素加以量化分析。这样，企业就可以采取有针对性的措施来减轻或规避潜在风险，不仅提高了决策过程的合理性和前瞻性，也为企业在不可预测的商业环境中保持竞争优势奠定了基础。在此基础上，企业通过定期的风险评估和修正，得以在不断变化的市场环境中机智地应对潜在挑战，确保企业目标的实现与长期繁荣。

控制活动通过明确的政策及程序，在企业中扮演着重要角色，它们是企业为确保风险应对措施有效落地而构建的基础。这些活动不仅限于某一特定领域，而是广泛涵盖企业的各个业务层面，推动组织整体目标的顺利实现。企业在设计控制活动时，应考虑到各个部门的独特需求，从而确保每个业务流程都配备适当的监督和审核机制。

信息与沟通同样重要，它强调企业内外部信息的透明性和流畅性。有效的信息流通不仅能使员工及时获取必要的资源和指导，还能增强外部合作伙伴和客户对企业的信任。沟通渠道的畅通可确保潜在风险或问题都能被迅速传达并处理，从而支持内部控制目标的顺利达成。

监控活动也是不可或缺的，它确保企业的内部控制系统不仅持续处于监督状态，而且不断进行评估与改进，以适应环境的变化和企业发展的需求。通过这种动态的监控和调整，企业可以更灵活地应对不确定性，确保决策与运作的有效性，最终促进战略目标的全面实现。

1. 控制环境：企业文化与治理结构

企业文化与治理结构是企业运营中的两个关键要素，它们既相互独立，又彼此交织，共同影响着企业的发展和竞争力。企业文化可以被视为企业的灵魂，它通过一系列的价值观、信念和行为准则，塑造员工的思维方式和行为模式。这不仅有助于增强员工的归属感和凝聚力，还能够提升企业的整体效率和创新能力。例如，在强调创新的企业文化中，员工会更加倾向于尝试新事物并接受失败，这种文化氛围有助于推动技术和产品的创新发展。

企业的治理结构则是企业运行的骨架，它塑造了管理层级之间的权力分配和决策流程，确保每一项决策都经过合理的审查和批准。健全的治理结构能够保证企业在合法合规的前提下，有效抵御市场上的各种风险，同时避免因权力过于集中而导致内部腐败问题。治理结构和企业文化有机结合，可以帮助企业在变化莫测的市场环境中保持稳定的航向。例如，企业的治理结构若能包容并促进企业文化中的创新精神，就能在有效的风险管理和创新突破之间找到平衡，为企业创造出前所未有的市场机会。因此，企业在设计治理结构时，应充分考虑自身文化特性，以实现可持续发展。

治理结构是企业发展的基石，犹如身体的骨骼支撑着其他各类重要机能正常运行。作为企业内部运行的指南，它明确了权力的划分与决策的流程。这不仅是在纸面上指挥运作，更是确保企业日常高效运转的引擎。决策透明度的提升，有助于各方利益相关者获得信心，减少不确定性和误解。与此同时，良好的治理结构能在公司内部不同职能部门之间构建清晰的合作关系，促进部门间和谐互动，减少冲突，由此避免无谓的资源消耗，并形成更为高效的工作流程。许多研究支持这一理念，指出健全的治理能够在市场动荡时为企业提供抗压能力，使其在财务方面表现出色，并具备灵活的市场适应性，这在长期发展中尤为明显。通过不断优化和完善治理结构，企业能够在急速变化的商业环境中始终保持优势。

综上所述，企业文化与治理结构虽然各自发挥着独特的作用，但在企业管理中二者的有效融合，能够为企业的可持续发展奠定坚实基础。通过在文化层面倡导透明和诚信，同时在治理结构上完善问责机制，企业将更好地应对内外环境的动态变化，进而在激烈的市场竞争中占据有利地位。

当企业文化的信任氛围与严谨的治理结构相结合时，组织将搭建起互相促进的生态系统。这种生态系统不仅能激励员工发挥潜力，也能增强企业在面对危机时的适应能力。通过提升组织内的沟通和协调效率，企业既可以有效降低操作风险，也可以提高决策的精准度和灵活性。在快速变化的商业环境中，创新精神的倡导和确立合理的激励机制将促使员工不断突破自我，从而集体推动企业不断前行。企业文化和治理结构的和谐统一不仅是企业成功的驱动力，也是实现长期价值创造的基石。

（1）价值观、信念与行为准则的塑造

价值观、信念与行为准则是塑造个人与团体行为的重要基石。它们不仅反映了个人内心深处的道德标准和伦理观念，也为群体中的成员指引了方向与目标。在塑造这些基本原则时，文化背景、家庭教育、社会环境等因素都起到了至关重要的作用。价值观往往在早期的家庭教育中萌芽，蕴含着深厚情感的家庭文化氛围，能促使个体形成初步的善恶判断和生活态度；信念则在日后的实践中不断被挑战、检验与巩固。当个体融入社会，参与到集体活动中时，行为准则便成为维系稳定与和谐的重要工具，它们通过制度化和标准化的形式，帮助成员们明确行为边界。

然而，随着时代变迁和多元文化交融，价值观、信念和行为准则也面临着前所未有的挑战和机遇。在信息爆炸时代，互联网和社交媒体不断涌现出来自世界各地的观点，轮番冲击着我们固有的思想体系。在这复杂的背景下，人们比以往任何时候都更需要一种开放的心态，去理解和包容各类异质文化，避免被固执的偏见所束缚。在全球化推进的背景下，不同文化之间的对话与碰撞，为我们提供了全新的视角，让我们重新审视自身的价值体系。通过这种对内的自省和对外的学习，我们可以锤炼出一种兼具韧性和灵活性的生活态度。这种态度不仅使我们在面对不确定性时能够从容应对，也帮助我们在多变的社会环境中游刃有余地应对不同挑战，促进个人成长与发展。如此，我们不仅能保持自我和内心的平衡，也能勇于迎接未来的各种挑战。

（2）董事会独立性与权力制衡机制

在现代企业的治理架构中，董事会的独立性及其相关的权力制衡机制，不仅是确保企业运营透明、负责和高效的关键，更是企业长远发展的基石之一。独立的董事会成员，通常不来自公司内部，且与公司无关联性，能够在信息分析和决策过程中提供公正无偏的视角。这种独立性确保他们不被某些特定个人或派别的私利所左右，从而能够做出更符合全体股东和公司整体利益的决策。拥有独立董事的董事会能在一定程度上遏制潜在的利益冲突，助推良好的公司治理实践。例如，他们可以在薪酬委员会或审计委员会中发挥关键作用，关注管理层的行为，确保公司行动符合最高的伦理和合规标准。

此外，权力制衡机制通过在董事会、管理层和股东之间划定明确的权限和职责，有效减少权力集中导致的风险。这种机制的存在防止个别董事或高管团体因所处的有利地位而产生不当行为，有助于维持公司内部公平合理的资源分配和战略执行。权力制衡不仅增强了股东对公司的信心，也吸引了更多潜在的投资者，因为它代表了一种负责任、透明和稳健的公司管理方式。这些机制共同作用，使得公司能够更好地面对市场变化和内部挑战，确保在复杂的商业环境中保持竞争力和适应性。

独立董事在现代公司治理结构中发挥着不可替代的作用，他们不仅是公司道德和原则的守护者，还以其独立性和与公司经理层没有直接利益关系的背景，为公司决策提供了客观性和理性。这类独立董事通常都具有丰富的行业经验和专业技能，能够从不同的角度分析问题，为公司提供多元的解决方案，避免公司走上狭隘或偏颇的决策道路。此外，权力制衡机制通过明确分配董事会、管理层与其他利益相关者之间的权力和责任，营造出利于透明运作、减少潜在腐败和不当行为的工作环境。这不仅有助于增强公司内外部的信任感、提振投资者的信心，而且促使公司更加注重实现可持续的业务增长。在这个充满变革和不确定性的商业世界中，增强董事会的独立性和优化权力制衡机制，不仅能保护股东的利益，还能为企业在全球市场上立于不败之地提供有力的支持。这些努力汇聚在一起，将增强公司的市场竞争力，确保其在快速变化的经济环境中保持领先地位。

2. 风险评估：识别、分析与应对

风险评估是风险管理流程中的一个关键步骤，旨在识别、分析和应对各种潜在风险，以便在不确定的环境中做出明智的决策。它通常涉及对可能会影响项目、业务或组织的内外部因素进行全面的分析，以便预测潜在的威胁和机会。这一过程的核心在于通过系统性的方法识别可能的风险源及其影响程度，包括技术、市场、法律、财务、环境等多方面的因素，有时还需考虑社会经济背景和政策变动带来的影响。这不仅能帮助组织未雨绸缪，做好充足的准备以应对可能的突发情况，还能在风险无法完全避免时，尽量缓解其带来的负面影响。风险评估还有助于识别引发机遇的因素，从而在保持基本稳健的前提下为决策者提供更多的战略选择，最终实现资源的最优配置和业务的可持续发展。通过这样全面细致的评估，组织能够更加有效地规划其资源和决策方向，增强自身的适应能力和竞争力。

识别风险是进行风险评估的第一步。这一过程不仅仅是简单地将已知的风险列出来，还涉及对组织内外部环境的全方位审视。它包括系统地分析和评估所有可能干扰组织目标的事件、情形及环境因素，从而确保没有一处隐藏的风险因疏忽而被置之不理。通过这样的全景视角，不仅可以揭示那些潜藏在层层表象之下、可能尚未被关注的隐患，还能够识别出原本被忽视的细节，这些细节可能为组织创造出意想不到的增长和变革契机。在识别过程中，组织可以运用多元化的方法和工具，例如情景分析、利益相关者访谈以及历史数据评估等，以便更全面和深刻地了解风险的影响范围。同时，这种分析方法有助于组织不仅在挑战中存活，更能在变动不居的环境下寻找机遇，实现资源配置的优化。

风险一旦被识别出来，接下来就需展开详细的分析。这一过程包括评估风险发生的可能性和后果，以及影响的严重程度。这不仅仅是简单的数值评估，而是一个复杂的决策过程，涉及对多个因素的权衡和考量。通常采用定量和定性方法，两者结合能够提供更加全面的风险画像。定量方法借助统计和数学工具，精确地测量风险的概率和潜在影响，基于量化结果，对风险进行排序并评估优先级。另外，定性方法则更加注重对风险的描述性分析，通过专家意见和情景分析来补充定量方法的不足。此外，还需通过组织内部协商和研讨，确保每个风险点的评估都能在更广泛的策略和目标框架下进行。最终目的在于找出从风险中获益或者将风险负面影响最小化的最佳途径，进而更有效地配置资源来应对可能出现的风险情况。通过这样的综合分析，企业能够在瞬息万变的商业环境中有效地进行风险管理和决策优化。

风险应对策略则是评估的最后一步，其重点在于对已识别的潜在风险采取适当的措施，以最大程度削减其对组织或项目产生的负面影响。风险管理的有效性直接影响项目的成败，因此在选择策略时，需要进行细致的分析和周密的规划。常见的风险管理策略包括风险回避、风险减轻、风险转移以及风险接受。

风险回避策略通常适用于那些可能会产生巨大损失的风险。如果某种风险的潜在损失过大，超出承受范围，那么最好的做法便是绕开它或者重构计划，以避免此类风险的发生。风险减轻则是通过降低风险发生的概率或削弱风险影响来管理风险，可以通过强化安全措施、开展员工技能培训等方式来实现。风险转移常被应用于保险领域，通过将风险的部分或全部责任转移给第三方，例如保险公司或合同伙伴，减少风险发生时的直接经济损失。而风险接受即在成本效益较低或者其他策略不可行的情况下，对风险可能发生的损失进行承受，不采取额外干预措施。

选择和实施合适的风险应对策略，关键在于对每种策略的成本与收益进行详细权衡。需要确保所选策略不仅仅在纸面上可行，更要在实际操作中经得起考验，在风险发生时真正提供有效的保护和应对方案。这样，组织或项目在面对不确定性和潜在威胁时，才能具备更强的韧性和适应能力。

有效开展风险评估，要求系统性的分析、持续的监控以及组织内各部门的协调合作，以确保组织在不确定的未来环境中，仍然能够保持适应性和竞争力。在这个过程中，首先需要明确的是风险的识别和分类。每个组织面临的风险独具特性，可能涉及财务、法律、技术甚至是声誉方面的问题。因此，对这些风险进行准确识别和明确定义是评估的第一步，需要基于对组织内外部环境的深刻理解和对未来趋势的洞察。

持续的监控同样至关重要。风险环境是动态变化的，因此组织必须建立灵活的监控机制，以便捕捉到潜在的风险演变，并及时调整策略以应对新的挑战。监控过程中，运用先进的数据分析工具和技术，可以增强预测能力并提高决策效率。

此外，不同部门之间的紧密合作和信息共享也不可忽视。这要求建立有效的沟通渠道和协作机制，确保所有参与方都能及时获得相关信息并共同制定应对措施。通过这种系统的、协同的风险管理，组织可以更好地应对未来的不确定性，增强其对市场的适应能力，从而在竞争中立于不败之地。

（1）风险清单构建与概率—影响矩阵

风险清单构建与概率—影响矩阵是风险管理过程中不可或缺的重要环节。风险清单的构建旨在识别项目内潜在的风险因素，通常包含多个层面的分析，包括战略、财务、操作和技术等方面。在这个过程中，项目团队需要充分考虑历史数据、行业标准和专家意见，以确保清单的全面性和准确性。

通过构建详尽的风险清单，项目团队可以识别出可能对项目造成不利影响的潜在因素，从而为后续的风险评估和制定缓解措施奠定基础。

概率—影响矩阵是根据风险事件的发生概率和潜在影响进行风险评估的工具。通过将风险事件放置于这个矩阵中，团队能够直观、有效地评估每个风险的优先级。发生概率较高且影响巨大的风险需要优先处理，而低概率、低影响的风险可在后期处理或仅需监控。这种矩阵不仅帮助决策者筛选出关键风险，还能够在资源有限的情况下将注意力集中在最具威胁的风险事件上。通过不断更新和维护概率—影响矩阵，团队可以适应项目进展的变化，并及时采取恰当的干预措施。

（2）压力测试与情景分析技术

压力测试与情景分析技术是现代企业管理中至关重要的工具。压力测试主要用于评估企业在极端条件下的表现，例如财务状况、运营能力等。进行压力测试时，企业通常会模拟各种不利条件，如金融危机、市场崩溃或重大自然灾害等，以测量其应变能力和抗压水平。这种模拟不仅可以帮助企业识别潜在风险，还能预见在极端情况下可能出现的连锁反应。掌握这些信息后，企业可以更有针对性地制定相应的应对策略和应急预案，例如调整资本结构、优化供应链、强化人员培训等，以确保在真正遇到困难时，依旧能够保持竞争力和稳定性。压力测试也为企业的长期战略规划提供了数据支持，使决策者更好地理解在不同的宏观经济环境里，企业可能面临的挑战和机遇。情景分析则补充压力测试的不足，提供多个可能出现的未来场景。通过对这些场景的详细分析，企业能够更加灵活地调整其战略，确保在各种潜在的市场动态中保持稳健的经营。总体而言，压力测试与情景分析共同构成了企业风险管理的重要基石，促进企业在不确定的商业环境中实现可持续发展。

另外，情景分析是对不同未来情景的详细勾画，通过对多种可能的发展路径的探讨，帮助企业进行战略规划。它不仅涉及对经济和市场趋势的分析，还包括对政治、社会和技术变化的考量。通过情景分析，企业能够更好地理解可能影响其发展的外部因素，并为多种未来可能的情况构建合适的应对方案。这种前瞻性视角能显著提高企业的预测能力和决策质量。

情景分析的应用具有多层次的意义。首先，在经济波动不定的时代，企业可以利用这些分析结果预测和规避可能的风险。例如，在全球经济不确定性的情况下，企业可以提前规划如何调整投资组合，以便在市场低谷期稳住财务状况。其次，政治环境的变化，包括政策变动和国际关系的变化，企业也能通过情景分析提前感知其可能的影响，从而制定更具弹性的运营策略。再次，快速发展的技术革新和不断变化的社会文化趋势，对企业业务模式提出了新的挑战和机遇。通过情景分析，企业可以预见技术上的突破可能带来的市场革命性变化，及时调整资源配置，抓住创新带来的新商机。最后，这不仅是一种战略规划工具，更是提升组织敏捷性和市场适应能力的有效手段。通过精细的情景分析，企业在变化莫测的环境中得以从容应对，获得长期竞争优势。

总的来说，压力测试与情景分析技术结合使用，可以帮助企业在不确定性中寻找到更清晰的方向，增强其在不断变化的商业环境中的适应性和韧性。

3. 控制活动：授权、审批与职责分离

控制活动是组织内部控制体系的重要组成部分，以确保业务运作的有效性、效率和合规性为目的，授权、审批与职责分离是其中三大关键要素。授权机制的设立能够确保所有的业务活动均在合适的权限范围内进行，避免未经批准的行为可能导致的潜在风险。适当的审批流程可以为重要决策和交易提供必要的复核和追踪，确保每一业务环节都经过合理的审查和评估，从而提高业务的透明度和准确性。职责分离的原则是将不同职能和任务在不同人员之间分配，以避免因冲突或共谋而导致操作风险。通过职责分离，一方面可以减少出错的可能性，另一方面还能促进内部制衡机制的健全运行，使得各业务职能之间得到更好的协调和衔接。因此，合理设计和严格执行控制活动，尤其是在授权、审批和职责分离上保持高度警惕，是企业实现健康管理目标和组织目标必不可少的环节。

（1）权限矩阵设计与动态调整

权限矩阵设计与动态调整是现代信息安全管理中的重要环节，也是企业维护数据安全、合规性和灵活性的基石。在这个过程中，设计合理的权限矩阵不仅需要分析用户可以访问和操作的资源，还需深入了解企业的整体架构，明确不同角色的具体职责和权限。与此同时，建立一套健全的访问控制策略也是至关重要的，它能够确保信息仅限于被授予权限的角色访问，从而有效地保护企业数据。

为了实现这一目标，企业需要全面考虑运营的方方面面，充分理解各个岗位之间的交互关系和信息流转的路径。这不仅仅是为了预防可能存在于企业内部的安全威胁，比如员工的权限滥用或不当的信息披露，同时也是为了抵御外部威胁，如黑客攻击和数据泄露。

动态调整权限矩阵同样重要，因为它能够响应企业环境和需求的变化，从而保持灵活性和适应性。这意味着企业必须建立持续监控和评估机制，识别并调整因技术进步、业务流程变更或新法规引发的权限需求变动。通过这样的动态调整，企业不仅可以提高信息安全水平，还能提高业务运作的效率和合规性，最终在快速变化的商业环境中站稳脚跟。

动态调整权限矩阵的能力，使得企业在调整内部结构或响应突发性变化时，能够迅速灵活地修改权限配置。比如，当员工承担新职责或转岗时，相应权限的及时更新是确保信息安全的关键操作之一。这不仅防止因遗留权限引发的潜在风险，还通过权限的精准分配，提升员工的工作效率和整体信息管理的安全性。借助先进的自动化工具，企业可以实时进行权限的监控和修改，无须耗费大量人力。这种工具不仅能快速响应安全事件，还能协助企业追踪权限变更历史，提高审计的可追溯性。这种敏捷的权限管理体系，使企业能够在面对不断变化的安全威胁和合规要求时，依旧保持业务运营的连续性和安全性。

（2）不相容职务分离的实施要点

在组织内部，为了提高内部控制的有效性，确保业务流程的透明和公正，最大限度地降低舞弊和错误的风险，实施不相容职务分离是一种关键策略。不相容职务分离的核心思想在于将可能导致利益冲突或误用职权的职责分开，防止个体或小团体在未经监督的情况下，完成从决策到实施的整个过程。

具体实施时，首先需要进行职务分析，识别哪些职务之间存在潜在的不相容。例如，采购部门的采购员不应同时有财务的支付审批权，防止贿赂或欺诈行为的发生。其次，记录部门负责记录交易，但不参与审计工作，确保记录的独立性与真实性。在此基础上，管理者应制定详尽的工作标准和流程，明确每个岗位的职责范围，并设立独立的检查机制，保证职务分离的贯彻实施。

领导层的支持与参与至关重要，他们需要定期监督和评估职务分离的落实情况，以发现潜在的漏洞，并在必要时进行调整和改善。另外，还需要通过员工培训，提高全体员工对不相容职务分离重要性的认识和理解，从而增强执行力。

4. 信息与沟通：数据质量与传递效率

信息与沟通在现代社会和各个行业中占据着重要的地位，它们不仅影响组织内部的运作效率，也直接关系到企业在市场中的竞争力和影响力。数据质量作为信息基础设施的核心组成部分，其准确性、完整性以及时效性在信息交流中扮演着至关重要的角色。若数据质量欠佳，不仅会导致信息传递中出现误差，还可能引发一系列的连锁反应，使得决策依据不再可靠，进而影响战略的制定和执行。

与此同时，数据的传递效率同样不容忽视。在信息日益碎片化和多样化的今天，快速、准确地获取和传递信息，成为提升沟通效率的关键所在。高效的信息传递不仅需要依赖先进的技术手段，更需要有效的管理流程和沟通渠道。现代信息技术的发展，如人工智能、大数据分析和云计算等，为提高数据传递效率提供了诸多便利。

因此，为了在信息纷繁复杂的环境中脱颖而出，企业和个人必须严格把控数据质量，优化信息传递渠道，确保信息能够及时准确地抵达目标受众，从而在竞争激烈的时代中站稳脚跟。这一切都要求我们不断提升信息管理能力，利用技术创新的力量，实现信息与沟通的最佳实践。

（1）主数据管理与系统集成

主数据管理（MDM，Master Data Management）是现代企业信息管理中的重要组成部分，它通过建立和维护一致的、准确的、完整的主数据来支持业务活动。通过高效的MDM系统，企业能够确保各个部门和应用程序访问同一版本的关键信息，如客户数据、产品信息和供应商细节。这不仅提高了数据质量，还减少了数据冗余，提升了运营效率。MDM系统还能帮助企业在全球化市场中获得竞争优势。高质量和一致的主数据有助于企业更准确地分析市场趋势，快速响应客户需求，并优化供应链管理。通过整合数据孤岛，MDM促进了不同部门之间的信息共享和协作，进而提升决策的科学性和时效性。借助人工智能和机器学习技术，MDM系统正继续演变，不仅能自动化数据清洗和匹配的过程，还能预测并优化未来数据管理策略，帮助企业在复杂多变的商业环境中灵活应对挑战，实现可持续发展。

与此同时，系统集成同样扮演着至关重要的角色。在现代信息技术驱动的商业环境中，系统集成不仅仅是技术上的必要步骤，更是一种战略性商业举措。它通过将多个不同来源、不同功能的子系统或组件有效地组合成一个高效协调的整体，确保这些多元化的系统能够在同一框架内协同运作。由此，数据便能够在不同平台之间顺畅地流通，避免因系统割裂而导致效率低下和信息缺失。然而，系统集成的复杂性不仅仅停留在技术层面，它还涉及业务流程的深入分析、优化以及自动化管理。在这一过程中，确保信息实时更新与无缝传递至关重要，它直接关系到企业决策的及时性与准确性。通过打破“信息孤岛”，系统集成不仅实现了业务应用的无缝衔接，还大大提升了企业的灵活性与市场适应能力，使其能迅速响应外部环境的变化，从而在竞争中占据优势。

综上所述，主数据管理和系统集成的联合应用发挥了至关重要的作用，为企业在面临复杂信息处理需求时提供了有力支持。主数据管理通过确保数据的准确性、一致性和可访问性，奠定了信息管理的坚实基础。与此同时，系统集成进一步打破了信息孤岛，实现了不同数据源之间的无缝连接与协同，使企业能够在实时获取的综合信息基础上做出更加明智的决策。这种增强的决策支持能力不仅提高了企业的运营效率和反应速度，还帮助企业在快速变化的市场环境中保持竞争力。通过整合和优化信息架构，企业能够更好地识别和把握市场机会，减少失误和风险，最终实现业务的创新和增长。因此，主数据管理与系统集成的协同效应为现代企业的竞争优势注入了新的活力和动力。

（2）内部与外部沟通渠道的建设

内部与外部沟通渠道的建设在现代企业的运作中扮演着重要的角色。在内部沟通方面，企业需要建立高效、透明的沟通机制，以确保信息在不同部门之间的快速流转，从而促进各部门之间的有效协作。这不仅可以提高团队协作效率，还能增强员工的归属感和参与感。公司可以通过定期会议、内部通信软件以及员工反馈机制，确保每位员工都能及时获取关于公司战略、目标和业绩的最新信息。鼓励员工在不同层级之间进行开放、坦诚的交流，同样是实现高效内部沟通的重要手段。通过这种多层次、多渠道的沟通体系，企业不仅可以快速响应市场变化，还能在员工中筑牢信任和忠诚根基，从而凝聚向心力。与此同时，开放的沟通环境可以激励员工提出创新的想法和建议，促进企业的创新和持续发展。而在外部沟通方面，有效建立与客户、供应商以及其他利益相关者之间的联系同样至关重要。企业应通过公共关系活动、社交媒体以及客户关系管理系统，及时传达品牌价值观和业务动态，增强市场竞争力，提升品牌影响力，实现稳步增长和长远发展。总之，内部与外部的良好沟通渠道不仅仅是信息的桥梁，更是企业成功的基石。综合运用这些手段，能使企业在竞争激烈的市场中立于不败之地。

外部沟通渠道的构建对企业的发展至关重要，可以视为企业与外部世界的桥梁，不仅仅是信息传递的管道，更是企业品牌价值与市场影响力的体现。在数字化时代，企业必须灵活运用多种新兴媒体和传统渠道来接触客户、供应商以及更广泛的公众群体。社交媒体的实时互动特性使企业能够迅速响应并影响消费者的看法，通过电子邮件的直接沟通则能提供个性化的服务，增强客户忠诚度。官方渠道如企业网站则是展示企业愿景、文化和产品的窗口，为受众提供深入了解的途径。同时，通过市场活动，如产品发布会、行业展会甚至是在线研讨会，企业不仅能直接接触潜在顾客，还能实时获取市场反应和需求变化，从而快速调整自身战略。清晰、明确的外部沟通政策和应急预案，能够帮助企业应对外部环境变化带来的挑战，在危机出现时，保障信息管理的一致性和透明度，进一步巩固企业的声誉并提升公众信任。

为了在竞争激烈的市场中脱颖而出，企业必须以战略性的方式建立和维护其外部沟通渠道。这不只是利用传统的沟通方法，而是要整合多样化的现代化沟通工具，如社交媒体平台、即时通信应用以及个性化的电子邮件营销方案等，实现与客户、供应商、合作伙伴及公众的互动。这种多层次的沟通策略不仅能够帮助企业维持日常运营中的品牌形象，更多的是帮助企业在深刻变革的市场环境中赢得新机遇。在此基础上，企业还需制定全面的危机沟通计划，以应对不可预见的环境变化带来的挑战。通过详细规划外部沟通政策，企业遭遇突发公众关注或负面事件时，能提升信息透明度，迅速且精准地传递企业声音，避免不必要的误解，危机后迅速恢复公众信任。同时，积极与利益相关者分享企业价值观和长远发展愿景，进一步塑造深远影响力和提升市场认同感。通过这些持久、有效的方法，企业不仅能稳固现有市场地位，更能保障持续革新和发展。

5. 监督：持续监控与独立评估

为了确保项目的顺利推进和实现预期目标，监督是一个不可或缺的环节。持续的监控不仅仅是对项目进度的把控，更是对整个项目生命周期的详尽洞察。通过运用现代化的监控技术和数据分析工具，企业能够实时捕捉问题迹象，及时做出调整，避免小问题演变成大隐患。独立评估作为监督中的关键组成部分，提供了一个客观、公正的视角。邀请第三方独立机构对项目进行定期评估，既可以增强结果的可信度，又能发现内部监控容易忽略的盲点。此外，通过对绩效指标的深入分析，独立评估有助于挖掘提升效率和成效的方法，推动项目朝着更高标准迈进。有效的监督机制不仅仅是管理工具，更是提升项目价值和质量的有力保障，通过结合技术和人力手段，确保每一环节符合预期，为未来的项目管理积累宝贵经验。

（1）自动化预警与内部审计流程

自动化预警在现代企业管理中扮演着日趋重要的角色，尤其是在复杂且关键的内部审计流程中，其应用成效尤为显著。预警系统凭借精密的算法，实时解析企业运作中的各种数据变化，迅速识别隐藏的异常或潜在风险，为审计团队及时采取纠正措施筑牢基础。这种实时风险监测的优势显而易见，它不仅大幅提升了审计工作的效率，还显著强化了企业的整体风险管理能力。与传统审计方式相比，自动化预警不仅节省了时间和人力成本，而且在细节处理上更加精准，避免了人工审查可能产生的疏漏。通过将复杂的数据转化为直观的情境报告，自动化预警系统帮助审计人员迅速定位问题并做出更有效的决策。这一科技创新的引入，不仅使企业内部审计机制得以动态化，还允许企业灵活调整运营战略，从而在快速变化的市场中保持竞争力。自动化预警系统还促进了跨部门的协同合作，有效打破了“信息孤岛”，提高了沟通效率，使得各部门在面临挑战时迅速协调行动，确保企业的高效和稳定运营。自动化预警系统的应用不仅见证了技术的进步，还为企业进行创新管理提供了有力工具，加速了企业的数字化转型进程。

（2）缺陷整改与闭环管理

在企业运营和项目管理中，缺陷整改与闭环管理是一项至关重要的任务。缺陷整改不仅涉及对问题的识别和分析，还要求制定有效的解决方案来消除对产出结果造成的负面影响。通过系统的方法，可以确保缺陷得到充分的调查和及时的处理。因此，缺陷整改需要全员的参与和不同职能部门的协作，保障快速有效解决。

在这种背景下，闭环管理发挥着关键作用。它并不仅仅是对缺陷的简单修复，更是一个持续改进的循环过程。企业需要建立有效的反馈机制，使得在早期阶段就能识别缺陷，并不断优化解决方案，预防类似问题的再度发生。人员培训和技术投入也是必不可少的，确保团队具备处理复杂问题的技能和工具。在这个过程中，领导层需提供明确的指引和支持，以促进各部门紧密合作，这将进一步提升企业的整体效率和竞争力。因此，实施全面的缺陷整改与闭环管理策略，不仅能改进当前项目的质量，还可以为企业持续成长和发展奠定坚实的基础。

闭环管理进一步深化，通过构建追踪与反馈机制，确保彻底消除缺陷的根本成因，防止相似问题再度出现。这意味着问题从被“修复”发展到被“解决”，从根本上提升产品质量和项目成功率。闭环管理的核心在于其持续改进理念，通过一次又一次的改进循环，企业的整体运作水平不断提升，确保长远的成功。

闭环管理不仅是简单的问题解决流程，更是一种长期的战略方法。通过追踪过去工作中的各种问题，并利用反馈机制准确地定位出现这些问题的根本原因，企业能够制定出切实有效的解决方案，防止相似问题再度出现。这一过程的关键在于问题从“修复”到“解决”的转变，即从症状的处理到病因的根除。这种深入的分析和持久的解决策略，能够显著提高产品质量和项目成功率。

更重要的是，闭环管理强调持续改进的理念，通过建立不断迭代的反馈循环，企业不但可以快速应对变化，还能够从每一次错误中吸取经验教训，逐步优化各业务流程。在这一过程中，企业的整体能力和竞争力也会显著提升。这种持续性的提升，不仅有助于优化当前的运营效率，还能确保企业在不断变化的市场环境中保持长远的成功，从而达到企业和客户双赢的局面。长期坚持闭环管理，企业能够在市场竞争中脱颖而出，实现更具可持续性的成长。

这两个过程相辅相成，缺一不可。有效的缺陷整改可以显著降低项目风险和成本，而强有力的闭环管理构建了一道安全屏障，保障企业在激烈的市场竞争中立于不败之地。

（二）内部控制目标与原则

内部控制是企业管理中至关重要的环节，其目标与原则明确地指导组织应该如何行使职能，以确保其运营效率和效能。首先，内部控制的首要目标是保障公司的资产安全。这意味着企业必须采取全面的措施防范资产损失、被盗窃或误用风险，这不仅包括有形资产如现金和物资，还涵盖无形资产如知识产权和机密信息。其次，内部控制的另一个重要目标是确保财务报告的准确性和完整性。准确的财务报告能够真实地反映企业的财务状况，从而帮助管理层与利益相关者做出明智的决策。此外，内部控制还需确保经营活动的效率和效益，企业应致力于优化资源配置，提升工作效率，实现成本节约。

实施内部控制时，应遵循一系列原则。首先是责任分离原则，避免个人同时负责多个相互监督的工作环节，减少错误和舞弊的发生。其次是根据风险决定控制的原则，企业需要识别和评估各种风险，并据此设计相应的控制措施。再次是文件与记录保存原则，即确保所有的财务和运营记录都被妥善保管，以备审计和监管之用。

总体而言，内部控制目标和原则的执行有助于营造更加透明和高效的企业环境，从而促进企业的可持续发展。

1. 三大核心目标

内部控制是组织管理中的重要组成部分，其三大核心目标是确保业务有效性与效率、确保财务报告的可靠性以及遵循法律法规。首先，业务有效性与效率目标强调组织资源的合理使用，以提高整体运营绩效。这包括确保所有业务流程都设计合理、执行到位，并实时监控，以实现最佳运作效能。其次，财务报告的可靠性目标旨在确保财务信息的准确性和真实性。这对于维护组织透明度和金融市场的信任至关重要。建立严格的内部审核制度，可以有效防止虚假报告和财务舞弊。最后，遵循法律法规的目标是确保组织的各项行为符合法律标准，并避免法律责任。这要求组织不断更新对相关法规的理解，并在内部严格执行。通过实现这些目标，内部控制可以有效地帮助组织管理风险并确保其长期稳健发展。

（1）财务报告可靠性保障

财务报告的可靠性是企业及其利益相关者共同关注的焦点，因为这不仅关涉公司的声誉与信任，还对公司的长期发展有着深远的影响。为了确保报告的准确性和完整性，管理层必须严格遵循公认的会计准则和相应的法律法规。在这个过程中，采取严谨细致的内部控制措施必不可少。这些措施包括跨部门的审计监督、健全的财务流程以及可靠的记录保存系统，以便及时识别和处理潜在的错误或欺诈行为。为了提高财务透明度，很多公司选择聘请独立的第三方审计师对财务数据进行客观评估。这些审计师不但能够提供独到的专业意见，帮助验证财务报告的真实性，还可以建议改进财务管理的策略，从而增强公司的财务稳健性及抗风险能力。持续推进培训和员工意识提升计划，也有助于强化企业的整体财务管理水平，确保财务报告在长远和不同情境下的可靠性。通过综合运用这些方法，企业可以稳固自身在市场中的地位，并维持与利益相关者之间的良好信任关系。

采用现代技术手段也能提高财务报告的可靠性。例如，使用数据分析工具对大数据进行处理，可以帮助识别异常或突出的财务数据，确保报告的准确性。区块链技术的应用则可以通过去中心化和不可篡改的特性，为财务交易增加透明度和安全性。通过多方面的努力与改进，企业可以更好地赢得利益相关者的信任，并在市场中保持竞争优势。

在此基础上，企业还可以利用人工智能技术自动化财务流程，提高工作效率。人工智能能够通过机器学习算法，从历史数据中提取模式和趋势，帮助企业做出更准确的财务预测和决策。云计算的使用可以实现财务数据的实时共享和存储，提高数据的可访问性和管理效率。在信息安全方面，利用高强度的数据加密技术能够进一步保护企业的财务敏感信息，防范潜在的网络攻击。随着科技的不断进步，这些创新的技术手段将持续提升财务报告的质量和可信度，帮助企业在瞬息万变的商业环境中立于不败之地。

（2）经营效率与效果提升

在竞争激烈的全球市场环境中，企业要想真正脱颖而出，提升经营效率与效果尤为重要。经营效率的提升不仅仅体现为资源的有效配置和利用——这在降低不必要的损耗与成本方面发挥着至关重要的作用，同时也意味着企业能够更迅速且灵活地应对不断变化的市场需求。如今，借助先进的智能化信息系统，企业可以实时监控和优化供应链，大幅度提高库存管理的效率，避免因库存积压或短缺带来的风险和额外开支。另外，提升经营效果着眼于提高企业实现商业目标的成功概率。精准的市场定位、独具匠心的产品设计和灵活多变的营销策略，是企业满足客户需求的制胜法宝，它们可以极大地提高客户的满意度与忠诚度。此外，企业文化的营造以及员工培训和有效激励机制的全面完善，也在提升经营效率与效果的过程中扮演着至关重要的角色。这些举措不仅助力企业获得更高的经济效益，还为其可持续发展奠定了坚实的基础。因此，通过对效率与效果的全面关注和提升，企业才能在日趋激烈的市场竞争中长期立于不败之地，实现未来的繁荣。

（3）合规性要求满足

为了确保合规性要求得到充分满足，尤其是契合SOX法案（即萨班斯-奥克斯利法案）的规范，企业需要实施一系列关键措施。首先，必须建立和维护准确的财务记录，以保证财务报告的真实性和完整性。这通常需要强有力的内部控制系统来管理和审核财务数据，以防止任何形式的欺诈或误报。其次，企业必须定期进行自我评估和审计，以识别和纠正任何可能的内部控制缺陷。这包括培训员工了解合规标准，并确保大家的行为符合法规要求。为了做到这一点，企业可能需要持续更新合规政策，以应对法律法规的变更。此外，加强信息技术系统的安全性至关重要，确保敏感财务信息不受数据泄露和网络攻击的威胁。最后，管理层需要承担责任，为合规文化奠定基调。他们应积极参与并支持合规活动，树立榜样，确保从高层到基层都能遵守SOX法案的要求。这些多层次的方法不仅帮助企业合规，还可以提高企业的透明度和公众信任度。

2. 基本原则

内部控制作为企业管理的核心环节，其基本原则在保证企业资源的有效利用、减少风险和实现经营目标方面发挥着至关重要的作用。首先，授权原则是确保所有重大决策和交易经过适当的审批，以防止差错和舞弊的发生。其次，职责分离原则通过将关键任务分配给不同个人，形成相互监督的机制，减少不当行为的可能性。再次，独立审计确保定期对财务报告和内控制度进行客观检查，提供独立的意见以改善控制环境。为了增强透明度和责任感，信息披露和沟通机制必须明确，这有助于所有相关方及时了解业务运行中的关键问题与风险。最后，定期的风险评估和监测机制可使企业快速识别和应对潜在的威胁，从而保持稳健运营。在此基础上，不断优化的内部控制体系不仅能够帮助企业保障资产安全，还能推动其长期可持续发展。

（1）全面性与重要性相结合

在分析问题或制定战略时，将全面性与重要性结合起来是一项至关重要的能力，它能极大地增强我们的洞察力和决策力。这意味着我们不仅要全面掌握某一领域的丰富知识，还需重点识别和集中精力于那些最为关键的因素。全面性的意义在于，确保我们在探讨和研究问题时，不会遗漏任何潜在的变量或信息，从而形成更为完整的认识和理解。例如，进行市场调查时，全面性具体体现为对目标市场的各个细分领域进行深入、细致的分析，包括掌握不同消费群体的行为模式、消费习惯及其发展趋势。不仅如此，全面性还要求我们关注市场中的新兴趋势和技术变革，以便及时调整策略。重要性则在于帮助我们从纷繁复杂的信息中提炼出真正重要的核心要素，识别出那些驱动变化的关键因素。如此一来，我们的分析和战略就可以准确定位在最有影响力的领域。这种模式在信息爆炸的大环境下尤为关键，全面性使我们能够抵御认知偏差和信息噪声，重要性则引导我们将有限的资源和精力精准地投向最能产生成效的关键节点。通过双重结合，企业和个人不仅可以有效地避免信息盲点，还能以更高的效率和前瞻性的视角在最短的时间内实现最优的结果，令决策过程变得更加精确、高效，显著提升应对变化的能力和竞争优势。

（2）制衡性与适应性平衡

在现代组织管理中，成功的关键往往在于找到制衡性与适应性之间的最佳平衡。这种平衡不仅能够确保组织在变化多端的环境中保持稳健，同时也能有效应对突如其来的挑战。制衡性主要是指企业内部的规则、流程以及政策的建立，确保组织的各个方面运作有序，能够防止过多的风险。然而，在瞬息万变的市场中，仅仅依靠严格的规章制度可能会导致组织僵化，失去灵活应对外部变化的能力。此时，适应性变得尤为重要。适应性意味着组织能够快速响应市场变化，调整其策略，以抓住新的机遇。因此，成功的企业必须具备既能确保内部稳定运作，又能灵活调整以适应外部变化的能力。这样的双重能力不仅能够促进创新，还能帮助企业在竞争激烈的环境中占据优势。通过不断优化制衡性与适应性之间的关系，企业能够实现可持续发展，在不确定的未来中立于不败之地。

在具体实践中，组织可以通过培育开放的沟通和协作文化，提高自身适应能力。这样的文化鼓励员工提出创新想法，并对流程和制度进行必要的反思和改进。同时，通过引入灵活的项目管理方法，如敏捷管理，企业能够快速迭代，应对市场变化。这种方法使企业能够不断试错和调整，而不至于陷入故步自封的局面。另外，技术的应用也是提高适应性的重要手段。通过数据分析和人工智能等工具，组织可以更加精准地预测市场趋势，提前做好准备。只有制衡性和适应性同时得到有效管理，企业方能在竞争中游刃有余，真正实现卓越的可持续发展。

（3）成本效益原则的应用

在商业领域和决策制定中，成本效益原则扮演着至关重要的角色。这一原则旨在通过系统地评估项目或行动中投入的成本与所带来的收益，帮助决策者实现资源的最优配置。有效应用成本效益原则需要对初期投入、长期收益以及潜在风险进行全面分析，确保每一分钱都花得其所。该原则不仅能够在企业管理中提供重要指导，还能在政府预算、公共项目、个人理财等多个领域发挥积极作用。比如，在政府决策中，应用这一原则可以更科学地分配财政资源，推动公共项目的可持续发展。在企业中，遵循成本效益原则则能够提高运营效率，推动创新，增强市场竞争力。个人在进行投资决策时，也可以利用这一原则更理性地分析投资项目的回报和风险，实现个人财富的增值。

此外，广泛地应用成本效益原则能够促进不同领域之间的协同作用，带来系统性的提升。在教育领域，合理应用这一原则可以优化教育资源的分配，提高教育质量，增强人才的竞争力。在医疗卫生领域，通过分析投入与产出，能够更好地规划医疗服务的供给，提高公共健康水平。而在环境保护领域，应用这一原则有助于在经济增长与生态保护之间找到最佳平衡点，通过对不同项目的影响进行综合权衡，确保环境效益与经济效益的双赢。因此，全面而有效地应用成本效益原则，能够帮助各行各业的决策者在瞬息万变的环境中做出更加明智的决策，最大限度地实现经济效益与社会效益的平衡。

二、控制环境构建

控制环境构建是指在组织内部建立一套全面的规章制度和流程，确保企业的所有业务活动都能在规范、透明和有效的环境中运行。它涉及企业文化的设定、道德价值观的传播以及管理风格的确立等多个方面。这些因素共同作用，促使员工在达成企业目标的同时，遵循法律法规和企业自身的伦理标准。

构建有效的控制环境，需要高级管理层发挥示范带头作用。他们要以自己的行为树立标杆，强化整个组织对合规和道德标准的重视程度。包括董事会、管理层和审计委员会在内的所有成员都应定期接受培训，持续增强其维护控制环境的责任意识。另外，强有力的控制环境还要求建立有效的绩效考核和奖惩机制。绩效评估不仅可以帮助组织识别改进的机会，还能激励员工在各自岗位上表现出色。相应的奖惩机制则可以确保合规的行为得到奖励，违规的行为受到惩罚，营造正向激励的工作氛围。

实施过程中，企业需要确保所有的信息和沟通渠道开放透明，便于员工自由表达对管理政策和流程的看法。这种透明的沟通机制不仅可以提高员工对控制环境的接受度，还能有效地巩固企业的整体治理结构。因此，良好的控制环境不仅是对企业内部管理的约束，更是企业可持续发展的基础保障。

（一）企业文化塑造

企业文化不仅是企业的灵魂所在，更是企业长期竞争力的重要源泉。它深深植根于公司每一位成员的日常行为、决策和态度中，形成独特的氛围和价值观念。塑造优秀的企业文化需要从战略层面切入，充分调动员工的积极性和创造力，使全体成员共同朝着公司目标前进。这一过程中，管理层扮演着至关重要的角色，需要通过言传身教诠释企业的核心价值观，并通过多种方式进行传递，比如企业培训、员工活动和对内对外的沟通机制等。与此同时，企业文化的塑造不是一蹴而就的，它需要与时俱进，随着市场环境和企业发展阶段的变迁不断调整和深化。通过持续且有针对性的建设，健康且强大的企业文化可以激发员工的归属感和责任感，增强企业的凝聚力和向心力，从而成为企业在激烈的市场竞争中获得长足发展的不竭动力。企业文化最终体现在员工的自律、团队的协作精神以及客户面前的专业形象之中。

1. 文化内涵与层次结构

文化内涵的理解和诠释往往离不开其复杂的层次结构。文化本身就像一座金字塔，涵盖了多个相互交织的层面。最表面的文化表现为衣食住行，是社会最直观的文化符号，传达的是一组关于风俗习惯和审美观念的集体记忆，这也是大众最容易感知和参与的层次。随着探索的深入，文化进入较深的层次，包括文学、音乐及建筑等，承载了历史和哲学思想的表达。这些不仅是精神世界的寄托，更是时代价值观的展现。进一步深入的层面则包括语言、宗教信仰及核心信念等，这一层次的文化决定了一个社会在面对困难或变革时的反应机制和态度。各层次的文化都相互依存，构建起既有深度又有广度的文化世界，吸引着研究者不断去探索和解读。理解这些层次，不仅有助于个人更好地融入不同文化环境，也提高了我们对多元文化的包容性和接受力。通过这样的多层次分析，人们能够更全面地理解和尊重世界上各式各样的文化传统。

（1）显性文化

显性文化通常由组织的使命宣言、愿景和一系列制度构成，它们共同在外界面前展示了组织的核心价值观和信仰。这些不仅仅是一些陈述，它们为组织中的每个人都提供了清晰的方向和目标，成为组织行为和决策的指南。这些使命宣言往往包含组织对社会责任的承诺和对未来蓝图的描绘，旨在激励员工团结合作，朝着共同的目标努力。与此同时，组织的愿景勾勒出了一个长远的发展目标，激发了员工的创造力和积极性，使他们在工作的每一天都能感知到意义和价值。而一系列的制度是为了确保组织的各项活动都能顺利运作，帮助成员们在具体操作中保持一致的步伐，从而在复杂多变的外部环境中保持竞争优势。这种显性文化的存在，使每个组织都能在纷杂的市场中，清晰地展示其独特的身份和定位，进而吸引更多客户和优秀员工。

使命宣言不仅仅是一份简单的文件，它代表着组织的灵魂和核心价值观，是组织存在的根本理由。使命宣言勾画出了一幅远景蓝图，指明了组织未来希望达到的长期目标。这种清晰的目标感对每一位成员都至关重要，因为它使他们能够明确自己在整个大局中的位置。这不仅有助于提高团队内部的协作效率，还为个人获得成就感和自豪感奠定了基础。强有力的使命宣言能够激励员工，使他们全身心地为实现组织目标而努力，不断创新和进步。同时，它也是组织吸引志同道合的利益相关者的重要工具，帮助组织在风云变幻的商业环境中保持方向的稳定性。使命宣言是连接组织内部与外部、过去与未来的桥梁，推动组织持续发展和壮大。

愿景则描绘了组织希望在未来成为的样子，是一种更宏大、更具远景的描述。这不是对未来的简单憧憬，而是一幅充满激情与创意的蓝图，激励着每一位团队成员迈向更高的目标。这种愿景不仅为组织指明了前进的方向，还为团队提供了一个统一的奋斗目标，使每个人都能够看到自己在整个大局中的位置，并因此注入更大的动力与活力。通过极具感染力的愿景表达，组织可以将成员的个人目标与组织的整体目标紧密结合，形成一种强大的内在驱动力。这种驱动力不仅有助于克服各种障碍与限制，也为组织在不断变化的市场中获取竞争优势提供了源源不断的动力。正是这种对前景的设想，将每位成员团结在一起，共同实现比当下更宏伟、更具意义的愿望。

制度作为显性文化中不可或缺的部分，承担着制定条规和流程以确保组织稳定运作的重要作用。依托这些制度，组织能够确保其目标、使命以及价值观能够在日常工作中得到具体落实，而非停留在理论层面。这些规则不仅为员工指明合规和高效的工作方式，还能减少因个人解读差异导致的摩擦，在团队内部营造更加和谐的氛围。制度的存在也为绩效评估提供了一个客观、透明的参照系，使得每一位员工的工作表现都能被公平公正地衡量。无论是晋升、奖励还是纠正行为，都有据可循，能增强员工对组织的信任和认同。这种在规则支持下的稳定与可预见性，不仅提升了组织效率，还能激励员工朝着共同的目标迈进。制度的有效实施，犹如一场精心安排的交响乐，确保每一部分都能各尽其职、和谐共鸣。

通过显性文化的引导和约束，组织能够在竞争激烈的环境中保持一致性，并且能够更有效地实现其战略目标。显性文化不仅是外界评判组织价值的重要依据，也是组织内部维持凝聚力和推动力的重要力量。显性文化通过明确的行为准则、制度和象征符号等方式树立了集体的意识和期望，使得成员之间的合作变得更加高效。这种文化通常体现在组织的愿景、使命宣言、行为规范和着装要求等方面。通过这种统一的文化框架，成员在面临决策或挑战时能迅速找到遵循的方向或指南。

此外，显性文化也是组织面对外部变化时灵活应对的基石。由于显性文化提供了清晰的信息传递机制，因此组织主导者能够快速调整方针，而不用担心内部出现太多不必要的摩擦。这种文化特性有助于在变革过程中保持组织的核心优势和竞争力。显性文化也为新成员提供了清晰的入门指南，使得他们在融入过程中能够迅速理解并适应组织的行为准则和期望值，从而快速提高团队协作的效率。在这样有力的文化支撑下，组织在追求长期发展的过程中，往往能够更沉着地应对不确定性挑战，从而在市场中立于不败之地。

（2）隐性文化

隐性文化是企业文化中不易被察觉却潜移默化地影响企业决策和员工行为的部分。其中，领导风格和风险偏好是两个重要的组成部分。在某些企业中，领导者可能倾向于采取更为集权的领导风格，这种风格可能会导致信息流通不畅，创新受到抑制。然而，它同样可能促进决策一致性和效率的提升，尤其是在需要快速决策的情况下。另外，风险偏好会影响企业在市场中的反应速度和创新能力。一个具有高风险偏好的企业可能更愿意投资于新技术或未被证实的市场，从而在激烈的竞争中抢得先机。然而，这样的企业也需要面对失败的潜在风险。因此，企业在构建其隐性文化时，必须找到合适的平衡点，不仅要关注领导风格是否能促进积极的企业氛围，还需谨慎管理风险偏好，以确保企业的长期健康发展。通过对这些细微文化元素的理解，企业能够更加有效地设计战略，增强整体竞争力和市场适应能力。

领导风格作为隐性文化的一部分，其影响深远且多层次，它不仅决定了组织内的沟通模式、决策效率以及团队协作的氛围，还对员工的职业发展、心理安全感及组织的整体创新能力产生重要影响。例如，采用民主型管理风格的领导通常会营造开放的工作环境，鼓励团队成员积极发表意见，畅所欲言。他们在决策过程中广泛听取不同的声音，把团队的智慧和经验融入决策之中。这种包容和倾听的氛围，不仅提升了员工的参与感和归属感，也有助于激发更多创新和变革的想法。而威权型管理者领导的团队，可能更强调等级制度和权威性，员工通常需要在有限的指示中完成任务。这种领导风格虽然确保了快速执行和方向明确，但也可能抑制员工的创造力，甚至员工会因缺乏自主性而降低工作积极性。不同的领导风格在不同的组织背景下各有其适用场景，关键在于平衡权力分配与创新激发的关系。

与此同时，组织的风险偏好也在很大程度上映射了其隐性文化。当企业愿意冒险进入新市场或尝试创新时，通常反映出一种积极进取的文化氛围；保守的风险态度可能意味着企业更注重稳定和安全，这可能影响其在竞争激烈的市场中的地位。整体而言，隐性文化以潜移默化的方式融入日常运营，长期影响企业发展轨迹和竞争优势。

2. 对内控的影响机制

分析内控的影响机制，需要从多个层面深入展开。内控是指组织为了实现其目标而在内部构建的一系列政策、流程和程序，其影响机制通常包括管理层决策、组织文化、风险管理实践以及合规性要求等多个方面。首先，管理层决策是内控影响机制的核心之一。管理层的价值观和风险偏好直接影响内控的设置和实施。有效的内控通常反映了管理层的战略意图和对风险管理的优先考虑。领导团队的支持和承诺对于内控的成功至关重要，因为这能够激励员工增强防范意识和责任感。其次，组织文化在内控的影响机制中也扮演着重要角色。健康的组织文化能够促进积极的风险管理实践和内部控制的顺利执行。当员工在诚信、透明和开放的环境中工作时，更容易遵循政策和程序，也能更高效地报告潜在问题或违规行为。再次，风险管理实践直接关系到内控的有效性。通过定期的风险评估和监测，组织可以识别并应对潜在的威胁，从而制定和调整相应的控制措施，以减轻风险的影响。这一过程不仅提高了内控的效率，也增强了组织整体的抗风险能力。最后，合规性要求也是内控影响机制不可或缺的一部分。外部法规和内部政策的合规要求促进了内控标准化和一致性。遵循法律法规和行业标准，不仅使组织免于法律责任，还能提升其信誉和形象。

综上所述，内控的影响机制是一个复杂的系统，涉及多种因素的相互作用。从管理层决策到组织文化，再到风险管理和合规性，所有这些因素共同作用，确保组织目标的实现和业务的可持续发展。通过不断优化这些因素，组织可以建立一个更为稳健和有效的内部控制体系。

（1）诚信文化与合规经营

诚信文化和合规经营对任何企业来说都是至关重要的，强生公司便是这一领域的成功典范。强生信条始于1943年，由时任董事长罗伯特·伍德·约翰逊二世起草，至今已成为公司文化的基石。这一信条强调了对客户、员工、社区和股东的责任，也规定了高道德标准和严格合规性的运营方式。

强生信条不仅仅是一个指导原则，还贯穿于公司的每一个决策中。在产品开发阶段，公司确保所有产品符合最高的质量和安全标准。员工培训方面，强生强调道德决策的重要性，确保每位员工在面对道德困境时能够做出正确选择。此外，强生还定期审查其供应链，确保所有合作伙伴都遵循同样高的道德标准，从而实现全方位的合规管理。

这种诚信文化不仅提升了员工的归属感和责任感，也增强了公司的市场竞争力。客户因信任而选择强生，因为他们知道公司始终将诚信置于首位。强生的成功故事告诉我们，诚信文化与合规经营不仅是道德义务，更是实现长期商业成功的基石。这种对价值观的执着和坚守，既造就了企业的卓越声誉，也为其在复杂多变的商业环境中持续壮大提供了保障。

（2）急功近利文化的风险

安然事件作为全球企业界中最具震撼性的丑闻之一，为急功近利文化的风险提供了深刻的教训。这一事件揭示了企业在追求短期利益和快速成功时可能带来的严重后果。在急功近利的文化背景下，公司往往忽视长期发展和可持续增长，倾向于通过各种手段实现短期的财务目标。安然事件的核心问题之一，就是通过复杂的财务操纵和账目造假来虚增公司业绩，以此吸引投资者，提升股价。然而，这种短视行为最终导致公司倒闭和数以千计的员工失业，投资者蒙受巨额损失。

这个事件启示我们，企业在追求经济利益时，必须保持对道德和合规的重视。短期利益的诱惑不应凌驾于企业诚信和社会责任之上。安然事件不仅是关于企业如何运作的警示，更是对整个商业世界关于长期价值与诚信的重要提醒。我们需从中吸取教训，避免急功近利的文化再次导致类似的企业灾难。同时，培育一种尊重可持续发展和长远利益的企业文化尤为重要。

3. 建设路径

建设可持续发展的控制环境是当前社会面临的一项重要任务。为此，首先需要从政策层面进行把控与规划。政府应制定相应的环保法规和可持续发展政策，以确保各种资源和能源的使用达到预定的环保标准。这不仅需要具体法律条文的规范，也需要相应的监督机制来保证政策的落实。其次，技术创新是推动控制环境建设的有力工具。现代科技的快速发展使我们能够以更加高效和环保的方式进行生产和生活。例如，将绿色科技应用到城市建设、工业生产和日常生活中，不仅可以提高资源的循环利用率，还能减少污染的产生。推进绿色能源的开发和使用，打造零排放的绿色建筑，则是实现整体改造的关键步骤。另外，公众意识的提高和社会责任感的增强也尤为重要。教育和宣传可以帮助公众认识到每一个行动都与环境息息相关。通过个人和社会的共同努力，生态保护将成为公众生活的一部分。企业应树立良好的社会责任形象，以实践绿色生产为己任，这种责任感将促使企业在追求利润的同时，也注重环境的可持续发展。通过政策、科技和公众参与的“三位一体”路径，控制环境的建设才能更具长效性和可行性。

（1）领导层示范与价值观传导

有效的领导层示范在组织内外都具有举足轻重的影响力，因为领导者的言行足以直观地展现组织的核心价值观和运作原则。他们的行为决策，既成为员工的学习标杆，也确立了可以借鉴的行为标准。领导者若能以身作则，亲身践行所倡导的信念和准则，所传递的信息和价值观自然更具说服力，这将激励团队成员自觉地遵循和内化这些指导原则。不仅如此，领导层的不断努力会在无形中推动整个组织向着共同目标前进，并通过积极文化的熏陶来提升队伍的凝聚力和向心力。在此氛围中，员工不仅能对自己的工作产生更大的热情，还能对企业的重要目标产生更深刻的身份认同感，进而自发地投身于组织的发展大局之中。领导层若能始终如一地体现企业的价值观，他们的行为便为所有成员树立了明确的行为标杆和清晰的遵循规范。如此一来，沟通与协作自然而然变得更加顺畅，其中的成员在明确的方向指引下，共同努力，实现组织的整体成功。在这个过程中，领导的影响力不断累积，最终形成向心力强大、目标一致的团队文化，推动企业在激烈的市场竞争中脱颖而出。

（2）培训体系与激励机制设计

在现代企业中，构建卓越的培训体系和激励机制息息相关，两者的完美结合不仅是提升员工素质的主轴，也是增强企业整体竞争力的关键所在。成功的培训体系不仅仅局限于基本的职业技能培训，还应拓展至广泛的软技能培训，如高效的沟通能力、卓越的团队合作精神以及引领者需具备的领导能力等。这些全方位的培训能够有效促进员工更全面的个人发展。企业在建立培训体系时，应根据员工所在的不同发展阶段和岗位要求，精心设计并量身定制，以确保这些培训计划能够切中员工的个体成长需求，使他们的潜能与岗位职责完美匹配。除了培训，激励机制也至关重要。它通过奖励和认可来进一步巩固培训的效果，激励员工将所学应用于实际工作中，从而真正实现员工个人价值和企业目标的双向提升与共赢。因此，在企业运作中，科学整合培训与激励的资源，方能实现效益的最大化与发展的持续性。

激励机制设计同样至关重要，它直接影响员工的工作积极性和长期忠诚度。有效的激励机制不仅仅是薪酬的增加，还应该包括职业成长机会、认可与奖励体系、灵活的工作安排等多方面的内容。例如，员工在职业生涯中追求的不仅是经济上的回报，更希望看到未来的发展路径和个人价值的实现。通过提供内外部培训机会和导师计划，公司可以帮助员工提高技能水平，从而拓展其职业发展空间。在员工工作表现优异时提供及时而真实的认可和奖励，不仅能激励员工努力工作，还能增强他们的归属感。提供灵活的工作时间和地点选择，使员工更好地平衡工作与生活，也能显著提升他们的满意度和忠诚度。通过设定明确的绩效目标和合理的评估标准，企业能确保激励措施具有针对性和实效性。这些措施相辅相成，最终将助力企业的整体成功。

此外，企业还可以借助先进的技术手段，将数据分析与人力资源管理有机结合，设计个性化的培训与激励方案。通过企业内部和外部的数据收集，深入挖掘员工的特点、需求和发展潜力，确保方案不仅与业务目标高度一致，还能满足每位员工的职业发展期望。实时反馈机制可以动态调整策略，帮助发现问题并实施快速更正。这种灵活性使得企业不但能够提高员工的满意度和忠诚度，还能在严苛的市场环境中灵活应对变化。通过量身定制的发展路径，每一位员工都被激励去突破自我，进而在团队中实现个人和公司的双重成长。同时，这种基于数据驱动的决策和管理方式，也使企业在用人、留人方面更具前瞻性和稳健性，为企业的可持续发展提供强有力的支持。这样，企业才能在竞争日益激烈的市场中占据一席之地，实现长远的成功和繁荣。

（二）治理结构优化

在组织或企业的发展中，治理结构的优化起着至关重要的作用。它不仅是确保组织资源有效配置和利用的基础，还关系到组织的长期战略定位与执行效率。优化的治理结构能够明确各部门和个人的角色与责任，从而减少不必要的资源浪费和内耗。透明度的提高使信息流通更加顺畅，有助于提高高层决策的科学性和准确性。

在现代企业管理中，尤其是在全球化背景下，领导层与执行层之间的有效沟通尤为重要。这种沟通不仅仅是信息的传递，更是思想的交汇与共识的达成。通过定期的会议、透明的沟通渠道以及反馈机制，领导层可以确保执行层准确理解组织的长远目标和短期任务。与此同时，执行层也有机会反馈前线的挑战与需求，使得决策者能够更全面地审视企业的运作，并做出更明智的决策。

除此之外，在优化治理结构的过程中，组织还需积极采用先进的管理工具和理念。例如，运用数据分析工具进行精准的绩效评估，可以帮助管理者识别问题并制定相应的改善策略。推行灵活的工作模式和创新的管理思维，也有助于提高决策的敏捷性和员工的创造力。在这样的双向互动和持续改进中，组织不仅能在变化的市场环境中保持竞争力，更能构建高效、和谐的工作氛围，为长期发展奠定坚实的基础。

不仅如此，治理结构的优化也必须考虑外部环境的变化，包括法律法规、市场状况以及客户需求的动态变化。这要求组织具备一定的灵活性和适应性，以便在面对新挑战时，能够迅速调整自身的结构和策略，抢占先机。因此，治理结构优化不仅是单纯的内部机制改进，更是一种动态的、全方位的战略性思考过程。

在现代商业环境中，快速的技术进步和全球化趋势也带来了新的挑战和机遇。企业不仅需要内部的协调与优化，更需要不断地与外部合作伙伴进行互动，提升竞争优势。例如，数字化转型已经成为许多公司治理战略的一部分，通过引入智能技术和大数据分析，企业可以更好地理解市场变化和消费者行为。除此之外，企业还应该关注环境、社会责任等可持续发展的因素，以确保在不确定的未来依然能够领先于竞争对手。总而言之，只有在多重维度上持续优化治理结构，企业才能在瞬息万变的市场中立于不败之地，实现长期的战略目标。

1. 权力分配框架

权力分配框架是一个复杂而关键的治理体系，它不仅决定了资源的管理方式，还影响了决策的效率和组织的整体运作。首先，有效的权力分配框架需要明确界定不同职能部门和个体的职责及权限，以确保所有人员能够清楚地了解自己的作用和责任，这对于维持组织的透明度和责任制至关重要。其次，权力分配框架应该具备一定的灵活性，以便能够适应外部环境的变化和内部需求的调整。随着市场动态的变化、技术的革新以及社会经济状况的转变，组织需要能够迅速调整权力结构，以保持竞争力和适应能力。因此，权力框架的设计应考虑到动态调整的可能性，以及可能涉及的利益相关者之间的平衡。此外，权力分配框架需保障一种有效的监督和制衡机制，防止权力过于集中于某一部门或个人，避免滋生腐败和权力滥用。一个良好的框架应促进职能部门之间的协作和沟通，利用多样化的视角推动组织的创新和发展，实现权力分配的公平性和有效性，进而为实现组织的长远目标创造条件。

（1）股东会、董事会、管理层权责划分

股东会、董事会和管理层在公司治理结构中扮演着至关重要的角色。首先，股东会作为公司的最高权力机构，其主要职责包括审议和决定公司的重大事项，如修改公司章程、合并、分立、解散、增资扩股等。同时，股东会有权选举和更换董事，并决定董事的报酬等。在股东会上，股东可以通过

投票表决的形式对上述重大决策施加直接的影响。其次，董事会作为公司的管理决策机构，主要负责公司经营政策和发展战略的制定。董事会决定公司的生产经营计划、年度财务预算方案、利润分配方案以及风险评估等重要内容。此外，董事会负有监督公司管理层执行董事会决策的职责，以确保公司的运营符合制定的目标和计划。最后，管理层的职责在于负责公司日常经营管理，其工作重点在于执行和落实董事会的决策和发展战略。管理层需要灵活调度公司资源，完成日常运营目标，并确保公司长期发展与短期绩效的平衡。管理层需向董事会报告经营业绩及财务状况，以确保公司信息透明。

明确区分股东会、董事会和管理层的权责，不仅可以优化公司的治理结构，提高决策效率，还可以确保各机构之间互相监督和制衡，维护公司整体利益和股东权益。

（2）独立董事制度与专业委员会设置

独立董事制度作为公司治理的重要组成部分，旨在通过引入不隶属于公司内部的独立董事，提供客观公正的见解和建议，以确保企业在决策过程中的透明度和公平性。独立董事具有制衡内部管理层、保护广大股东和其他利益相关者权益的职责，他们的独立性和专业性在公司重大决策、财务报告和内部控制等方面发挥了关键作用。独立董事的引入不仅有助于改善董事会的结构，还能增强企业的社会责任感和投资者信心。专业委员会的设置是提升公司治理水平的另一有效举措。通过设立审计委员会、薪酬与考核委员会、提名委员会等专门机构，公司能够分配专业化任务，提高管理效率和决策质量。这些委员会的成员通常包括独立董事，他们凭借丰富的专业经验和对市场的深刻理解，能够对公司经营中潜在的风险进行有效的审查和监督，从而防范可能的财务舞弊和利益冲突。

因此，将独立董事制度与专业委员会设置相结合，对现代企业的可持续发展和社会形象建设具有不可替代的作用，确保公司在法律合规的框架内实现长期稳健的发展。

2. 关键要素评估

关键要素评估对于任何项目或计划的成功实施都至关重要。这一过程涉及识别和分析可能影响项目结果的重要因素。评估的第一步是明确项目的目标和期望的结果，这为后续的深入分析提供了必要的背景。在这之后，需要识别出制约项目进展的主要因素，可能包括资源的可用性、时间限制、外部环境因素，以及潜在的风险和挑战。通过仔细的评估，可以确定哪种因素对项目成功最具影响力，以及如何有效地加以管理或加以利用。评估还可以识别潜在的机会以及在项目进行过程中需要特别关注的方面。通过这种系统化的方法，可以在早期阶段识别出可能存在的问题，并制定相应的策略来最小化风险，从而提高项目的成功率和整体效率。此外，通过定期的评估和调整，可以确保项目始终沿着正确的方向前进，最终实现预期的目标和效果。

（1）董事会独立性指标

董事会的独立性指标，尤其是独立董事占比，是评估公司治理质量的一项重要指标。独立董事，即那些不参与公司日常运营且与公司没有直接经济往来的个人，他们的存在旨在为公司的管理带来更广阔的视野和独立的判断。独立董事比例的增加通常被认为能够增强董事会的独立性，这在经济决策中尤为重要。拥有更多独立董事的公司往往能够做出更加不偏不倚且对股东利益负责的决策，这充分展现了公司决策的透明度和诚信度。

独立董事在董事会中的影响力还体现在他们能够在公司中担任审计、薪酬、提名等关键委员会职务，从而在公司治理的各个层面进一步发挥作用。研究也表明，独立董事的适当设置能够有效地减少管理层与股东之间的利益冲突，提高公司的整体运营效率和长期绩效。因此，衡量独立董事的占比不仅是监管机构和投资者关注的焦点，也是企业自我监督和提升治理结构的关键环节。

（2）高管薪酬与长期绩效挂钩机制

将高管薪酬与长期绩效挂钩的机制不仅仅是企业提升效益和保持可持续

发展的手段，更是吸引优秀人才和激励团队领导者的重要策略。为了有效地实施这一机制，企业往往会制定综合的评价指标，这些指标可能包括股东回报率、公司市值增长、市场份额的扩大以及创新能力的提升等多方面的绩效因素。这种多维度的评估标准确保管理者能够在关注短期业绩的同时，更加注重企业的长期健康成长。

为了保障这一机制的公平性和透明度，许多公司还会采用第三方咨询机构进行独立评估，或者通过股东大会的形式审核高管的绩效评估结果。这种做法不仅增加了利益相关者的信任，也确保了决策的公正性和合理性。将薪酬与长期绩效绑定也能增强企业的竞争力，因为这可以激励高管们推行更具前瞻性和创造性的战略，从而为公司带来持久的优势。同时，通过设立合理的激励目标和清晰的沟通机制，这种薪酬模式能够减少潜在的利益冲突，使高管更具责任感和归属感。

3. 案例：西门子合规文化重塑的治理改革

西门子在其合规文化重塑和治理改革中采取了一系列深思熟虑的措施，以应对过去在合规方面所面临的挑战。根据公司的战略调整，西门子进行了内部治理结构的显著变革，旨在确保企业在日益严格的监管环境中保持高标准的合规性。首先，公司强调将合规文化嵌入业务运作中的必要性，不仅在文字上加强合规政策，还在日常决策过程中融入道德标准。通过上述举措，西门子不仅提升了员工的合规意识，还通过定期的培训和研讨会，使员工在工作中全面理解合规的重要性。其次，他们引入了透明的沟通渠道，鼓励员工报告潜在的违规行为，这一机制不仅保障了员工的信赖和支持，也增强了企业整体的公信力。西门子的这些努力，使其在国际市场上不仅仅是技术领导者，更是道德和合规的典范，为其他企业树立了榜样。再次，公司还投资了先进的合规技术解决方案，利用人工智能和大数据分析识别和规避潜在风险，从而为未来的合规管理打下了扎实的基础。通过多层面的策略，西门子确保自身在全球市场上更具竞争力和可信度。

此外，西门子通过建立详尽的合规培训计划，确保从一线员工到管理层都能掌握必要的合规知识和技能。这些培训不只是基础合规知识的传播，更是实用情境的模拟，通过真实的案例与互动练习强化员工的理解和应用能力，从而帮助员工在复杂多变的商业场景中做出合规决策。培训课程不仅涵盖法律法规，还深入探讨行业内的合规趋势与挑战，提升员工的风险识别能力。与此同时，公司还设立了监督和反馈机制，这些机制定期审视合规执行的有效性，并通过员工反馈不断优化合规流程，以便及时识别和纠正潜在的合规问题。这种双向沟通渠道促使合规意识不断提升，推动合规文化在整个组织中生根发芽，形成自上而下的合规文化良性循环。通过这种系统化的合规管理方式，西门子致力于成为行业中合规管理的标杆，并进一步巩固其在全球市场中的诚信与声誉。

这些举措不仅帮助西门子有效应对了可能的法律和财务风险，也提升了企业的整体形象和市场竞争力。通过强化合规文化，西门子树立了行业内的标杆，不仅显示出其在商业道德与社会责任方面的坚守和承诺，还有效地提升了员工的道德标准和专业水准。西门子通过一系列持续不断的培训和教育计划，加深了员工对合规要求的理解，使得合规文化渗透到公司运营的各个层面。这不仅增强了员工的归属感和认同感，也使得西门子在客户、合作伙伴和公众面前树立了诚信可信的企业形象。西门子不断优化其合规管理体系，并积极参与行业内的合规研讨会和交流活动，分享最佳实践和成功经验，为其他企业提供了宝贵的经验借鉴，推动了整个行业的合规进程。强大的合规文化也让西门子在面对国际市场的复杂法律环境时能游刃有余，大大增强了其竞争优势。

（三）文化与治理的协同效应

文化与治理是两个紧密交织的概念，它们共同塑造了国家或组织的核心价值观和行为方式。文化作为一种无形的力量，通过多种途径渗透到组织的每一个层面，影响着组织成员的价值观、信仰和行为。它不仅是几代人智慧结晶的积累，更是推动社会进步和创新的重要催化剂。良好的治理结构如同一架精密的机器，旨在确保文化的内涵得以传承，同时为创新创造广阔的空间。这种结构不仅要求领导层的明智决策，也需要基层员工的全面参与，共同创造出健康向上的整体氛围。

在实践中，文化和治理的互动往往会促成自我强化和持续改进，而这又反过来进一步强化，形成一种良性循环。在这样的循环中，治理结构的有效性为文化的持续发展提供了坚实的制度保障，而丰富多样、不断发展的文化又有助于创新和优化治理结构。在这个过程中，个体和集体的行为得到指引和塑造，形成了集体责任感和归属感，进而推动整个组织或国家实现长远发展目标。

在企业场景中，文化决定了员工在日常工作中的态度和行动方式，而良好的治理则确保这些文化价值观能够通过制度化的流程和政策得以贯彻。文化可以被视作企业的内在力量，它塑造了员工的信仰和行为模式，使他们面对日常挑战时，能够以公司的核心价值观为指导。这种内在力量不仅体现在工作方法上，更体现在员工之间的相互支持和信任上，形成了企业特有的人际关系网络。

良好的治理结构就像一座桥梁，将文化转化为可操作的策略和明确的指导方针。通过细致的政策和灵活的流程，治理确保员工的价值观在日常活动中得以体现，并为他们提供稳定的框架，使其能够专注于创新和高效的工作执行。这不仅增强了组织的凝聚力和统一性，还为公司在竞争激烈的市场中持续保持领先地位提供了坚实的基础。这种协同效应也有助于吸引和留住优秀的员工，他们会感受到企业既有的文化归属感，同时又通过稳健的治理机制获得成就感。这种双重效应极大地推动了企业的可持续发展。

文化与治理的互动也能在危急时刻发挥重要作用。具有良好文化基础的组织，在面临挑战时能更加灵活和有韧性，健全的治理体系则提供了应对危机的框架和支持。换句话说，文化提供了方向感和动力，而治理提供了路径和工具。两者协同作用，能够引导组织在复杂多变的环境中实现可持续发展。这种协同效应也在国家层面展现出其重要性，推动社会的进步与稳定。

1. 相互作用机制

文化与治理的相互作用机制是一个复杂且不断演变的过程，在这个过程中，文化作为一种无形的力量，深刻影响着治理的方方面面。文化提供了伦理道德的框架，为社会治理提供了价值导向，塑造了人们对权威、法律和秩序的认知。因此，一个国家或地区的文化特性在很大程度上决定了其治理模式的特征和有效性。例如，在一个强调集体主义文化的社会里，治理往往会倾向于通过一致性和团结来达成社会目标，而在个人主义文化更为盛行的地方，治理可能更重视个人权利和自由选择。

治理反过来也影响和塑造文化。通过政策的制定和执行，政府可以引导社会文化的发展。例如，通过教育政策，政府可以倡导和推广特定的文化价值观，如平等、包容和创新。从这个角度来说，治理不仅是文化的产物，而且是文化发展的驱动力。在全球化加速的背景下，文化与治理的互动愈发重要，理解这种互动机制可以帮助我们更好地应对复杂的社会问题，实现国家和社会的可持续发展。

（1）文化驱动治理创新

在当今快速变化的社会环境中，企业文化的重要性日益凸显，能够成为推动治理创新的强大动力。华为公司便是一个典范，其独特的轮值CEO制度有力印证了文化驱动治理创新的逻辑。这种管理模式不仅体现了公司文化的核心价值——协作、开放和创新，而且通过不断轮换领导层，确保了决策的多样性和灵活性，使得公司能够快速适应外部环境的变化。

华为的轮值CEO制度还促进了管理层的相互理解和知识共享，每位领导者都能带来新的视角和专长，进一步增强了公司的决策能力。这一制度也强化了领导层的责任意识——每位轮值CEO都必须在其任期内对公司的表现负责，激励他们更加积极地引领公司实现长期发展目标。

综上所述，文化驱动下的治理创新不仅能够激发公司的内在活力，还能够提升企业的适应能力和竞争力，实现持续的业务增长。华为轮值CEO制度的成功实践，为其他企业提供了宝贵的启示：以企业文化为引领，通过不断的治理创新，可以实现企业的可持续发展。

（2）治理强化文化落地

治理机制的强化，是确保企业文化真正融入员工行为和组织决策的关键步骤。以万科的透明机制建设为例，该公司致力于通过一系列具体的制度设计和执行程序，确保信息开放和沟通畅通。万科相信，透明不是单向的信息传递，而是双向的信息流动，以便公司各个层面能够实现高效的反馈和调整。通过制定透明的决策过程，万科确保所有员工，尤其是基层员工，能够在组织变革中感受到归属感和参与感。这种方式不仅提高了员工的信任度，还增强了公司的灵活性和适应性，使得变化更容易被理解、接受和执行。万科以身作则，管理层通过定期的公开会议和报告，分享公司的运营情况和战略方向，使所有成员都能看到整体目标及各自角色在其中的定位。这种全方位的透明机制建设，帮助万科在迅速变化的市场环境中保持高效运作，并促进文化建设持续深入推进。

2. 冲突解决策略

在家族企业的治理转型过程中，冲突解决策略是至关重要的一环。家族企业常常面临代与代之间的分歧、家族成员与职业经理人之间的矛盾，以及内部员工对变革的抵触等诸多挑战。因此，制定一套有效的冲突解决策略，不仅能够帮助企业顺利度过转型期，还能够为企业的长远发展奠定基础。首先，沟通机制的建立至关重要。通过定期召开家族会议或企业内的沟通论坛，可以让彼此之间的信息更加透明，减少因信息不对称导致的误解和矛盾。其次，冲突调解委员会也是必不可少的，它由家族成员、公正的外部顾问以及企业管理人员共同组成，负责处理棘手的冲突案件，以便在最短的时间内达成各方都能接受的解决方案。同时要充分发挥企业内外的专业顾问的作用，他们可以提供独立的、建设性的意见，帮助各方理性对待冲突。再次，培训和教育也不容忽视，通过专业的培训，帮助企业成员增强解决冲突的能力，提高在冲突中快速做出正确判断的能力。最后，家族企业应当探索和引入新的治理结构，如设立明确的管理职能和权责分配，以减少不必要的权力争夺和角色重叠，从根本上减少因治理结构不清导致的冲突。通过全面、系统的冲突解决策略，家族企业能够在治理转型中实现平稳过渡，并提升整体竞争力。

三、风险评估与应对

在进行风险评估与应对时，必须认识到每个项目或计划都有其特定的风险，这些风险可能来自内部或外部因素。有效的风险管理策略不仅需要识别潜在的威胁，还需全面分析这些风险对项目的可能影响。有效的风险评估包括对风险的分类和重要性排序，通常采用定性和定量相结合的方法。

风险识别是关键步骤，它涉及识别哪些因素可能对项目成功构成威胁。这些因素可能包括技术故障、市场波动、法律法规的变化，甚至是自然灾害等。接下来，评估这些风险的可能性和潜在影响也是至关重要的，这通常涉及计算风险发生的概率及其可能导致的后果。

在完成风险识别和评估之后，制定应对策略是不可或缺的一环。这些策略可以是多个层面的，包括风险规避、风险减轻、风险转移以及风险接受等。风险规避指的是通过改变计划或过程来消除风险，风险减轻则是采取措施降低风险发生的概率或影响，风险转移通常涉及使用保险或合同来分担可能的损失。最终，如果风险无法避免，接受风险时需要做好万全的应急计划。

这样全面的风险评估与应对机制，不仅仅是为了化解危机，更是为了确保项目在面临各种不确定性时，仍能高效、稳健地推进。任何组织或个人若想要实现可持续发展，就必须高度重视风险评估与管理，并且将这一过程视为战略设定与运营管理不可或缺的一部分。通过优化应对策略和建立内部与外部的协调机制，可以提高组织的韧性，确保更加安全、稳定的未来发展。

（一）风险评估流程

风险评估是一个系统化的过程，旨在识别、分析和评估可能对某一组织、项目或个人目标产生不利影响的潜在风险。风险评估通常从确定风险的范围和背景开始，以便清楚地了解需要评估的风险类别和相关参与者。这涉及收集与组织运营、外部环境、法律法规以及竞争状况等相关的信息。

接下来是风险识别阶段，这个过程要求深入分析所有可能的风险源和事件。借助头脑风暴、历史数据分析或问卷调查等方法，可以全面获取潜在风险的列表及其发生的可能性。随后是风险分析阶段，通过定性或定量分析，评估各类风险事件的严重程度及其发生的概率。此环节可能需要使用计算机建模、趋势分析和专家研判等方法来更准确地量化风险。

在评估和分析风险之后，接下来需要进行风险排序，以确定其优先级。组织会根据局势的变化、风险影响的深远程度以及现有的控制措施，对风险进行排序，找到最需要关注和处理的风险。在此基础上，制定相应的风险应对计划和策略，以减轻负面影响并增强对风险的抵御能力。通过定期监测和审查，风险评估流程能够确保突发状况下，必要的行动和响应计划迅速、有效地实施，最大限度地保护组织和个人的利益。

1. 识别技术

风险评估的识别技术在现代商业环境中发挥着关键作用。这类技术不仅能帮助企业识别潜在的风险因素，还能预测可能的结果，从而在激烈的市场竞争中保持竞争优势。风险评估识别技术包括数据分析、机器学习、人工智能以及统计模型。这些技术工具能够从大量数据中提取信息，识别出潜在的威胁和漏洞，为企业决策提供强有力的支持。

例如，数据分析技术通过对企业内外部数据的深入解析，揭示出隐藏的模式和趋势，这些模式和趋势为决策者提供了对未来可能风险的洞察。机器学习和人工智能技术则通过自动化和智能化的手段，在不断变化的环境中自我更新，以提供更准确的风险预测。这类技术不仅仅局限于识别金融风险，在供应链管理、网络安全、法律合规等多个领域都可以发挥巨大的作用。

风险评估技术的进步，使得企业能够进行更为细致和个性化的风险管理。通过这些先进的技术手段，企业可以更快速地响应市场变化，调整业务策略，全方位地保障利益，从而建立更加稳定和可持续发展的业务结构。未来，随着技术的进一步发展，风险评估的识别技术将更加智能化和精准化，为企业提供更具前瞻性的风险解决方案。

（1）头脑风暴与流程分析法

头脑风暴是一种激发创造力的有力工具，鼓励团队成员自由地分享想法，从而在短时间内产生大量创意。这种方法最适合在早期阶段使用，尤其是在试图解决某个特定问题或寻找新机会时。头脑风暴的核心在于开放的交流环境，参与者可以不受限制地贡献自己的想法，而不会受到批评或评判。这不仅培养了创新思维，还提升了团队凝聚力。

相较之下，流程分析法更为系统化和结构化。它注重对现有流程的审视和剖析，以识别潜在的效率提升点或改进机会。通过仔细研究流程中的每个步骤，能够发现瓶颈、冗余或者可以优化的部分。这种方法适用于需要精细化管理或提升流程质量的项目，有助于提高整体运营效率。

综合来看，头脑风暴和流程分析法各有独特的优势，并在不同阶段发挥关键作用。在创新初始阶段，头脑风暴可以激发各种可能的解决方案；在解决方案的实施阶段，流程分析法确保其实际执行具备最佳的效率和效果。因此，灵活运用这两种方法，可以更全面地推动项目的发展，实现更高水平的成果。

（2）外部数据利用

外部数据的利用在当今商业环境中尤为重要，特别是在分析行业报告和监管预警方面。行业报告通常包含行业趋势、市场动态、竞争格局等信息，能够为企业提供关键的市场洞察和决策支持。这些报告的数据来源广泛，包括市场调研、学术研究和专家分析，能够帮助企业提前识别市场机遇和风险，从而调整其战略规划和运营举措。监管预警提供了有关政策变化和合规风险的实时信息。在政策法规日益复杂和多变的背景下，及时了解监管预警，可以帮助企业规避潜在的合规风险，确保运营的合法性和合规性。

为更有效地利用这些外部数据，企业需要具备强大的数据分析能力，培养相关人才，确保能够及时、准确地解读和应用这些数据。整合行业报告和监管预警时，还需与企业内部数据相结合，形成全面的市场和环境分析，提升企业竞争力和市场应变能力。利用数据工具和技术，如大数据分析平台和人工智能算法，可以进一步提升数据分析的效率和精准度，使企业在激烈的市场竞争中占得先机。

2. 分析工具

风险评估的分析工具在现代商业和管理领域中扮演着至关重要的角色。它们不仅帮助组织识别和分析潜在的风险因素，还为应对这些风险提供了科学的依据。常见的工具包括SWOT分析、PEST分析和情景规划法等。

SWOT分析法，着重评估组织的内部优势（Strengths）和劣势（Weaknesses），以及外部机会（Opportunities）和威胁（Threats），为企业提供一个综合性的风险视图。PEST分析法则从政治（Politics）、经济（Economics）、社会（Social）、技术（Technology）四个维度考察外部环境中可能影响企业的因素。

此外，情景规划法作为一种前瞻性很强的工具，通过构建不同的发展情境，帮助组织思考在各种可能的未来情境下的应对策略。这种方法不仅有助于提高企业的灵活性和应变能力，亦能促进决策者在不确定性环境下做出更佳决策。

总的来说，这些工具不仅使企业能够更好地制定战略，还能使企业更早发现潜在的危机，提前采取防范措施，从而最大限度地降低风险及其可能带来的负面影响。借助这些分析工具，组织能更好地把握未来的发展方向，增强自身竞争优势，实现可持续发展。

（1）概率—影响矩阵与风险热力图

概率—影响矩阵与风险热力图是风险管理中常用的工具，它们通过可视化的方法帮助决策者识别和评估组织面临的潜在风险。其中，概率—影响矩阵是一种二维图表，纵轴表示风险事件发生的概率，横轴则代表该事件对组织目标的潜在影响。通过这种矩阵，决策者可以更直观地评估哪些风险事件需要优先管理，以减少其可能带来的消极影响。

进一步地，风险热力图在概率—影响矩阵的基础上，以不同的颜色或阴影表示风险的严重程度。通常情况下，低风险区域以绿色显示，表示这些风险对组织的威胁较小，可予以接受或不必优先关注；高风险区域则以红色或橙色呈现，提醒管理者这些区域需要立即采取措施进行控制和减轻影响。这种高度可视化的工具提升了管理者对不同风险优先级的理解，并帮助他们分配资源以优化风险应对策略。

概率—影响矩阵与风险热力图不仅适用于风险的识别和评估，还能用于制订监控计划，以持续跟踪风险的变化和发展。通过定期更新这些工具，组织能够及时调整其风险管理计划，确保应对措施与实际风险环境的变化相适应。这种动态管理方法能够提升组织整体的风险抗压能力，长期来看，还能为组织带来战略优势。合理利用这些工具，可以帮助组织更有效地应对复杂多变的风险环境。

（2）蒙特卡罗模拟与敏感性分析

蒙特卡罗模拟是一种通过随机抽样和统计分析，评估不确定性和预测结果的方法。在金融投资、风险评估和科学研究等领域，这种方法被广泛应用。具体来说，它通过大量的模拟运行生成可能的结果分布，从而帮助决策者更好地理解不同变量对结果的潜在影响。通过这一方法，人们可以更好地识别和量化风险，并据此制定更为明智的策略。在经济和金融领域，运用蒙特卡罗模拟可以对股票市场价格变动、投资组合回报率、项目财务表现进行前瞻性的分析。

与此同时，敏感性分析作为一种辅助手段，能够识别哪些输入变量对输出结果的影响最大。在进行这种分析时，人们通常会逐步改变一个或多个输入参数，并观察其变化对结果的影响程度。通过这种手段，决策者可以更好地识别关键的影响因素，并将精力和资源集中在这些因子上进行深入分析和优化。

蒙特卡罗模拟与敏感性分析结合，可以在复杂系统的评估与优化中发挥重要作用，不仅可以量化风险和不确定性，还能明确影响结果的主要因素，从而为战略制定提供强有力的支持。这一过程不仅提高了分析的全面性和深度，也使得研究者能够对环境变化及其影响进行更具依据的预测和规划。

3. 评价与优先级排序

评价与优先级排序是决策过程中至关重要的一环，它涉及对任务和项目的重要性、影响力，以及潜在风险和关联性的全方位分析。首先，风险容忍度是评价中的关键，它决定了组织或个人在项目选择中的风险承受上限。高风险容忍度意味着可以将高风险、高收益的项目置于优先之位，而低风险容忍度则倾向于选择风险较低、更为稳妥的项目。其次，评价过程需要仔细分析项目与组织整体目标的契合度。项目的优先级不仅取决于其独立价值，还要看它与现有资源的协调性，以及对其他项目和组织任务的影响与辅助作用。通过优化资源配置，将有限的资源集中于最具价值的项目或任务，可以在波动和变化的环境中实现产出最大化。理性地对比排序，有助于在完成短期目标的基础上，有效推进长期战略的实施，将决策的效益和效率提升到新的层级。最后，科学的评价与排序将帮助组织在复杂和多变的环境中从容应对未来的挑战，确保可持续的成功与发展。

（二）风险应对策略

风险管理是企业在面对各种不确定性和潜在威胁时不可或缺的组成部分，风险应对策略则是这个过程中的核心环节。风险应对策略不仅要求企业对潜在风险因素进行识别和评估，还需制定出一系列措施，以有效地降低风险发生的可能性和影响。首先，企业必须建立全面的风险评估体系，通过有效的监测和预警机制，及时识别和分析各种内外部风险因素，如行业竞争、市场需求变化、监管政策变动以及自然灾害等。其次，企业应根据风险的性质和影响，选择适当的应对措施，这些措施可以分为风险规避、风险减轻、风险转移以及风险接受四类。其中，风险规避涉及避免从事可能带来风险的活动；风险减轻则意味着通过控制措施降低风险发生的可能性和影响；风险转移则是通过保险或者合同将风险转移到其他实体；风险接受则是在某些情况下，企业可以选择接受风险。灵活、高效的风险应对策略是企业持续发展的重要保障，能够提升其在不确定环境中的应变能力与竞争力。

1. 四大策略选择

在面对潜在的风险时，企业和个人通常会考虑四大应对策略，即规避、降低、分担和接受。以下是对这些策略的进一步阐述和深度挖掘。

首先，规避策略建议我们完全避免风险，这意味着不参与任何可能导致损害的活动。这种策略虽然可以完全消除风险，但也可能错过潜在的机遇。因此，它的合理应用需要权衡利弊，并考虑到风险回避对业务或决策可能造成的限制。

其次，降低策略通过降低风险发生的可能性或减轻其严重性来管理风险，可能涉及采取预防措施、提高安全标准或采用新技术。降低风险的关键在于识别风险因素并制订实施计划来削弱它们的影响。

再次，分担策略涉及将风险转移给其他方，通常通过保险、合同条款或合作伙伴关系实现。例如，公司可能会购买保险来转移财务损失的风险，或者通过多元化合作来分散市场风险。

最后，接受策略是最为主动的策略之一，它涉及认识到某些风险不可避免，并决定承担这些风险。这并不意味着被动地接受风险，而是通过评估潜在后果、准备应对措施来积极管理这些风险。

在实际操作中，这些策略常常不是孤立存在的，而是相互结合，以适应复杂多变的环境和情况。选择何种策略取决于风险的性质、企业的承受能力以及战略目标。通过精准的风险评估和有效的策略实施，可以最大程度地保障组织和个人的利益与安全。

2. 案例：制造业供应链单一供应商风险应对

在现代制造业中，供应链的复杂性和全球化趋势日益增强，企业面临着来自单一供应商的潜在风险。例如，自然灾害、政治不稳定或供应商自身的问题都可能导致供应链中断，从而引发产品延误或成本增加。因此，企业有必要采取有效的策略来应对这些风险。首先，企业应当进行全面的风险评估，以识别和分析其供应链中可能存在的对单一供应商的依赖性。这可以通过评估供应商的财务健康状况、市场地位及其历史绩效等方面来实现。其次，企业可以考虑在其供应链中引入多样化的供应商，形成多层次的供应网络，以降低因单一供应商可能出现问题而导致的冲击。

另外，企业应积极与现有供应商保持开放、透明的沟通渠道，建立强有力的伙伴关系，以便及时获取有关潜在风险的信息，合力制定应对策略。企业还可以通过技术和创新投入，提高自身应对突发事件的应变能力，更好地维护供应链的稳定性与持久性。通过制定灵活的供应链策略，企业不仅能够提高自身的竞争优势，还能更好地满足市场需求，确保长期可持续发展。

3. 与内控措施的联动

风险应对与内控措施的联动是企业管理中至关重要的一环。在风险管理中，风险准备金预算与供应商备份制度是两项核心措施，它们的有效联动能够显著增强企业的抗风险能力。

风险准备金预算是企业为应对潜在风险而预留的资金。这笔资金不仅能在突发事件中发挥“救急”作用，还能帮助企业在面临市场波动、自然灾害或其他不可预测因素时，拥有更大的财务灵活性。通过详细分析企业的历史数据与未来趋势，科学合理地设定风险准备金，能够有效降低经营风险，确保企业于危机中依然能够稳步前行。

供应商备份制度是供应链管理中的重要策略。当供应链中的某一环节出现问题时，拥有可靠的备用供应商能够确保生产和运营不受影响。通过评估和筛选若干合格的供应商作为备选，企业能更从容地应对供应中断、质量问题或价格波动带来的冲击。这不仅保障了企业的连续生产和市场交付能力，也提升了供应链的整体弹性与稳定性。

风险准备金预算与供应商备份制度紧密结合，构建了一道坚实的风险防火墙。企业在制定战略时，应将两者有机结合，持续评估和优化，才能在风云变幻的商业环境中立于不败之地。

（三）关键风险指标体系

关键风险指标（KRI）体系的重要性在于它能够帮助组织在风险出现前对其进行识别和控制。这一体系通过监测各种可能的风险因素，使得管理者可以迅速采取行动，避免潜在的问题演变成重大危机。通常，KRI体系应与公司的风险管理战略紧密结合，确保所设定的指标准确反映出组织运营中最具挑战性的风险领域。高效的KRI体系不仅需要依托历史数据和趋势分析，还应具备前瞻性，捕捉尚未形成明显模式的新兴风险。此外，KRI体系需定期评审和更新，以便反映内外部环境的变化和最新的风险动态。在这个过程中，组织内部的各层次人员都应参与其中，确保指标的选择和监测具有广泛的代表性和准确性。通过这一体系，企业能够更有效地优化资源分配，提高整体的风险管理能力，最终增强组织的长期稳定性和竞争力。

1. 指标设计原则

关键风险指标（KRI）在现代企业风险管理体系中扮演着举足轻重的角色。设计高效的KRI需要严格遵循三大原则，即相关性、可测性和预警性。首先，相关性意味着指标必须与企业面临的具体风险直接关联，这需要深刻理解企业的运营环境和业务流程，以此为基础，在海量信息中甄选出最具风险指示意义的数据。具体而言，企业必须在广泛且复杂的数据集里，精确识别那些能够真实反映潜在风险的关键变量，从而帮助管理层做出明智的决策。在构建KRI的过程中，团队必须与各业务部门密切合作，以确保每一个数据点都与企业战略和风险偏好一致。

其次，可测性强调指标的数据来源必须可靠且具备数据量化的条件，从而便于跟踪分析和预测趋势。数据测量的可行性直接影响KRI的有效性和风险洞察能力。因此，企业应该投资于高效的数据管理和分析工具，确保数据的准确性和及时性。完善的数据基础设施不仅能增强KRI的可用性，还能通过提升数据的透明度和一致性，进一步支持企业的战略规划和风险管理实践。

再次，预警性则是确保KRI在风险造成严重后果之前发出警报，以此帮助企业在风险态势升温之际及时调整策略、实施应对措施。通过设置合适的阈值和触发条件，管理者可以在风险潜在激增时获得提醒，采取行动来降低风险影响，从而保护企业免受不利事件的冲击。这些原则的完美结合，使KRI不仅是风险管理的技术手段，更是一种战略性工具，为企业在复杂多变的市场环境中构建稳健的防护网。通过将KRI纳入企业的日常运营和战略制定过程中，企业不仅能实现在动态市场中的稳定增长，还能在不确定性中保持竞争优势。

2. 典型指标示例

流动性风险、客户风险和合规风险是企业在运营过程中需要密切关注的重要风险领域。这三个方面构成了企业稳健运营和可持续发展的基石。在这些领域，关键指标的选择和监测至关重要，它们能够帮助企业在风险发生前做好预防，确保其在竞争激烈的市场中稳步前行。只有全方位关注和管理流动性、客户风险和合规风险，企业才能真正实现可持续发展。

流动性风险聚焦于企业是否有能力在需要的时候将其资产迅速且低成本地变现，以满足短期负债的偿还或运营所需的流动资金需求。这一风险的核心在于企业在市场环境发生变化时应对能力的强弱，而这种能力通常通过几个重要的财务指标衡量和评估。这些关键指标包括但不限于现金流量比率、流动比率以及速动比率，它们通过不同的角度和方式衡量企业的短期偿付能力和流动资产的比例。例如，现金流量比率分析的是企业通过经营活动产生现金的能力与短期债务的关系；流动比率则考察总流动资产与流动负债之间的比值，以判断企业偿还短期债务的能力；速动比率则进一步严格地评估企业剔除存货后的流动资产与流动负债的比值，反映企业在极端情况下迅速变现的能力。通过对这些指标的综合分析，企业可以更清晰地了解自身在市场变化下的应变能力和风险承受水平，进而采取相应措施提高流动性，增强财务稳健性。

客户风险主要指企业因客户行为而面临的风险，包括信用风险、违约风险等。信用风险是指客户可能无法按时履行付款义务，从而导致企业财务状况受到不利影响。违约风险则指客户完全未能履约的可能性，这种情况下可能造成严重的财务损失。相应的关键指标可能包括客户信用评分、账龄分析和客户集中度。客户信用评分提供了一个数字化的评估标准，帮助企业快速判断客户的信用水平。而账龄分析能够揭示企业应收账款的时间结构，分析回款周期的长短及客户拖欠款的风险。客户集中度则考察企业对某几个客户的依赖程度，一旦这些客户出现问题，企业可能遭受重大打击。通过对这些指标的综合分析，企业可以系统性地评估客户的支付能力和稳定性，进而在营销策略及财务计划中合理规避风险，确保长期稳健发展。企业必须不断更新和优化其风险管理策略，以适应快速变化的市场环境和多变的客户行为。

合规风险是指企业因违反法律法规或不遵守政策而面临的法律后果和财务损失。合规风险的关键指标涵盖合规检查结果、合规培训参与率以及内部审计发现等。这些指标不仅是企业合规管理的重要工具，也是衡量企业合规文化是否生根发芽的关键因素。通过定期审查和分析这些指标，企业能够及早识别潜在的合规问题和趋势，进而采取必要的纠正措施。有效的合规管理不仅可以降低法律责任、声誉损失的风险，还能提升市场信用和竞争优势。企业应定期进行合规培训，提高员工的合规意识和法律素养，使合规理念深入人心，从而形成自上而下的合规文化氛围。合规不仅是企业守法的体现，也是其维持良性发展的基石。因此，企业在不断变化的法律环境中应不断优化合规策略，确保其运营始终符合相关法律和行业标准。

综合而言，通过对这些关键指标的系统化监测，企业可以在不确定性中提前识别并有效管理各种风险，将风险对业务的影响控制在最低水平。这种监测不仅涉及财务数据，如现金流、营收增长率和成本结构，还涵盖外部因素，如市场动态、竞争对手动向及宏观经济趋势。结合定量分析与定性评估，企业能够不断调整战略以应对变化的环境。企业还可以运用大数据分析和人工智能技术提升预测能力，从而更快速地识别潜在风险，采取有效的应对措施。定期的风险评估和敏感性分析也是重要的补充手段，确保企业在任何时候都处于最佳准备状态。这一系统化的风险管理流程不仅能够保护企业的资产和利润，还能提高企业在市场中的竞争力和灵活性，使其在复杂多变的商业环境中立于不败之地。

3. 数字化监控系统

关键风险指标的数字化监控系统，尤其是集成于GRC平台的实时预警功能，正在以颠覆性的方式重塑企业的风险管理策略。这一系统的核心在于其能够利用先进的技术手段，自动化地获取并分析多源内外部数据，包括但不限于财务报表、动态市场趋势、法律法规调整以及供应链波动等。依托丰富且多样化的数据来源，系统以非凡的效率识别异常情况和潜在的风险信号，助力管理层能够在最短的时间做出决策。

在数据处理过程中，人工智能和机器学习算法的加入，无疑极大地提升了系统的精准度和效率。这使得系统不仅能够对细微的风险指标变化做出准确预测和预警，还能不断学习和改进，提高整体风险识别的敏感度和检出率。实时预警功能赋予管理层快速行动的可能，将潜在损失有效遏制。与此同时，系统提供的详尽分析和报告功能，不仅帮助企业决策者更好地理解和掌控公司面临的复杂风险环境，还为预测未来的风险趋势和变化提供了数据支持。此外，对现有风控措施实际有效的动态评估，也能确保企业可以随时调整和优化其风险应对策略。

综合来看，这种数字化监控系统不仅提升了企业在风险管理中的灵活性和应变能力，而且为企业的长期战略规划奠定了稳固的基础。系统凭借先进的数据分析和预测模型，可以帮助企业更精准地识别潜在风险，及时调整策略规避危机，不仅大幅降低意外损失，还通过不断优化资源配置，提升了运营效率。数字化监控系统支持企业实时监控市场趋势和洞察顾客需求，快速响应变化，抓住新的市场机遇。这种动态的风险管理能力，不仅有助于优化企业内部的风险控制流程，而且为企业在全球市场中的竞争提供了有力的支持。显而易见，这种全面而深入的风险管理架构不仅提升了企业的竞争力，而且助力企业在全球化背景下实现更为可持续和稳定的发展目标，是现代企业不可或缺的战略工具。

四、控制活动设计

在一个组织中，控制活动设计是确保业务运转顺畅和目标得以实现的关键环节。控制活动不仅关乎制定具体措施和政策来减轻风险，还包括确保这些措施能够有效实施，维护组织的运营效果。首先，控制活动应与组织的整体战略目标密切相关，这就要求设计活动时充分理解组织的使命、愿景和目标。其次，控制活动设计需要考虑各部门的具体情况和不同的风险偏好，确保其具有灵活性和适应性，以便能够适应组织内部变化和外部环境的动态调整。与此同时，为了确保控制措施的有效性，组织应建立健全的评估和反馈机制，以便发现问题时进行调整和改进。再次，技术和工具的运用是现代控制活动设计的一个重要方面。自动化工具和数据分析技术可以用来提高效率和精确度，减少人为失误。这意味着组织需要在不断变化的信息技术环境中寻找最佳实践，确保控制活动既能降低运营风险，又能支持组织的发展战略。最终，通过合理的控制活动设计，组织可以实现风险和收益的平衡，在竞争日益激烈的市场中保持优势。

（一）授权控制体系

授权控制体系是信息系统安全管理中至关重要的一环，基于用户身份、角色或其他属性，决定他们能否访问系统中的特定资源或执行某些操作。高效的授权控制体系不仅能够有效保护敏感数据免遭未经授权的访问，还能够提高系统的管理效率和资源利用率。

在现代信息系统中，授权控制体系往往与认证机制紧密结合——先验证用户身份，再根据预设的政策分配权限。常见的授权模型包括自主访问控制（DAC）、强制访问控制（MAC）和基于角色的访问控制（RBAC）。每种模型都有其独特的应用场景和优势。例如，RBAC在大型企业中应用广泛，因为它能够简化权限管理，不需要针对每个用户单独设定权限，仅需根据角色定义权限即可。

随着云计算和移动设备的普及，动态、细粒度的授权控制愈发关键。为了更好地应对复杂多变的环境，许多系统引入了基于属性的访问控制（ABAC），它允许管理员根据更丰富的用户属性、环境属性以及资源属性进行授权决策，提供了更大的灵活性和安全性。

构建有效的授权控制体系，需要考虑系统的具体需求和特性，匹配适当的策略，进行合理的设计和配置。定期审计和更新授权策略也是系统安全的重要保障。通过建立完善的授权控制体系，企业能够更好地保护其信息资产，提供安全可靠的服务。

1. 权限矩阵构建

在构建权限矩阵的过程中，需要首先识别组织中所有涉及的角色和权限。权限矩阵是一个结构化的工具，通过明确谁在什么情况下可以访问什么资源，有效地帮助管理人员和信息技术团队实施访问控制。每个组织通常有多个角色，例如管理员、编辑者、查看者等，而每个角色都需要特定的访问权限来履行其职责。在初步构建权限矩阵时，需详尽地罗列出组织架构内的所有职能及其责任。这不仅包括管理者和工作人员，还可能涉及服务供应商、合作伙伴等外部实体，他们也需要不同层级的系统访问权限。

接下来，需要清楚地定义每个角色的权限，如只读、编辑、管理等，确保每项权限都与相关的职位及其职责紧密相关，避免过度授权。这些角色和权限信息需以矩阵的形式详细地记录下来，以便更直观且高效地进行后续的权限审查和动态调整。通过定期审查和更新权限矩阵，可以及时响应组织结构或政策的变化，从而最大程度地降低信息泄露或未经授权访问的风险。如此一来，权限矩阵不仅是安全管理的关键工具，更是提升整体信息系统安全性的有效措施。同时，组织也可以在团队培训中使用这个矩阵，使得所有成员都能清楚地理解自身的权限和边界，避免权限被滥用。

（1）岗位职级与业务权限对应表

在企业管理中，岗位职级与业务权限之间的对应关系至关重要，这不仅影响员工的日常工作效率，也直接关系到整个组织的运行效率和安全性。一个合理巧妙的职级与权限对应体系，能够确保每位员工在恰当的职能范围内履行其工作职责，最大限度地发挥其专业才能和职能优势。具体来说，明确的权限划分能够有效地防范越权行为，尤其是对那些涉及敏感信息或影响重大决策的岗位而言，这一点尤为关键。合理分配的权限还能够激发员工的主动性和创造力，使他们在自己的职责范围内做出独立且有效的决策。然而，权限的授予不仅要匹配员工的职级和能力，还需结合企业的发展目标进行定期审核和更新，确保其与组织的战略目标以及不同发展阶段相契合。通过这样的管理策略，企业不仅可以保障日常运营的稳定性，还可以为未来的发展打下坚实的基础。因此，在制定和维护岗位职级与业务权限对应表时，需要全面考虑企业当前需求与未来发展规划，实现短期效益与长远目标的有效平衡和协调，使企业始终具备竞争优势，不断取得新的成就。

（2）动态调整机制

在互联网迅猛发展的时代，企业不仅面临着快速变化的市场环境，还必须应对激烈的竞争态势。在这样的背景下，保持持续的竞争力显得尤为重要，而这需要企业具备高度的灵活应变能力，高效的动态调整机制成为企业应对新业务线权限配置需求的重要工具。在推进新业务线的过程中，企业常常面临复杂的权限管理挑战。每新增一条业务线，都涉及不同部门、不同职能角色以及多层级的敏感信息访问权限。能否快速有效地解决这些问题，直接关乎业务能否顺利推进。

合理的动态调整机制不仅能够通过实时分析业务需求和风险状况进行权限调整，还能通过智能化权限管理系统提供技术支撑。这类系统基于实时获取的业务数据和各类情境信息，自动化地完成权限分配和调整，确保企业在维持灵活性的同时保障信息安全。要维持这样的动态调整机制的有效性，定期审计和更新权限配置必不可少。这一流程可以有效防止潜在的权限滥用和信息泄露风险，既能提高企业的运营效率，又能为企业长远发展提供坚实的安全保障。凭借完善的权限管理策略，企业不仅能够更好地适应市场变化，还能在信息安全的前提下实现稳健成长。

2. 技术支撑

在现代企业管理中，ERP系统的权限字段设置至关重要。合理的权限设置不仅能够保证信息的安全性，还能提高企业内部的协同效率和决策准确性。ERP系统通常集成了几乎所有的业务模块，从财务、人力资源到供应链、客户关系管理。因此，每个模块的敏感数据都需要根据用户的角色和职责进行精细化的权限控制。权限字段设置的首要目的是保证数据的保密性，防止数据泄露给未经授权的人员。它还能确保员工在职责范围内访问所需的信息，从而促进快速而有依据的决策。这种权限制衡也能有效地避免“信息过载”，即给予员工过多无关紧要的信息，导致工作效率下降和注意力分散。

为了实现最佳的权限控制，ERP系统管理员需要深入了解每个部门的业务流程，规划权限设置策略，使之既符合公司政策，又与现有的法律法规保持一致。通过定期审核和更新权限字段，企业能够适应业务的动态变化，同时始终保持数据的完整性和安全性。权限字段设置不仅是技术层面的问题，更是企业管理策略的一个重要组成部分。

3. 案例：制造企业设备维修费用分级审批

在制造企业中，设备维修是一个至关重要的环节，因为企业的生产效率和产品质量直接依赖于设备的正常运行。维修费用的合理审批在这个过程中尤为重要，因为它不仅影响着企业的直接经济支出，还对整个企业的成本控制和运营效率有着深远的影响。为了确保资源的有效利用和预算的合理分配，许多企业实施维修费用的分级审批制度。这一制度通常会根据费用的大小、维修工程的复杂程度以及潜在的运营影响，划分为不同的审批层级。这样可以确保每一笔支出都经过严谨的审查和必要的审核，以符合公司的财务规范和运营策略。通过分级审批，企业还能够更好地管理现金流和资源分配，更及时地发现和处理潜在的问题。这在提高设备维护管理透明度的同时，也增强了风险控制能力，助力企业实现可持续发展。

在这种分级体系中，小额维修费用可能仅需生产现场主管的审批，而中等规模的维修费用则可能需要部门经理甚至更高层的审批。至于大额的维修支出，尤其是涉及关键设备的更新和大修，可能需要经过财务总监或其他高层管理人员的批准。这种精细化的分级审批流程不仅能有效防止资金滥用，还能确保每一笔资金投入都有明确的计划和必要性，保障了企业运营的持续性和稳定性。

进一步说，分级审批制度在实践中，既提高了审批和决策的效率，也通过层层把关的方式强化了资金使用的透明度和责任追踪。当生产现场主管快速批准小额的维修费用时，现场响应速度得以提高，确保生产活动的连续性和无缝衔接。而当涉及更大规模的维修时，部门经理的介入则增加了一个审视和优化资源配置的维度，确保资源使用的合理性。而对于巨额投入，尤其是涉及企业长远发展和技术升级的关键决策，高层管理人员的参与不仅带来了更多的战略视角，还通过与财务部门的协作，保障了资金分配的最佳效益，最终为企业的稳步增长奠定了坚实的基础。

此外，分级审批制度能够显著增强企业管理的灵活性和透明度，通过合理的分权管理机制，提高决策速度，减少不必要的审批延误。这种制度不仅简化了流程，还有效地助力各级管理人员高效协作，使企业在处理复杂事务时能够更加高效灵敏。这一制度还为管理层提供了宝贵的决策数据支持，使得管理者能够全面地理解维修支出的趋势，识别潜在的风险。这种洞察能力可以帮助企业在必要时进行战略调整，从而促使公司在竞争激烈的市场环境中实现长期可持续发展。不仅如此，这一管理实践还增强了员工的责任意识，激励各级人员更加审慎、主动地处理设备维护与管理问题。这种自上而下的改变形成了良性循环，不仅确保设备的最佳运行状态，也有效提升了全体员工的整体工作效率，使企业在每一个细节上都能发挥出卓越的竞争优势。

（二）审批控制流程

审批控制流程是企业、机构及各类组织管理体系中不可或缺的一个环节。它涉及对各类事务、文件的审核、批准、反馈等步骤，确保所有程序合规、透明且具备有效性。这一流程的设计通常遵循严格的政策和标准，以保障信息的完整性和一致性。

审批控制流程的起点是提交申请。申请人需要将具体事务或提案以书面或电子形式提交给指定的审批部门或人员。这一阶段的关键在于信息的准确性和完整性，因为任何遗漏或错误都可能会导致整个过程的延迟或偏差。接下来，申请进入审核阶段，由专门的审批团队或个人进行评估。这一过程通常需要考虑到组织的政策、财务状况、市场环境等多种因素，以确保决策的全面性和合理性。审核者的专业能力和责任心至关重要，他们的判断直接影响后续批准与否。在审核完成并确定合格后，申请即被推进到批准阶段。此时，最高管理层或指定的授权人员将对审核意见进行确认，并做出最终决策。这一决策流程必须做到公正透明，避免任何形式的偏颇或舞弊。最后，审批控制流程还包括反馈和记录阶段。批准或拒绝的决定要及时反馈给申请人，相关的文件与评估记录也要妥善保存，以备将来审查和参考之用。这一步骤不仅确保了流程的完整性，也为组织积累了宝贵的管理经验。

整体而言，严谨、高效的审批控制流程不仅能提高组织的运作质量，还能为其持续发展提供强有力的支持。有规则、有执行、有监督，才能保证组织的各项活动在有序、高效中推进，最终实现战略目标。

1. 多层级审核设计

多层级审核设计是一种在管理和决策过程中常用的方法，通过设立多个审核层级，使得决策过程更为严谨和可靠。这个设计的目的是在某个项目或任务的执行过程中设立多道防线，确保不同阶段均能开展细致的检查和评估。这种方法的优点在于能够提供额外的保障，因为每一层级的审核都会带来新的视角和不同的专业见解，从而进一步完善和优化最终的决策结果。

在实际应用中，多层级审核通常由初步审核、中级审核和最终审核三部分组成。初步审核主要负责基本的事实核查和问题识别，在这一阶段，审核员需要对所有拟议的计划和数据进行初步分析。同时，中级审核通常由具有专业知识的人员进行，他们进一步深入细节，评估可能存在的风险和不足之处。最后，最终审核作为一个全面总结和确认的过程，它不仅要对前两级审核的结果进行终审，还需要考虑实际执行效果和后续影响。

通过这种逐层深入的审核机制，组织和企业可以有效减少决策失误，提升整体的运营效率。多层级审核设计确保了信息的准确传递和执行过程中的透明性，使得各部门之间的沟通更加流畅，最终形成良性循环，为企业创造更高的价值。

（1）财务审批

财务审批，尤其是在费用报销管理方面，是企业财务管理中不可或缺的重要环节。在这一管理过程中，“三签制度”被普遍应用。这一制度的核心目的是确保企业的每一项支出都能够合法、合理并准确地进行，保障企业资金的有效利用。这一制度涉及三个至关重要的签字步骤，分别是部门审核、财务复核以及高层批核。

首先，部门审核是整个流程的起点。在这一阶段，相关部门的负责人需要认真审核员工提交的费用报销申请。这一审核过程不仅限于对费用金额的核对，更需要对报销事由的合理性进行全面的判断。相关负责人要仔细分析申请中所列出的开支是否与工作任务紧密相关，并对其必要性进行评估，确保所有的费用支出都是工作所需，且符合公司政策和预算要求。此外，部门审核还需要注意细节，如审核发票的真伪，检查填写是否完整和规范，以及是否存在与公司政策冲突的项目。这一严谨的审核步骤，可以有效防止不当得利和任何形式的报销欺诈，确保企业资源能够被准确且高效地利用，为公司运营的有序进行奠定了坚实基础。部门审核不仅仅是对员工的一种管理机制，也是对企业自身的一种保护措施。通过这一初步但至关重要的环节，财务部门可以更好地掌握公司资金的流向，为最终审批环节提供更精准的支持。

接下来是财务复核，这是对报销申请的一次专业审查。财务部门负责确认所有财务细节，从单据的合规性到费用的账目分类都要仔细查验，确保所有数据准确无误，不会对公司的财务报告产生不利影响。财务复核的过程十分关键，不仅涉及遵循公司内部的财务政策，还需要符合外部的法律法规。在这一过程中，财务人员要特别注意审核单据的真实性和完整性，确保每一笔支出都能够找到相应的支持文件。除此之外，费用的账目分类也需符合公司各类开支的标准编码系统，以便为未来财务分析和审计所用。定期的财务复核可以提升公司的财务透明度，有助于建立良好的财务管理体系。对于潜在的财务风险和问题，及时的复核和严谨的把关能够为公司提供预警，以便在问题扩大之前采取措施。这样的细致工作不仅能确保企业的财务健康，同时也能提升整体运营效率。

高层批核是最终的决策环节，这一环节不仅关乎企业对大额支出的合理管理，更是企业内部治理结构的重要体现。在这一过程中，高层管理人员深入审视各项开支细节，验证其必要性和合理性，确保每一笔大额支出都能为企业带来切实的价值提升。这不仅仅是对财务数字的审核，更是对业务目标和战略方向的全面考量。高层的审批过程也是对整个财务团队工作及制度执行的一种检验，他们的签字不仅是对文件的确认，更是对整个团队能力和公司治理水平的认可和信任。这一环节还增加了企业决策过程的透明度和可追溯性，形成了一种有效的问责机制，让企业在快速发展的道路上保持稳健。这样的机制可以有效防止因疏忽或其他原因导致的舞弊行为，有助于维护企业的诚信与公信力，进一步巩固企业长期可持续发展的根基。

这样环环相扣的制度设计，并不仅仅是一项简单的改革，而是一种系统的创新。它通过精细化的财务管理流程来提高透明度，使得每一笔资金的流动都可以被清晰地追溯。这种透明度在管理层的决策过程中发挥着至关重要的作用，确保资金使用的合理性和有效性。与此同时，也建立了一种信任机制，使得投资者和利益相关方对公司的财务状况能够保持信心。此外，这种设计还通过一系列严谨的审核和监控程序，进一步强化企业内部的风险控制。这不仅是在发现和规避潜在财务风险方面的进步，更是对企业长远发展的一种战略性考虑，为公司的健康运营提供了真正稳固的保障，促使企业在市场竞争中更具生命力和竞争力。

（2）业务审批

在企业的运营过程中，业务审批扮演着确保决策透明和风险可控的关键角色。在销售折扣的审批中，风控的介入尤为重要，因为折扣的合理性直接关系到公司的盈利能力和市场竞争力。为了有效防范不合理的价格调整所带来的潜在风险，风控团队需要开展一系列详尽的分析和评估。他们可以通过监测市场趋势、深入研究竞争对手动向，以及对公司内部成本架构进行细致评估，制定出符合实际市场状况的折扣建议。这样，企业不仅可以在价格竞争中占据优势，还能够确保长期的财务健康。

销售折扣常常是企业整体营销策略的一部分，因此在批准折扣的过程中，风控部门和市场营销团队之间的紧密合作是不可或缺的。他们需要共同努力，找到一个能够在扩大市场影响力和保持企业盈利能力之间取得适当平衡的最佳折扣策略。通过建立一套标准化的审批流程和明确的决策机制，企业能够在把控风险的同时抓住机遇，为自身的长期可持续发展奠定坚实的基础。这样一来，企业可以随时根据市场的变化灵活应对挑战，为未来的商业增长创造更多的可能性。

2. 差异化规则

差异化规则是企业在制定决策时，适应不同客户需求和市场变化的重要策略。这种策略通常包括对金额阈值和风险等级的灵活调整，以更好地实现个性化服务和精准管理。金额阈值是指企业设定的用于区分客户或交易的重要标准，它通常结合客户的购买力、交易频率等因素确定。通过设定合理的金额阈值，企业能够更高效地划分优先级，为高价值客户提供特别服务和优惠活动，提高客户满意度和忠诚度。

另外，风险等级评定是企业风险管理的重要环节。不同的客户或交易会根据其风险特征被分配到相应的风险等级，从而指导企业制定相应的应对策略。通过仔细分析风险级别，企业可以预见潜在的问题，提前采取措施降低风险，并在必要时灵活调整业务模式。这种差异化管理不仅提高了企业的市场竞争力，还有效地优化了内部资源配置，使企业能够在复杂多变的市场环境中保持可持续发展。

3. 电子化审批优势

电子化审批系统的引入为现代组织的运营带来了显著的优势，特别是在流程透明化与留痕管理方面，可谓革新性的突破。首先，电子化审批使得所有流程在数字平台上可视化呈现，申请、审批和反馈的每个环节都清晰可见，不再只是传统纸质流程中那种“暗箱操作”，所有信息对相关人员公开可查，这不仅增加了流程的透明度，还显著减少了审批过程中的沟通误差和信息不对称。

其次，电子化审批系统大大提高了工作效率。比起传统审批方式，数字化平台不仅使得审批速度加快，还能自动提醒相关人员，有效降低人工拖延的风险，同时减少了纸张的使用，符合环保趋势，节省了企业在办公用品上的开支。由于信息存储在云端或者企业服务器中，历史数据的检索也变得方便快捷，可以为未来的决策提供重要依据。最重要的是，这种系统提高了数据的安全性，敏感信息得到了更好的保护，降低了泄密的风险，增强了企业的竞争力和持续发展能力。在这样一个速度与效率至关重要的时代，电子化审批系统无疑是组织提升整体管理水平的强有力工具。

再次，电子化审批系统天生具有的留痕管理功能，也使得每一项申请的具体细节、修改记录和最终决策都自动存档，形成详尽的数字“日志”。这种功能不仅仅是为了满足基本的记录需求，更为整个审批流程的透明化和标准化提供了技术支持。每一次操作的精准记录，赋予数据可追溯性和准确性，这为以后可能出现的纠纷提供了客观依据，使得事后追溯和责任明晰变得更加简便，减少了可能的法律风险和争议。在信息安全的保障下，敏感文件和审批记录得以安全存储和访问，进一步提高了数据的完整性和保密性。

先进的加密技术和多重身份验证机制，确保数据仅在授权范围内被访问，为用户提供了更加安心的使用体验。因此，电子化审批不仅提升了行政效率，也在管理层面提供了更加系统化的控制和监督能力。这套系统增强了管理者对整体流程的把控能力，同时也为员工提供了更加清晰明确的工作指导和评估标准，最终形成了一种高效、透明且协作性强的工作环境。

（三）职责分离实施

职责分离（SoD）是一种关键的内部控制机制，旨在通过将关键任务和职能分配给不同的个人，降低错误和舞弊的风险。在实施SoD时，必须清晰地定义各角色职责，确保没有单一人员可以控制某个关键业务流程的所有环节。这不仅有助于提高组织的透明度和加强问责制，还能有效防范潜在的道德和法律问题。

为了成功实施SoD，组织需要先进行全面的风险评估，识别出哪些业务操作环节易受舞弊或错误的影响。接下来，需要制定明确的政策和程序，以指导不同职能的分配。定期培训员工，更新他们对职责分离的重要性和具体实施方法的认知，也是至关重要的一步。与此同时，技术工具的支持也不容忽视。利用适当的管理软件能够自动化地监控和报告潜在的职责重叠或冲突区域，大幅提高SoD实施的效率和可靠性。这些措施共同确保了严谨且有效的内部控制环境，有助于维护组织的诚信和声誉。

1. 不相容职责清单

在现代企业的运作中，控制和管理不相容职责是确保财务透明度和降低欺诈风险的关键措施。不相容职责清单的制定可以有效地识别和分离那些在同一流程中涉及多个关键步骤的角色，例如采购与付款、销售与收款等。这些职责的分离不仅能够清晰地定义每个岗位的核心功能及其界限，还可以通过相互制约的机制提高整个流程的安全性。

在涉及采购与付款的环节，不同的人员应该分别负责需求评估、订货决策以及货款的审批和支付，避免单一人员掌握过多职权，减少舞弊机会。类似地，在销售与收款环节中，销售人员应专注于客户联系和合同谈判，而收款的相关职责应交由财务团队执行，以此实现科学的权限划分。定期的内部审计和合规检查还可以及早发现潜在问题，保证所有交易以透明和合规的方式进行。这种制度的落实，不仅反映了企业在治理结构上的成熟，也有助于建立一个值得信赖的商业环境。

2. 实现方式

职责矩阵（RACI矩阵）是一种广泛应用于项目管理的工具，用于明确项目或任务中各个参与者的角色和职责。它将一项工作的不同阶段或组件与特定角色进行匹配，确保每个参与者都清楚自己的职责范围。这一工具在复杂项目中尤其有效，因为它能清晰地界定任务执行中的责任分配，避免角色重叠或职责不明确的情况。通过区分负责执行者（Responsible）、最终负责者（Accountable）、提供建议者（Consulted）以及接受信息者（Informed），职责矩阵帮助团队避免在责任归属上出现争议，提升工作效率和合作效果。

轮岗机制在提升团队多功能性和员工技能的同时，也能够强化组织内部的协作意识。这一机制通过让员工在不同岗位间轮换，使他们不但获得多样化的经验和技能，还能够更全面地理解组织运作逻辑。在实践中，轮岗常常用于人才培养和员工激励，帮助打破部门壁垒，促进跨部门的理解与合作。在系统控制层面，通过自动化程序和技术手段监督和管理工作流程，可以有效提高组织效率和错误预防水平。这种方式与职责矩阵和轮岗机制结合，可以形成一套全面且高效的管理体系，确保目标达成的同时，提高员工工作满意度和增强组织凝聚力。

3. 中小企业补偿性控制

中小企业在运营过程中通常面临资源有限的问题，因此在风险控制方面，补偿性控制策略尤为重要。补偿性控制包括管理层的复核和将部分工作外包给专业的第三方。这些措施不仅可以弥补企业内部控制能力的不足，还可以通过更专业、更可靠的方式识别和控制潜在的风险。

管理层复核是企业内部一个重要的控制环节。管理层定期审查，可以及时发现运营中的问题和潜在的风险点，从而在问题扩大之前采取必要的纠正措施。这种复核不仅仅是对财务数据的审核，还涉及对企业各个业务环节的全面考察。

将某些业务外包给第三方也是一种有效的补偿性控制措施。第三方服务提供者通常拥有更为专业的知识和技术，可以帮助中小企业在特定领域提升管理水平。例如，企业可以将财务审核、人力资源管理等业务外包给专业的服务机构，确保这些环节的高效运行和合规性。这不仅可以节省企业成本，还可以使企业集中精力于其核心业务，提高整体的竞争力和市场响应速度。通过这种方式，企业不仅能提高运营效率，还能降低由于内部资源限制带来的风险。

（四）控制活动协同优化

在企业管理中，控制活动的协同优化是确保公司各项业务活动高效运作的重要环节。它不仅涉及流程的合理设计与调整，还包括各部门之间的协调与配合。通过协同优化，企业能在整体上提升资源利用效率，减少重复性工作，降低运营成本。

首先，企业需要建立一套健全的监督机制，确保各项活动的执行情况都能被跟踪和评估。这不仅有助于及时发现并解决潜在问题，还有利于在组织内部培养一种开放和负责任的文化。其次，跨部门沟通的增强也是不容忽视的环节。通过定期的会议、报告制度以及信息共享平台，各部门能够彼此理解和配合，更有效地支持企业战略目标的实现。再次，技术支持在协同优化中同样发挥着不可替代的作用。借助现代信息系统和数据分析工具，企业能够更为敏捷地做出决策，并实时调整战略方向以应对市场变化。控制活动的协同优化是一个动态的过程，需要全面考虑企业的内外部环境因素，并以灵活和创新的方式实施。

1. 与风险评估的联动

与风险评估的联动在现代商业和金融环境中愈发重要，尤其在高风险领域，如银行业、保险业及大规模基建项目等，强化审批流程是一项必不可少的措施。这不仅是为了确保项目可行和获得收益，更是为了保护投资者和相关利益方的利益，避免潜在风险带来的重大损失。在这些领域中，风险评估需要与审批流程紧密结合，确保每个项目在早期阶段就已经充分考虑到各种可能的风险因素，并制定了相应的风险管理策略。

这种联动的有效性取决于多种因素，包括风险评估模型的准确性、数据的完整性和及时性，以及各方的协作能力。通过完善审批机制，企业和机构可以对高风险项目实施更严格的管控措施。这意味着在审批过程中，不仅有必要进行详细的尽职调查，还需要运用先进的技术手段，如数据分析和人工智能，提高风险识别的精准度。这种多层次的审查模式能确保高风险项目启动前，经过充分的评估和风险缓释策略优化，有助于提升决策的科学性和前瞻性。通过这样的联动，随着强化审批的实施，高风险领域的运营将更加透明和稳健，以应对市场的波动和激烈的竞争。

2. 技术赋能

技术赋能是指利用前沿技术提升业务效率、提高生产力，以及优化决策制定流程。随着信息技术的迅猛发展，许多现代企业已开始将技术赋能视为实现创新和获得竞争优势的关键驱动力。RPA（机器人流程自动化）作为一种尖端的技术手段，正在迅速改变企业的运营方式。通过RPA，企业能够自动化执行大量烦琐且重复性的手动任务，极大地减少了人工干预的需求。这不仅显著提升了企业的运营效率，还使得企业能够在高度复杂的数据流管理中游刃有余。通过自动化技术，企业克服了因人力资源不足而面临的业务瓶颈，能够在面对大量的数据处理任务时从容应对。这种技术的应用不仅降低了操作错误的发生率，还大幅度节约了运营成本。在财务、客服和后勤等需要大量重复性操作的领域，RPA的应用为企业带来了革命性的改变。这不仅减少了人力资源的耗费，还使得员工可以更加专注于创造性、策略性的工作任务，从而增加整体的业务产出和提升竞争优势。通过不断优化和扩展RPA的应用，企业不仅满足了当前的业务需求，也为未来的发展奠定了坚实的基础。

另外，区块链存证技术通过其去中心化、不可篡改的特性，为数据安全和信任的建立提供了全新方案。区块链的去中心化特性使得数据的存储不再依赖于单一节点，而是分布在网络的每一个节点上，这就大大提高了数据的弹性和安全性。不仅如此，任何一笔交易、一项数据变动都会被链上所有节点共同记录和验证，形成一个共同认可的“账本”，这种机制有效地防止了传统中心化系统可能出现的数据篡改和欺诈现象。通过将信息存储在区块链上，企业能够实现数据的可溯源性，每一笔交易都有据可循。这种可溯源性不仅提升了数据的透明度，还有助于构建数据的信任机制，这种机制在当今信息碎片化、复杂化的商业环境中尤为重要。在合约管理、数据交易以及供应链等复杂流程中，将区块链技术应用其中，能够确保这些流程中的每一个环节都得到严密的监控和记录，从而保障数据不被篡改。这同时也为监管机构提供了准确且实时的数据监控渠道，提升了整个数据生态的公平性和透明度。

因此，这两种技术的有效融合，不仅拓展了企业在业务流程中的应用范围，也推动了业务模式的革新，使其在激烈的市场竞争中占据一席之地。凭借对数据进行智能化管理与有效存证，企业可以建立更具弹性和响应能力的运行模式，以应对瞬息万变的市场环境。机器人流程自动化与区块链技术各自具备独特的潜力。前者通过自动化烦琐的重复性任务，提升了业务流程的效率与准确性；后者则以其安全性和去中心化的特质，确保信息的完整性与不可篡改性。两者结合时，便为企业构建了一个更加高效、安全的生态系统。随着技术的不断进步，机器人流程自动化和区块链存证技术将持续推动更多行业实现技术赋能，这对于不断创新和寻求效率最大化的企业而言，无疑是一个极具价值的发展趋势。未来，借助这两项技术的协同效应，企业有望在减少运营成本的同时，显著提高市场应变能力，增强竞争优势。这种变革不仅将决定企业在行业中的地位，也可能重新定义整个行业的运作方式。

3. 持续改进

持续改进的核心在于不断优化和完善现有的流程和操作，以确保企业在各个方面都能达到最佳的表现。这一过程强调了企业在快速变化的市场环境中保持竞争力和灵活性的必要性。内审作为一种有效的自我评估机制，扮演着关键的角色，其不仅仅是简单的合规检查，而是一个系统性、全面的分析工具。通过定期测试合规率，企业能够对自身运营的各个层面进行深入分析和评估，及时发现潜在的问题和漏洞。内审有助于识别风险点，减少由于控制不当而造成的财务损失或法律责任，并为企业提供一种持续监控的手段。企业通过采纳内审揭示的问题，进而采取相应的改进措施，不仅有助于提高经营效率，还能显著增强客户和员工的信任。内审所得出的数据和反馈，也能够为企业的战略决策提供至关重要的参考，确保企业在制订未来发展计划时更加科学和精确。

内审的过程通常包括对不同部门的操作流程进行详细检查，以确保所有员工行为和各部门流程都符合既定的标准和法律法规。这是企业维持运作的合法合规性和提升整体运行效率的重要保障之一。在这个过程中，审核团队会全面评估每个业务环节，通过检查文件、实地观察、员工访谈等方法，深入了解和核实实际操作情况。通过有针对性的培训和再教育，可以进一步提高员工的合规意识，从而降低违规风险。这不仅能帮助员工更好地理解和执行企业政策，还能使企业在不断变化的法律法规环境中保持适应性。企业还可以通过应用新技术和数据分析工具来提高内审的效率和准确性。这些工具可以快速识别趋势和异常，从而帮助管理层做出更为明智的决策。比如，借助人工智能技术，内审团队可以自动化处理大量的财务数据，识别潜在风险，为企业的长期发展奠定坚实基础。内审工作逐渐成为帮助企业在激烈的市场竞争中保持优势的重要战略工具。通过不断优化内审流程，企业不仅能提高业绩表现，还能在合规性和创新能力上实现双赢。

持续改进是一场永无止境的征程，它就像一条奔流不息的河流，引导企业在稳步前行中不断积累和沉淀。企业通过持续自我审视，识别现有流程中的弱点和瓶颈，并借助现代化的工具和方法来优化这些流程。这种方法不仅能让企业在技术和运作效率上实现飞跃，还能够使其在市场变化中迅速适应，做到未雨绸缪。在这个过程中，定期的合规性测试和内部审核变得尤为重要，它们为企业提供了一个审视自身业务实践的契机，使企业能及早发现潜在问题并进行纠正，从而避免日后的风险和损失。这种持续的改进和审查文化也会在企业内部形成一套以透明度和诚信为核心的价值观，员工之间的沟通变得更加顺畅，团队凝聚力也得到提升，进而推动企业的长远发展。通过坚持不懈的改进，企业在用户满意度、市场份额和品牌声誉等方面都将取得显著进展，成为行业中的佼佼者。

五、信息与沟通机制

在当今社会，高效的信息传递与沟通机制是组织成功运作的基石。信息是现代企业的血液，流动不畅则可能导致决策失误、资源浪费，甚至市场份额的流失。因此，建立可靠且具有弹性的沟通框架至关重要。信息沟通机制不仅仅是简单的消息传递，而是包括从信息的采集、解析、传递到最后反馈的完整流程。企业需要确保内部和外部各部门能够实时分享信息，打破“信息孤岛”，实现协同增效。

在数字时代，先进的技术工具为信息沟通提供了强大的支持。电子邮件、通信软件、视频会议系统等各种工具的应用，不仅提高了信息交换的速度，还打破了时空限制。然而，仅依赖技术手段是不够的，人际交流中的文化差异、表达方式差异等，仍可能导致沟通不畅。因此，企业还需培训员工，提升他们的沟通技巧，建立广泛的信任与理解，从而增强团队的合作能力。

信息透明度也是确保有效沟通的关键要素之一。企业应在保密原则下，尽可能地公开相关信息，以确保全体员工对公司目标及其自身角色有充分的理解。这种透明的沟通不仅有助于增进信任和增强凝聚力，还能显著提高团队的生产效率，为企业的长远发展奠定坚实的基础。

（一）数据质量管理

数据质量管理是现今各行各业中至关重要的一项任务。高质量的数据是确保企业投资决策制定、运营策略落地以及客户互动顺利进行的基础。然而，确保数据质量并不是一件易事，需要综合运用多种技术和策略。为了保证数据的准确性、完整性和一致性，企业需要采取一系列措施进行质量评估和控制，包括定义明确的格式和范畴来规范数据录入，实施严谨的数据验证流程，以发现和更正错误数据。此外，还需要定期进行数据清洗和更新，以避免无效信息的积累。

数据质量管理的有效性还依赖于人员的培训和责任心。企业需要培养专业的数据管理团队，按照既定标准对数据进行持续监督和维护。技术上则可以借助先进的数据管理软件，这些工具不但能自动进行多项复杂的数据处理任务，还可以提供实时分析和报告功能，帮助企业快速识别数据问题，并做出相应调整。随着大数据时代的到来，良好的数据质量管理不但能提高企业的运作效率，更能为其带来竞争优势，推动创新和增长。

1. 校验机制

在现代软件系统中，校验机制扮演着至关重要的角色，它确保数据输入的准确性和系统的稳定性。这一机制主要包含两大方面：输入控制和逻辑校验。输入控制是第一道防线，通过限制用户输入的格式、长度、类型等参数，可以有效预防不合规的数据进入系统。这一步骤如同为系统设置了一道坚固的安全闸门。例如，电子邮件地址输入框会要求用户提供符合特定格式的字符串，确保“@”符号的存在，这不仅能防止无效的电子邮件地址进入系统，还能提升整体的用户体验。通过这种直接且简洁的方法，系统能够减少因不当输入而导致的错误，从而提高数据处理的准确性。输入控制在保护用户隐私和数据安全方面也扮演了重要角色。它可以防止恶意用户通过输入恶意代码攻击系统，因为多层次的验证和检查使得攻击变得更加困难。这种防御机制有助于系统抵御潜在的安全威胁，确保平台的稳定性和可靠性。因此，构建一个强大的输入控制体系是保障系统高效、安全运行的基础。

逻辑校验作为校验机制中的关键环节，是确保系统运行准确无误的重要保障之一。在复杂的业务场景中，它的作用尤为显著。除了基本的数据格式校验之外，逻辑校验深入业务规则和操作流程，要求系统能够智能识别并妥善处理多种情况。例如，接收订单时，系统不仅要核对订单请求中的产品数量是否有效，还要进一步检验该数量在仓库中是否有足够库存，同时要更新产品状态，避免超卖情况发生。这层校验确保了数据的一致性，使操作流程更加安全可靠。逻辑校验还涉及跨部门业务规则的协调，以确保不同系统模块和业务单元之间信息顺畅流转。有效的逻辑校验不仅能提升系统的安全性和数据准确性，还能优化用户体验，使系统在面对复杂问题时拥有更好的处理能力。因此，系统在设计初期就应全面考虑这类校验策略，确保它们能够灵活应对未来可能遇到的各种挑战。

2. 主数据管理

主数据管理无疑是现代企业数据治理体系的重要环节，是确保数据资源得以充分、高效利用的关键策略，在数字化浪潮席卷各行各业的背景下，其重要性愈发凸显。在进行主数据管理时，关键的一步是要对客户和供应商的字段进行统一的定义，这不仅是提升数据质量和保障数据一致性的基础步骤，更是提升企业整体数据管理水平的第一步。在企业内部推行标准化的数据字段定义规则，能够保证各个业务系统之间，甚至跨部门、跨地域的数据可以实现无缝互操作。这种标准化不仅辅助企业更清晰地识别和管理客户与供应商的关系还有效地避免了因数据冗余、冲突或者不一致而引发的种种问题，从而优化企业的业务流程，提升运营效率。此外，这种标准化的数据管理方法还使得企业在面临市场变化时，能够迅速而准确地进行数据分析与决策，提高应对市场变革的敏捷性和对未来的把控力。这为企业创造了更长远的竞争优势，也使其在行业中立于不败之地。

另外，统一字段定义还能为企业的客户关系管理（CRM）和供应链管理系统带来显著效益。在现代商业环境中，企业往往面临着多元且庞大的数据流挑战，这使得高效数据管理的关键性愈发凸显。通过在信息输入、存储和分析环节中使用同一套字段标准，企业可以更有效地整合源自不同渠道和平台的数据源。这不仅为数据的一致性和准确性提供了保障，而且为实现数据的无缝交互与共享奠定了基础，从而强化对客户行为和市场趋势的全面洞察。

这种字段定义的标准化，避免了数据冗余和信息孤岛现象，极大地简化了数据整理和清洗的工作流程，为企业在大数据环境下快速做出明智决策提供了强有力的支持。通过减少数据分析过程中的干扰因素和错误风险，企业能够在不确定性更低的条件下进行战略规划。这种精细化的管理和分析能力，促进了企业的战略性业务发展与创新，使其在竞争激烈的市场中保持领先地位，实现更为可持续的增长。

3. 治理框架

治理框架中的数据责任人制度与审计跟踪是数据管理中至关重要的两个方面。数据责任人制度的核心目标是明确每一项数据或数据集的责任归属。

这样的制度设计不仅确保数据的拥有者充分意识到自己在管理和保护数据方面的具体职责，还能有效提升企业内部的信息保护意识。这一制度为数据的责任归属提供了清晰的指引，同时也为数据使用的透明性提供了保障。在实施过程中，不仅需要明确责任归属，还要确保开展相关的培训，使责任人明了其在数据生命周期中的每个环节所需履行的义务。这一机制能够有效防止数据被滥用和未经授权的访问，从而提升数据安全性。通过明确责任界限，企业可以更好地追踪数据来源和使用情况，进而提高数据决策的可靠性。与此同时，审计跟踪作为治理框架的另一个重要组成部分，起到监控和记录数据活动的作用。通过审计，企业能够回溯数据更改的历史记录，并对潜在的违规活动进行及时识别和响应。这不仅有助于企业契合法律法规要求，也使得公司在发生数据泄露事件时能够快速制定应对方案，从而将损失降到最低。数据责任人制度与审计跟踪共同构筑起一套全面而有效的数据治理框架，为现代企业的健康发展提供了强有力的支撑。

审计跟踪作为治理框架中的另一重要组成部分，通过记录和监控数据的处理与变动情况，为企业的合规性提供有力支持。审计跟踪不仅能够实时捕捉数据流动的每一个细节，还可以通过建立详细的日志和追踪文档，确保数据处理流程的每一步都处于透明、可控的状态。这一机制的存在，使企业能够迅速识别和修正数据管理中的潜在漏洞，从而降低违规风险，并且为数据的合规性检查提供翔实的依据。这种持续的监控与记录不仅可以有效提高数据管理的透明度，还能在事后分析中揭示问题的根源，为未来的数据策略调整提供宝贵的经验和指导。审计跟踪的详细记录还可作为法律和监管审查的依据，增强企业在合规方面的信誉和可信度。通过数据责任人制度与审计跟踪的结合，组织能够在日趋复杂的数据环境中建立起可持续且稳固、有前瞻性的数据治理生态系统，为企业的长远发展提供坚实的基础。

（二）沟通渠道建设

在现代企业环境中，沟通渠道的建设是确保组织高效运转的关键要素之一。首先，利用多样化的沟通平台，如电子邮件、即时通信工具、视频会议软件等，能够有效提升信息传递的速度和准确性。这些技术工具的应用，不仅打破了时间和空间的限制，还为跨区域团队的合作提供了便利。其次，建立透明的沟通机制是必要的。清晰的沟通政策和流程能确保信息在组织内部畅通无阻，从而减少误解、避免信息滞后的情况。此外，鼓励积极反馈的文化，能使员工在上传下达中感到被重视，从而提高参与感和责任感。最后，非正式沟通同样不可忽视。合理利用公司内部社交平台，促进跨部门交流，可以增强员工之间的凝聚力和团队合作精神。这种非正式的沟通有助于构建更加愉快和谐的工作环境，提高员工的工作满意度和生产率。有效的沟通渠道建设，不仅是技术和流程的优化，更是文化氛围及人际关系的改善。

1. 内部沟通体系

有效的内部沟通体系是组织成功的关键因素之一，它能够促进信息的透明传递和团队成员之间的协调合作。在这类体系中，例会制度、协作平台以及标准化报告均占据关键地位。例会制度是沟通体系中的核心环节，它不仅仅是信息传递的一种形式，更是团队凝聚力与协作效率的重要保证。通过定期举行例会，团队成员可以共同分享项目进展的细节，明确下一步的发展计划和战略。这一过程不仅有助于所有相关人员对项目状态有一致的了解，更能够激发团队成员的创意和灵感。例会过程中，应鼓励开放式交流，任何新颖的想法、存在的困惑和潜在的问题都应该在会上得到充分讨论和审慎考量。这样的互动不仅能够增进团队成员之间的理解和信任，还能够在多元思考维度下，做出符合客观事实和团队目标的最明智决策。例会也为团队领导者提供了观察和引导团队动态的机会，从而在不断变化的环境中，灵活调整项目方向和团队策略，收获更为优异的成果。

协作平台则为团队提供了便捷的沟通渠道。这类平台不是传统通信工具的简单扩展，而是集文件共享、任务分配和信息即时传递等多种功能于一体的综合体系，使团队成员可以在同一个界面中高效协作。通过这些现代化的协作软件，企业可以大大提高工作效率，减少信息滞留和误解的可能性。智能协作工具更是创新地将异地团队连接在一起，使他们能通过云端进行无缝合作。这种模式不仅突破了地域的限制，使得全球各地的成员可以协同工作，而且也促使企业在面对紧急事务或突发状况时，能够快速反应并做出决策。这些工具的使用使团队具备更强的灵活性和适应性，在竞争日益激烈的市场环境中占得先机。随着技术的发展，协作平台还持续融入人工智能和自动化功能，比如自动日程安排、智能文件建议等，进一步提升团队的协作效能和创新力。如此一来，各方的潜能被充分激发，实现真正的高效合作。

标准化报告系统为项目管理提供了必要的数据支持。结构化的报告格式不仅可以确保数据的完整性和准确性，还能提升组织内部的信息共享效率。这些系统常常采用一套统一的模板和标准，使得不同团队之间的数据容易集成和对比，从而极大地提高了决策的透明度和准确性。这样，管理层能够准确评估项目的绩效，包括识别项目的成功要素和薄弱环节，迅速发现潜在问题并做出及时调整。标准化报告还能够作为历史数据的优质记录，积累宝贵的知识资产，为未来项目的计划和决策提供有价值的参考。这种历史数据不仅可以用于预测未来的趋势和挑战，还能帮助组织制定更为精确和切实可行的业务策略。标准化报告系统在现代化的项目管理中已成为至关重要的工具，使得管理层能够以数据驱动的方式，引领项目和组织走向成功。

综上所述，构建有效的内部沟通体系需要多层次的支持和管理，以便凝聚各部门的力量，推动企业的持续进步。这不仅仅是一个简单的任务，而是一个需要精心策划和执行的过程。在这个过程中，领导层的支持至关重要。他们需要设定明确的沟通目标，创建开放的沟通渠道，并定期更新沟通策略以适应不断变化的商业环境。此外，中层管理者则承担着沟通的桥梁作用，他们需要将企业的战略和愿景有效地传递给团队成员，同时反馈团队成员的需求和建议。员工亦是这一体系的重要组成部分，他们应被鼓励积极参与，提高沟通的透明度和协作性。通过定期的培训和研讨会，可以提升员工的沟通技巧和团队合作能力，从而塑造出能够灵活应对挑战和抓住机遇的企业文化。这样的沟通体系，不仅能增强各个部门之间的合作，还能促进创新、提升效率，支撑企业的长远发展。

2. 外部沟通机制

投资者关系不是简单的信息传递渠道，而是极具战略性的重要桥梁，它连接着企业与其重要的利益相关者——投资者。通过这一机制，企业可以有效地共享其财务状况、经营业绩以及未来发展蓝图，进而塑造透明可信的市场形象。投资者关系的有效运作，还能够推动公司和投资者之间形成良性的互动循环。投资者关系团队的角色至关重要，他们不仅要确保信息的准确性和及时性，还需运用专业的技巧与投资者进行细致沟通，聆听反馈和建议。这样的交流能够使企业在面对市场变化时保持敏锐洞察力，在战略规划中充分考虑投资者的意见，提升决策的前瞻性。良好的投资者关系，还能帮助企业提高股票流动性，优化公司资本结构，甚至在实施融资计划时获得更大的支持。投资者关系的有效管理是一项长期且有战略意义的工程，其重要性不容小觑。

供应链协同也是提升企业外部沟通机制的重要环节。一套高效流畅的供应链协作系统，能够确保信息在供应商、制造商和分销商之间及时传递，不仅缩短了时间滞延，还降低了信息传递过程中可能出现的误差。通过采用先进的数字化工具，企业能够实时监控供应链活动，从而获得有关进货、生产和物流的所有关键信息。这种能力使企业在问题出现的初始阶段就进行有效的干预，避免因延误或供应中断而造成的损失。精细化的供应链管理还使企业能够灵活应对市场变化和客户需求波动，从而优化库存水平，减少不必要的成本。这种协同效应不仅提高了运营效率，还促使企业构建适应性更强、响应更机敏的商业生态系统，极大地增强了其市场竞争力与客户满意度。这样的供应链协同，使企业能够在竞争激烈的市场环境中始终保持领先地位。

另一个关键的沟通渠道是与监管机构的互动。企业需要定期向监管机构提交各种报告，确保经营活动符合相关法律法规的要求。这方面的沟通不仅对于保证合规性至关重要，也是企业透明化管理的重要体现。通过建立良好的监管报送机制，企业能够在瞬息万变的市场环境中保持稳定运营，树立可靠的市场形象。这种沟通渠道的良好运作，还能够帮助企业预见和规避潜在的法律风险，及时调整其策略和运营模式，以应对不断变化的法律环境和市场条件。有效的沟通还能够赢得监管机构的信任，构建更稳固、诚信的合作关系，助力企业遇到问题时获得更多的理解和支持。通过积极主动的对话，企业不仅仅是在履行义务，更是彰显其在社会责任和企业道德方面的承诺。长期而言，这种透明的沟通将有助于企业形成健康和可持续发展的生态系统，推动其与利益相关者建立互信互助的良好关系。

3. 案例：零售业全渠道库存数据共享

在当今竞争激烈的零售市场中，全渠道库存数据共享正逐渐成为行业的重要趋势。零售企业通过突破原有的信息孤岛，实现线上线下库存信息的同步共享，不仅提升了库存管理的效率，也改善了消费者的购物体验。全渠道库存数据共享的关键在于利用先进的数字化工具与技术，例如大数据分析、物联网设备以及人工智能，实现库存数据实时更新，与消费者多渠道购买需求无缝对接。

这种库存管理方式的优势之一，是能够大幅削减库存冗余和缺货现象。通过准确的库存数据分析，零售商可以更好地把握消费者需求波动，合理调整库存配置。实时库存更新，使消费者能够在任意平台查看库存情况，不再因为商品售罄而失望，也为零售商提供了准确的销售预估，助力优化补货计划。

全渠道库存数据共享还能促进企业内部各部门协同作业，从采购、仓储到销售环节，都能基于同一数据进行决策，进而提高企业的运营效率。它也为个性化营销提供了丰富的数据基础，零售商可以更好地分析顾客偏好，提供个性化产品推荐和服务，提高客户满意度与忠诚度。

总之，零售业全渠道库存数据共享不仅是技术上的创新，更是商业模式的变革，正引领着零售业向更智能化和高效化的方向迈进。

（三）技术工具应用

在当今这个快速变化的信息时代，信息与沟通技术工具的应用不仅极大地改变了人们获取信息和彼此交流的方式，也在重塑各行各业的工作流程和文化。这些工具，包括但不限于电子邮件、即时通信软件、视频会议平台和社交媒体，不仅为个人和团队之间的沟通提供了更为便捷和高效的途径，还推动了远程工作的普及，让跨地域协作变得更加可行。信息与沟通技术还促进了数据的实时共享和分析，使得企业能够快速调整策略以应对市场变化。随着人工智能和大数据技术的不断发展，这些工具将变得越来越智能化，能够自动识别和处理信息，提高我们处理复杂任务的效率。需要注意的是，在享受这些便利的同时，我们也应对信息安全和隐私问题保持警惕，确保技术的应用合规且安全。总体而言，信息与沟通技术工具的融合，无疑为我们的生活和工作带来了深远的影响，持续推动着社会发展的步伐。

1. ERP系统集成

ERP系统集成在现代企业信息化建设中扮演着举足轻重的角色，其实现目标是打破各类业务系统之间的壁垒，促使信息流通无阻。通过这种集成，企业得以将分散在不同部门的数据信息整合到一个统一的平台进行管理和处理。这不仅大大提高了信息访问的速度和准确性，还显著增强了企业在整体协同工作方面的能力。具体而言，若将财务系统、生产管理系统以及供应链管理系统等多种业务模块无缝连接，企业管理者便能获取更加广泛而深入的运营洞察。这种对数据的全局掌控能力，使管理层能够迅速识别问题，洞察商机，从而在瞬息万变的市场环境中做出更加迅速和恰当的决策。ERP系统集成还能帮助企业降低运营成本，通过流程的优化和自动化提高生产效率，并在获取实时数据的基础上，增强企业在市场中的竞争力。无论是高管层还是基层员工，通过这种集成化的系统，都可具备快速协作和响应的能力，从而形成高效运作的企业生态。

此外，ERP系统集成能够显著降低重复数据输入的风险，减少人为错误的发生。通过建立集成化的信息管理平台，企业还可以更好地响应市场变化和客户需求，提高客户满意度。这种集成不仅提高了运营效率，还提升了数据的准确性和可靠性，促使企业内部各部门之间能够顺畅地共享和交流信息。这种流畅的信息流动不仅减少了不必要的沟通障碍，还减少了因“信息孤岛”现象导致的资源浪费。集成化的ERP系统还能提供实时的数据分析和报告功能，帮助企业快速做出数据驱动的决策，增强其竞争优势。这种集成还为企业的可持续发展奠定了坚实的基础，因为它可以支持企业在未来扩展新的业务模块，灵活适应新的技术进步。从长远来看，ERP系统的有效集成是企业在激烈竞争中生存和发展的重要支撑点。这样的策略不仅在短期内带来显著的效率提升，更为企业的长远发展创造了新的契机。这不仅使企业在现今的市场环境中立于不败之地，还能够为未来的创新和增长提供强大的动能。这样的系统不仅是工具，更是企业战略思维的延伸。

2. BI工具可视化

BI工具可视化在现代商业运营中扮演着不可或缺的角色，尤其是在销售看板和库存预警方面。这类先进工具已成为企业数据管理和分析的核心，因为它们能有效地提升管理层的决策效率。销售看板作为一种动态数据展示工具，助力企业实时掌握销售业绩和市场动态。这不仅可以帮助企业及时发现潜在的问题和机会，还可以通过直观的数据图表，使不同部门能够更高效地协同工作，从而提高整体运营效率。通过对数据的可视化处理，管理者能够直观地分析销售数据的趋势和异常，从而做出及时且明智的决策。例如，通过查看实时更新的销售数据，企业能够迅速识别产品销售的波动，对库存进行实时调整，以避免因缺货或库存过剩带来的风险。这种实时的洞察能力对于快速变化的市场环境尤为重要，因为它能帮助企业在激烈的市场竞争中保持优势。BI工具通过深度的数据分析和可视化，赋予企业更强的适应能力和创新能力，使其在市场中稳步前行。

库存预警功能则为企业的库存管理提供了强有力的支持。通过对库存数据的可视化分析，企业能够及时发现库存的异常波动，从而避免因库存不足或过剩带来的潜在损失。例如，通过BI工具的可视化分析，企业可以识别出哪些产品的周转率较高，进而调整采购计划，以确保库存的稳定性和有效性。这种预警机制不仅能提高企业的运营效率，还能使企业更具前瞻性，降低运营风险。库存预警功能还使企业能够更好地应对市场需求的突发变动。一旦市场上某种产品的需求急剧上升或下降，企业可以迅速做出反应，调整生产和供应链策略，以防止因市场变化而导致的供应链中断或资源浪费。库存管理不仅仅是一个简单的过程，而且是企业整体战略中的重要组成部分，有效的库存预警系统能够成为提升企业竞争力的重要推动因素，助力企业在竞争激烈的市场环境中立于不败之地。

借助BI工具的可视化功能，企业不仅能够优化内部流程，还能在市场竞争中更具灵活性，为企业可持续发展提供坚实的基础。这类BI工具通过将复杂的数据转化为直观的图表和仪表盘，让数据分析更简便易行。企业能够快速识别运营中的瓶颈及机会，从而做出更为明智的决策。这类工具带来的即时数据更新和动态监控能力，助力企业及时应对不断变化的市场需求，快速调整策略，以抢占竞争先机。依托实时数据的可访问性，企业管理层能够加强对全局的把控，确保资源最优配置，从而提升企业整体绩效。在智能和数据驱动的时代，这种灵活性和洞察力已成为企业发展壮大的关键要素，为企业未来的成功打下了坚实基础。

3. 区块链技术

区块链技术的革新不仅限于交易记录和数据完整性维护，实际上，它的影响已经渗透到企业运营的方方面面，在供应链管理领域尤为突出。传统的供应链管理通常依赖于中心化的数据库和手动操作，不仅效率低下，而且易被恶意操控或遭受数据泄露。然而，区块链技术通过其不可变和透明的分布式账本，彻底改变了这种局面。

在该模式下，供应链中的每个节点——从制造商到零售商——都能实时获取更新的信息，清晰地看到产品在每一个环节的状态。这种透明性极大地减少了因信息不对称可能产生的不信任和摩擦，强化了各方的合作关系。区块链技术的应用使得供应链的可追溯性显著提高。以食品供应链为例，区块链技术的应用不仅在于其基础的信息跟踪和记录功能，还对整个供应链流程产生了不可见却深刻的影响。在食品安全方面，区块链的透明性和不可篡改特性赋予消费者更强的信任感。当消费者能够查看从生产到铺货每个环节的信息，包括产品的生产日期、运输条件和储存温度等细致数据时，他们对品牌的忠诚度可能会显著提高。在食品供应链的国际交易中，区块链技术能够突破不同区域法规和标准的壁垒，确保全球范围内的合规性。通过智能合约，企业可以减少中间商的干预，在确保协议自动执行的同时，减少人为错误。此类技术的整合不仅提高了协作效率，还增强了供应链的韧性，确保在发生意外事件时供应链能够迅速恢复，从而减少经济损失和食物浪费。未来，区块链和先进的物联网设备相结合，有望为食品行业提供实时监控和决策支持，进一步推动行业走向智能化、可持续发展。

在这样的环境下，企业能够更加精准地进行库存管理，从而优化生产计划和配送路径，最终实现降低运营成本和提升客户满意度的双重目标。通过实时的库存更新和数据透明化，企业能够预见潜在的市场需求变化，迅速调整生产规模，减少库存积压，避免供应短缺。不仅如此，区块链技术还推动了供应链的数字化转型，它不仅提升了信息流通的效率，还增强了数据的安全性和不可篡改性。这为企业间的合作打下了坚实的基础，确保所有参与方都能依据最新的、未经篡改的信息及时做出决策，从而提高整个供应链的响应速度和韧性。区块链已不仅仅是供应链的一个工具，而是其数字化未来的基石。在未来，这种技术可能会扩展到更多的行业领域，成为驱动数字经济发展的重要推动力，使得全球供应链在不断变化的市场环境中，持续保持灵活性、透明性和效率，为企业和消费者创造价值。

六、监督与改进

（一）监督体系架构

监督体系架构是现代治理和管理的重要组成部分，它通过系统化的方法确保组织目标的实现和利益相关者的满意度。一个健全的监督体系架构通常包括几个关键组成部分：首先，明确的监督目标和范围，即设定具体可以衡量的监督指标，以便评估组织或者项目的表现；其次，有效的监督机制，包含基于数据和事实的评估流程，确保每一个步骤都有据可循，以便提高透明度和公信力，监督体系还依赖于技术的支持，现代化的监督需要利用先进的信息系统和技术工具提高效率和准确性；最后，监督体系还包括持续的反馈和改进机制，即通过收集内部和外部的反馈意见，及时调整和优化监督策略和方法，以适应不断变化的外部环境和内部需求。这些因素共同构成一个有效的监督框架，确保组织在运营过程中保持一致性、合规性和效率。通过这样的架构，组织可以识别和预防潜在风险，提升整体绩效，并确保利益相关者对管理过程的信任和支持。

1. 持续监控

持续监控是一项至关重要的实践，不仅可以帮助我们在日常工作流程中及时发现潜在的问题，还可以通过借助先进的自动化预警系统，在问题出现前采取必要的措施。实现持续监控的关键在于将其无缝嵌入我们的日常流程中，并且灵活高效地适应不断变化的业务环境。这样，我们不仅能够实时捕捉和分析重要数据，还可以通过追踪和对比关键绩效指标，确保在任何情况下都能维持运营的高效和稳定。这种主动监控的方法还有助于战略规划和决策制定，因为通过累积的历史数据和趋势分析，我们能够更准确地预测未来的业务需求，制订更具前瞻性的计划，减少潜在风险对业务的冲击。最重要的是，这种做法不仅能减少意外事件的发生，还能有效保护组织的资源、声誉及长远利益，确保其在竞争激烈的市场中保持领先地位。

自动化预警系统则通过智能化的算法和数据分析展现出非凡的能力，能够在问题尚处于萌芽阶段就发出提醒，扮演了未雨绸缪的角色。这一系统的核心在于其强大的数据处理与实时分析能力，能够迅速识别出潜在的问题迹象，并将信息传递给相关决策者。这种及时的预警机制不仅显著提高了应急处理的准确性，而且大大减少了对人工监控的依赖。工作人员因此能够释放更多精力，去关注那些更具创新性和战略性意义的任务，比如业务增长的战略规划或是产品创新的长远蓝图。此外，自动化预警系统还能够进行自我学习和优化，从而在未来的预警中愈发精准。这种主动式的危机管理方式，不仅提升了组织整体的敏捷性和反应速度，而且在竞争激烈的市场环境中，赋予组织无可替代的领先优势，助力其更好地适应快速变化的外部挑战。

持续监控和自动化预警的结合，不仅能够增强企业的竞争力，也为应对复杂和快速变化的市场提供了有力的支持。技术和流程的双重优势，未来将在商业环境中扮演更重要的角色。在当今竞争激烈的商业环境中，企业需要快速识别并响应市场变化，以保持在行业中的领先地位。通过持续监控，企业可以实时获取市场趋势、客户需求和竞争对手动态等最新信息。这种实时的数据流为快速调整策略和决策创造了条件，从而增强了企业的反应速度和适应能力。

2. 独立评估

内部审计流程与外部审计的紧密配合是企业财务管理和运营管理中不可或缺的重要环节，二者间的独立评估机制在保障企业透明度、提高管理效率和降低财务风险方面发挥着至关重要的作用。这不仅增强了公司运营的透明度，还提升了整体管理的效能，从根本上降低了各类财务风险。内部审计流程作为一种内部机制，主要适用于对公司运营活动进行持续监督和评估，其职责不仅限于确保财务报告的准确性，还追求提高管理和运营效率。通过定期检查企业活动的各项细节，内部审计能够主动发现问题，及时提出经过深思熟虑的建议，协助管理层做出更为明智和具有战略性的决策。另外，外部审计作为独立的第三方评估力量，重点在于审核公司财务报表及其相关信息的真实性和公正性。外部审计通过全面评估公司的数据和运营，为公司提供客观的外部视角，这种独立性确保了公众和投资者对公司财务报告的信任。它不仅对公司的财务健康状况进行了认证，也为公司内部流程的健康运营提供了外部监督。这种监督和认证功能相协同，共同构建起更为全面和有效的公司治理体系。内外审计的紧密配合，能够产生联动效应，有力促进企业风险管理和合规性建设，最终推动企业朝着可持续发展的方向稳步前进，实现长期稳定增长与繁荣。

3. 缺陷整改

缺陷整改在组织的质量管理体系中扮演着至关重要的角色。为了提升整改的效率和效果，分级管理与根因分析工具的应用尤为关键。通过分级管理，组织能够有效地对缺陷进行分类和优先级排序。对于严重或高优先级的问题，管理层需要迅速做出反应，确保资源和注意力的集中投放。而对于低优先级的问题，管理层则可以灵活调整解决时间和方案，从而实现资源的最优分配。除此之外，根因分析工具的使用能够帮助组织深入挖掘问题的本源，从而提出更具针对性的解决方案。通过系统化的分析与归纳，组织可以避免相同或类似问题的再次发生，这不仅提高了整改的效率，更保障了产品和服务的整体质量。在应用这些管理工具的过程中，组织还可以收集和分析相关数据，持续改进管理流程和措施。这一过程中积累的经验，不仅有助于提高团队的专业能力，还推动了整个组织的持续进步与创新，确保其在市场中具备强劲竞争力。

根因分析工具提供了一套系统的方法，帮助识别和理解问题的根本原因。与传统的修补式解决方法不同，根因分析更加注重揭示问题背后的深层次因素。这种深入的分析方法，通过挖掘导致缺陷发生的根源，而非仅仅解决表面症状，使得组织能够制定出更为有效和持久的解决方案。此举不仅能够减少同类问题的重复出现，使工作流程更加灵活和高效，同时还大大提升了整体的产品或服务质量，从而增强客户满意度和信任度。不过，要想充分发挥根因分析的作用，需要在组织内建立一套相应的机制，这不仅在于工具的使用，更在于培育持续改进的文化。这种文化鼓励每位员工都能积极参与到问题的发现和解决过程中，逐步营造出更高效、更具创新性和竞争力的工作环境。在这样的文化氛围下，行为习惯的根本改善才会成为可能，使组织能够在不断变化的市场中立于不败之地。

（二）数字化监督工具

数字化监督工具作为现代企业管理的重要手段，正发挥着日益重要的作用。它们不仅能够帮助管理层实时监控企业运作，还能从数据中挖掘深层次的洞察，从而支持决策的制定和优化。这些工具通常集成了数据分析、自动化和机器学习等先进技术，能够有效提高企业的效率和竞争力。数字化监督工具的应用，也使得企业能够更好地监测员工的工作效率和安全合规情况，及时发现并解决潜在问题。然而，与此同时，使用数字化监督工具也需谨慎，因为过度的监督可能引发员工对隐私保护的担忧。因此，在使用这些工具时，企业应保持透明，确保信息的合理使用，并尊重员工的隐私权，以维护员工的信任和企业文化的健康发展。通过正确应用这些工具，企业不仅可以在市场竞争中立于不败之地，还能够创造更加和谐、高效的工作环境。

1. RPA机器人

RPA机器人在现代商业环境中的作用越来越重要，这不仅体现在数据核对和报告生成方面，还在其他业务流程中展现出其卓越能力。通过成熟的自动化技术，这些机器人能够毫不倦怠地处理大量重复性任务，不仅降低了人工劳动的密集程度，还提升了公司整体的运营效率。例如，在数据核对的复杂流程中，RPA机器人以其精确度和速度，准确无误地扫描并对比庞大的数据集，迅速发现并修正潜在的人为错误，从而大大提升数据的准确性和一致性。得益于先进的算法和处理能力，RPA机器人能够从多个数字来源中抽取有价值的信息，生成丰富、翔实、多角度的报告。这些报告不仅涵盖了最新的业务洞察，还辅以对未来数据趋势的预测，为企业的战略决策和长远规划提供了有力支持。在不断变革的市场环境下，RPA机器人的应用显著提高了企业的敏捷性和创新能力。

此外，RPA机器人的应用范围也在持续扩展。通过整合最新的人工智能和机器学习技术，RPA系统能够学习和适应不断变化的工作流程，从而更有效地应对复杂任务。这不仅意味着节省了大量的人力和时间成本，也使企业能够更专注于战略性的发展方向。而机器人生成的报告具有及时性和精准性，其可定制化的功能更是能够满足不同部门的需求，支持企业的持续增长与优化。随着技术的不断进步，RPA机器人无疑将在各行业中发挥更为关键的作用，助力企业实现数字化转型。

更为重要的是，RPA机器人的实施不仅局限于降低运营成本和提高效率，还展现出提升业务敏捷性和响应速度的潜力。在全球化竞争日益加剧的环境下，企业面临着不断变化的市场需求和政策调整，RPA可以快速部署并做出相应的反应，从而使企业在变化中立于不败之地。RPA机器人的协作特性，使其能够无缝整合到现有的IT基础设施中，支持更复杂的数据分析和决策过程，提供实时的业务洞察力。这不仅帮助企业实现固有流程的自动化，也激励企业探索新的业务机会和市场潜力，推动创新和增长。因此，无论是对当前商业模式的完善，还是对未来发展路径的探索，RPA机器人都将成为企业不可或缺的数字战略伙伴。

2. AI风险模型

在当今快速发展的技术背景下，人工智能风险模型逐渐成为现代信息安全体系中的重要组成部分。随着网络攻击手段愈发复杂，传统的安全防护措施已显得捉襟见肘，AI风险模型中的异常模式识别功能便尤为关键。它通过对海量历史数据的分析与处理，建立起常态活动的基准，并精准定位那些偏离常态的异常行为，这不仅能够有效发现潜在安全风险，还能及时防范可能发生的攻击。借助这一先进技术，企业可以及时感知安全漏洞，在攻击发生之前主动采取措施，保护系统与数据安全。

此外，自然语言处理（NLP）的日益成熟，为AI风险模型带来了新的突破。通过对用户举报内容的深度分析，NLP技术可以超越表面的文本威胁识别，探寻文本中可能隐藏的细微线索和潜在威胁。正是因为这项技术逐步完备，AI系统才能以更高的速度和精度判断信息的威胁等级，为安保人员提供精准的数据支持，从而在面对大规模威胁时快速响应，在最短时间内做出决策。

将异常模式识别与NLP举报分析相结合，AI风险模型不仅大幅提升了威胁检测的准确性，还增强了识别复杂威胁的能力。面对日益严峻的信息安全形势，这一技术进步无疑是一个重要的里程碑，不仅帮助企业强化其安全防护能力，也使个人更自信地在信息化世界中翱翔。这些技术的发展，标志着我们在信息安全领域向前迈出了一大步，助力企业和个人在信息化浪潮中稳步前行，同时也提醒我们继续探索与创新，以应对未来更大的挑战。

3. 区块链存证

区块链存证技术作为一种创新的数字记录方法，在现代信息管理中，尤其是在关键控制活动的追溯中展现出无可比拟的优势。其核心在于利用区块链的不可篡改性和透明度，为各类数据和文件的存储及验证提供了安全可靠的环境。在传统的存证方法中，数据往往面临被篡改、伪造和丢失的风险，这一切都可能影响到关键控制活动的准确性和可信性。然而，区块链的加入彻底改变了这一局面。每一笔数据的存储和操作都被记录在一个分布式的分类账上，既确保了信息的永久性，又实现了透明的审计流程。通过去中心化技术，不仅提高了数据获取和验证的速度，还增强了信息的安全性，使得数据在传输和存储过程中的潜在攻击面大大缩小。区块链的智能合约功能能够自动执行预设条件，进一步保障了关键控制活动的效率和准确性，从而为企业和组织带来了更高的运营安全性和决策信心。这种技术的广泛应用可能重新定义存证的未来，彰显了现代技术在提高工作流程精准度和可靠性方面的潜力。

在区块链存证模式下，任何变更都会留下时间戳记和不可逆的痕迹，这对关键控制活动的追溯至关重要。这种特性对于提高信息的准确性和完整性极具价值，因为通过这种方式，会计师和审计人员可以确保报告中的每一项数据都可以追溯到最初的来源，并验证每一次修改及其原因。在供应链管理中，区块链通过提供透明的、实时可追踪的记录，能够有效防止欺诈行为与错误的发生，使得企业能够更高效地识别和回应潜在的威胁。由于区块链的开放性和共享性，不同的利益相关者可以共同参与验证过程，这不仅局限于内部人员，还可以扩大到外部的合作伙伴和行业监管机构，形成一个更广泛的监督网络。这一网络的形成，使得任何不当行为都难逃追踪，从而进一步加强整个系统的可靠性和安全性。种种优势，使区块链存证成为企业合规性、风险管理和审计调查中不可或缺的技术手段，推动企业走向更高标准的管理与决策。

（三）改进机制设计

机制设计的改进是管理科学的关键要素之一。随着现代社会的发展，机制设计不仅关乎组织内部的运营效率，更直接影响企业的创新能力和市场竞争力。现代组织需要应对复杂多变的市场环境，灵活有效的机制设计在此过程中愈发关键。它不仅涉及如何在资源有限的情况下优化配置各种生产要素，同时也关系到如何制定并执行能够激发员工创新和提高生产力的政策。有效的机制设计要求深刻理解组织内部及外部的动态，从员工的角度出发，提供激励机制，以增强他们的归属感和主动性。在提升企业市场竞争力方面，合理的机制设计不仅是产品或服务差异化的重要手段，也是企业实现持续创新的驱动力量。这样，企业才能在竞争激烈的市场中获取并保持领先地位，推动自身和行业的长期发展。

首先，提升机制的灵活性是改进的关键所在。传统的僵化制度往往限制了组织对环境变化的敏捷响应能力，导致组织难以迅速适应市场的动态需求。在设计机制时，应该引入动态调整元素，以便及时应对市场的不确定性。例如，可以设立灵活的政策调整窗口，允许机制根据实时市场数据进行合理调整。这不仅能增强机制的适应性，还能够提高组织的整体敏捷性。其次，透明和公正是机制长效运行的基石。设计机制时，明确、公开的指标和规则，可以有效避免因信息不对称而导致的资源分配不公平问题。在这一过程中，确保各利益相关者都能获取必要的信息，参与机制的设计与评估，以提升组织内部的信任度和凝聚力。最后，在机制设计过程中，应当辅以相应的反馈和评估系统，以确保在实施过程中能够根据真实情况进行持续的优化和改进。通过构建有效的反馈机制，组织能够及时发现问题，并迅速采取调整措施。这不仅提高了机制的整体效能，同时也促进了组织内部的创新文化和良性竞争，为企业在长远的竞争中筑牢优势。这些措施的实施将会使组织在快速变化的市场环境中占据主动地位，实现持续增长与创新。

1. PDCA循环应用

PDCA循环，即计划（Plan）、执行（Do）、检查（Check）和处理（Act），是一个持续改进的模型，广泛应用于质量管理、项目管理和企业流程优化等领域。计划阶段是至关重要的，它涉及对现状的分析，确定问题和改进的目标，并设计出具体的步骤来实现这些目标。在执行阶段，团队按照计划实施方案，收集相关数据以供后续分析。检查阶段则要求详细评估执行结果，对比预期目标和实际表现，以便识别差距。在处理阶段，针对检查阶段发现的问题进行纠正和调整，形成新的标准，从而为下一轮PDCA循环奠定基础。

PDCA循环的应用不仅限于企业内部流程的优化，还可以扩展到个人管理和职业发展中。在个人层面，PDCA循环帮助个体明确清晰的目标，制订详尽的行动计划，并通过定期反思，确保目标的实现和自我提升。PDCA循环也为团队协作提供了一种结构化的方法，它强调整个团队的参与和反馈，通过不断的调整和适应，提高团队的整体效率和成果。因此，PDCA循环作为一种简单又强大的工具，可以有效地推动组织和个人的持续进步及创新。

2. 绩效考核联动

绩效考核联动是企业管理中极为重要的环节，它能够有效地调动员工的积极性，提高整体工作效率。在这一过程中，将风险控制指标纳入关键绩效指标（KPI）是至关重要的。风险控制作为企业运营中的核心组成部分，需要得到足够的重视，而将其作为KPI的一部分，可以使员工意识到风险管理的重要性，从而在日常工作中更自觉地关注风险、减少风险发生。

首先，风险控制指标明确化，可以帮助员工更直观地理解自身在这一环节的职责和贡献。通过设定具体可量化的指标，员工能够清楚地知道如何凭借风险管理工作的努力，达到公司期望的标准，并因此获得相应的奖励。这不仅关乎企业的安全经营，也为员工的专业成长提供了动力。

其次，绩效考核联动与风险管理的结合可以促进企业管理层与员工之间的沟通。这种沟通不只围绕指标的设定与考核的过程展开，也涉及企业在整体运营中如何更好地识别和处理潜在风险。通过这种方式，员工能够更深入地理解公司的战略目标和风险管理方针，从而在工作中贡献出更优质的表现。

最后，将风险控制纳入KPI考核中，可以更好地打造企业文化。在重视风险控制和绩效考核的环境中，员工会更倾向于主动承担责任，并积极寻求创新的方式降低风险。这种正向的企业文化不仅会提升企业的运行效率，还将在市场竞争中为企业树立良好的声誉。

3. 案例：制造业成本超支的闭环管理

在全球经济不断波动的当前形势下，制造业正面临前所未有的挑战，其成本管理的重要性愈发凸显。然而，仅仅依靠传统的成本控制手段已不足以应对现代制造业复杂多变的市场环境。正因如此，闭环管理理念在其中扮演着至关重要的角色，凭借其动态反馈机制，确保企业在各运营环节对成本进行精准监控与调节。

闭环管理的核心在于实现信息的无缝流转与反馈，促使各部门协同工作，构建动态、持续改进的管理循环。从供应链采购到生产控制，再到成品配送，所有环节的信息流动都应实现实时化和透明化。这能让管理者更清晰地了解成本构成及变化原因，使决策基于全面的数据而非单一的信息。通过分析历史数据，企业能更好地预判未来可能出现的费用变动，从而提前制定应对策略，降低因突发情况造成的财务冲击。

闭环管理还注重企业文化的建设，员工在其中不仅是执行者，更是管理流程的贡献者和优化者。他们的反馈和创新思维被鼓励并纳入整个管理体系中，使得成本管理从被动型逐渐转变为主动型。这种文化的塑造不仅提升了员工的参与度和责任感，还有助于全面提高企业的核心竞争力。

因此，实施闭环管理是现代制造业提升成本效益必不可少的长远战略。通过全面整合各项资源、优化业务流程、强化数据分析及创新驱动，企业能在动态变化的市场环境中稳步前行，确保在国际化竞争中立于不败之地。

第三章　管理会计与内部控制的协同关系

管理会计作为企业管理的核心工具之一，其目标在于为企业经营决策提供有力的支持。它通过提供准确及时的财务信息，帮助企业在复杂多变的市场环境中进行科学决策。内部控制则旨在确保企业的运营效率、财务报告的可靠性以及遵循相关法律法规。两者之间的协同关系对企业的长远发展至关重要。

管理会计能够通过对企业内部信息的深入分析和处理，帮助企业建立有效的内部控制机制。通过数据分析与报告，管理会计提供了科学的依据，使得企业能够及时发现并解决潜在的风险和问题。内部控制的有效性又为管理会计提供了稳定的运作环境，确保管理会计信息的准确性和可靠性。这样的双向互动，使得管理会计与内部控制在资源利用、风险管理和战略决策等方面实现无缝对接，进而提升企业的整体竞争力。

在实践中，管理会计与内部控制的协同关系体现在多个层面。例如，通过预算管理与内控流程的结合，企业可以更加精准地控制成本，优化资源配置，实现利润最大化。依托信息技术应用，如ERP系统的整合，管理会计和内部控制的实时数据分享与反馈机制得以实现，进一步增强了二者的协同效应。在现代企业管理中，充分理解和运用管理会计与内部控制的协同关系，已成为提升企业管理效率和效益的关键。

一、数据支持与风险控制协同

数据支持与风险控制的紧密协同，能够显著提升企业在动态市场环境中的适应能力与决策效率。数据支持能够为企业提供全面而精准的信息基础，这些信息不仅来源于内部运营数据，还包括外部市场趋势、竞争对手动向以及相关法规政策等。通过对这些数据进行整理与分析，企业可以更好地识别潜在风险以及可能的市场机遇。

在风险控制方面，数据支持的作用不可忽视。数据分析工具的应用可以帮助企业提前预测不良情况的发生概率，主动调整战略和措施，从而有效规避或减轻风险带来的影响。数据支持还能够在风险事件发生时提供实时监控与反馈机制，助力企业快速响应，调整运营策略，将损失降至最低。

因此，数据支持与风险控制的协同不仅仅是技术层面的结合，更是战略层面的深度融合。通过数据驱动的风险控制，企业不仅能够稳步提升运营效率，还能在不确定的商业环境中建立更强的竞争优势。战略层面的紧密配合，还可以为企业的长远发展提供更多的洞察与指导，使其在市场中始终保持领先地位。

（一）数据共生关系

在当代信息社会中，“数据共生关系”成为一个备受关注的话题。这一概念不仅仅局限于对数据作为资源的传统理解，还揭示了数据在不同主体之间相互依赖、相互促进的动态关系。这种共生关系不仅存在于人与数据之间，还延伸至企业、政府以及各类机构之间。在这种关系中，数据不再是单方面的产出，而是通过各种技术手段，如人工智能和大数据分析，持续反馈并优化自身的质量和价值。

个人与数据的共生关系显而易见。人们在日常生活中创造了大量的数据，从网络浏览记录到社交媒体活动，这些数据不仅反映了我们的行为习惯，经分析还能呈现潜在的需求和兴趣，从而反过来影响我们的生活方式和决策。企业通过深入挖掘和分析这些数据，能够更精准地定位用户需求，提升产品和服务的质量，实现个性化和定制化的客户体验。

从更宏观的角度来看，政府和公共机构通过对海量数据加以分析，不仅可以提高公共服务的效率，还能够预测和预防社会问题，如交通堵塞、环境污染等。数据在这一过程中扮演的角色是不可或缺的，因为它不是被动地记录和反馈，而是积极地参与到问题的解决和政策的制定中，体现出数据与公共福祉之间的共生关系。

随着技术的不断进步，数据共生关系将愈发明显，并成为推动社会和科技进步的重要力量。我们需要更加重视和主动挖掘其中无限的可能性，以实现更高层次的创新和协调发展。

1. 管理会计的数据供给

管理会计不仅在实现组织目标的过程中承担着极其重要的角色，还在数据供给上发挥着关键作用。管理会计的数据供给能力是企业决策的基石，它通过整合分析内部财务数据和非财务数据，输出了一种综合性的见解，使管理层能够做出明智而准确的决策。与财务会计不同，管理会计关注的是未来，关注的是业务运营的实际情况，着重于通过数据解读和分析为企业的战略规划提供支持。

管理会计不仅要求完成简单的数据收集，还要求对收集的数据进行清晰分类和详细分析。例如，通过预算数据分析市场趋势、评估财务风险，或通过绩效评估提升团队的效率和生产力。管理会计师需要从海量的数据中找到关键的统计信息，利用这些信息为组织管理提供前瞻性的指导。现代技术和分析工具的运用，进一步增强了管理会计的数据处理和分析能力，使其能够通过构建数据模型和开展预测分析，提供更精确、更具预见性的建议。这种能力的增强使企业在面对快速变化的市场环境时，能够更从容地应对和调整策略，以维持和加强其竞争优势。

（1）风险识别的量化指标

风险识别是项目管理和决策制定过程中至关重要的环节。在这个复杂的过程中，量化指标的应用可助力更精确地评估和管理潜在风险，从而提高项目成功率。其中，成本波动和预算差异是两个常见且关键的量化指标。

成本波动指的是项目实际支出与预计支出之间的差异。通过定期监控成本波动，可以了解哪些因素可能导致项目预算偏离，从而及时调整管理策略。例如，市场原材料价格的波动、劳动力成本的变动以及意外费用都可能导致项目成本上涨。通过计算成本波动数值，将其应用到风险评估模型中，可以更清晰地呈现出潜在的财务风险。

预算差异则是在项目执行过程中实际预算与计划预算之间的数值差距。通过这种对比分析，管理者能够识别并量化预算执行中的偏差，为下一步的修正和优化指明方向。预算差异帮助项目团队理解哪些方面的预算过高或者过低，进而在未来的项目计划中采取更精准的策略。

通过运用成本波动和预算差异这些量化指标，项目管理者能够更加准确地识别和评估项目过程中可能出现的风险。这种精准化的数据分析方法，使得管理者能够及早发现潜在的问题，采取预防措施，从而提高项目的成功率。在项目执行过程中，管理者可以通过周期性评估这些指标，实时调整策略，以应对变化的市场条件或其他不可预知的挑战。这一方法不仅提升了项目的灵活性和适应能力，还可以降低项目超支或延期的风险。此外，它还能提升团队的合作水平，鼓励更多部门之间的协作，营造凝聚有力、目标一致的工作环境。因此，把成本波动和预算差异作为重要的管理工具，为项目的长期成功打开了一扇新的大门，使项目不但能如期完成，而且缩小了预算不确定性对项目的负面影响，为未来的项目管理树立了新的标杆。

（2）风险评估的模型输入

风险评估的模型输入涉及多种重要因素，客户信用评分和供应链概率是两个核心构成部分。客户信用评分通常基于一系列变量进行计算，如借款者的信用历史、还款能力、现有债务水平以及金融管理行为等。这些因素被整合成一个综合评分，用以预测客户未来的信用行为和违约可能性。信用评分不仅能帮助金融机构评估借款风险，还可以为个人和企业提供明确的信用画像，影响其贷款利率和额度。

进一步扩展来看，客户的信用评分会受到各种外部因素的影响，例如经济环境的变化、行业的具体动态等。客户个人情况的变化，如收入的增加或减少、家庭负担的变化等，也会对其信用评分产生直接影响。在风险评估中，模型通常会引入这些动态因素，以提高预测的准确性。供应链概率的分析，则需要考虑供应商的可靠性、市场需求波动，以及潜在的物流和运输风险等因素。所有这些变量的整合，确保了风险评估模型能够更全面地反映出客户或企业未来的财务稳定性及风险情况。通过这种全面的评估机制，金融机构能够更好地制定决策，不仅保护自身的利益，而且促进了金融市场的稳定和健康发展。

另外，供应链概率主要关注供应链流程中的风险因素。该模型输入涉及供应链的复杂性、供应商的可靠性以及地缘政治影响等。在全球化经济的背景下，各种不确定因素如自然灾害、经济波动或者政策变更，都会对供应链的稳定性产生影响。通过对这些因素进行详细的分析，企业不仅能够提前预判潜在风险，还可以制定灵活的应对策略，以有效规避可能的威胁，确保生产和交付顺畅运行。整合供应链数据还能显著提高企业对市场变化的敏捷响应能力。在快速变化的商业环境中，这种能力对维持和提升竞争优势至关重要。借助先进的分析技术，模型通过分析历史数据和实时信息，为供应链管理提供可操作的风险预警和改进策略。这些策略不仅可以帮助企业提升运营效率，还能加强企业与客户关系，通过提供更稳定的产品供应增强客户信任。通过全面的风险评估，决策者能够更明智地管理资源，有效降低潜在风险的影响，确保企业在不断变化的市场中持续保持竞争力。

2. 内部控制的数据治理

内部控制的数据治理，是确保企业有效管理和利用数据资源的关键。它不仅仅涉及对数据的存储和处理，还包括对数据访问、数据完整性、数据隐私和数据安全的综合管理。一套有效的数据治理策略可以帮助企业维护数据的质量，保障数据的准确性和及时性，同时筑牢合规性要求的基础。

开展内部控制的数据治理时，企业应该明确数据所有权和责任归属，确保所有相关利益方都了解他们在数据管理和保护方面的角色和义务。通过定期的数据审计和风险评估，企业可以识别潜在的数据治理问题，并采取相应的预防和纠正措施。进一步而言，内部控制的数据治理还需要企业投入相应的技术和资源，支持数据治理体系的构建和维护。例如，通过建立高效的数据仓库和引入先进的数据分析工具，企业可以更好地掌握和分析其数据资产，提升决策制定的质量并优化业务流程。

总之，内部控制的数据治理是企业数字化转型和数据驱动业务战略的关键组成部分，对提升企业竞争力、提高运营效率和维护企业声誉都具有至关重要的作用。

（1）真实性保障

真实性保障是系统设计中的重要环节。为了确保信息的真实性，通常采用职责分离和审批留痕的方法。职责分离是一种有效的控制机制，通过将任务分解并分配给不同的人员或系统，有效防止某个人或系统单独获得过多权力，降低错误和欺诈的风险。职责分离还可以提升流程透明度，使得问题更容易被察觉和解决。

审批留痕是在流程中通过详细记录每个审批步骤及其负责人的信息，防止信息被篡改和伪造。这种记录通常包括但不限于时间戳、审批人身份、操作内容等，以便在发生问题时能够快速进行审核、追溯和纠正。这种方式不仅提升了系统的可靠性，还增强了用户对系统的信任度，因为所有信息的更改都有据可查，可以追溯到责任人。

职责分离和审批留痕的双重保障，能够更好地维护系统的公正性与可信度，确保操作透明、安全，每一步都在监督与控制之下，从而提高整个组织的效率和安全性。这些措施在各类组织中都至关重要，尤其是金融、医疗等高风险行业，因为在这些领域中，任何信息的不实和误用都可能导致严重的后果。真实性保障构成了信息安全管理中不可或缺的一部分。

（2）完整性控制

在现代信息系统中，完整性控制是极为重要的组件，其主要任务是确保数据和信息在输入、存储、处理和输出过程中的准确性、可靠性和一致性。系统校验作为完整性控制的核心环节之一，依托自动化工具对输入数据进行实时检查，确保其符合既定的格式、类型和范围。例如，在输入日期或数字时，系统会自动验证其是否符合预设的格式要求。

除此之外，逻辑核对在完整性控制中也扮演着不可或缺的角色。逻辑核对不仅局限于数据类型的检验，还包括更复杂的关系和条件判断。它确保数据在业务规则和逻辑规则框架下是合理和符合预期的。例如，在财务系统中，借方和贷方金额必须相等，这就是一种典型的逻辑核对。

通过系统校验和逻辑核对的协同配合，信息系统可以更有效地规避数据错误和不一致问题，提高系统整体可靠性和用户信任度。这种多重步骤的安全保障，不仅能维持数据存储和处理环节的准确性，而且在一定程度上保护了数据的完整性和隐私，确保了整个系统的平稳运行。这些机制的不断完善和创新，也推动了信息技术的发展，适应日益复杂的数据环境。完整性控制的有效实施，是企业信息管理中不可或缺的一环，是确保企业数据资产价值和安全的重要基础。

（二）风险控制联动

在现代商业环境中，风险控制联动已成为企业管理中的关键要素之一。这不仅涉及对单个部门或业务线风险的识别和管理，还需要跨部门协作，以确保潜在危机能够得到及时、有效的应对。在实际操作中，风险控制的联动性表现在多个方面。

首先，信息共享是至关重要的。各部门需要打破“信息孤岛”，通过统一的平台进行信息交流。这样不仅可以提高决策的效率，还能帮助管理层全面了解风险的多样性以及潜在影响。在此基础上，通过跨部门的风险评估，企业可以制定更加科学合理的应对策略。建立高效的协调机制同样不可或缺，以确保风险发生时，各部门能够迅速采取行动，形成合力。其次，风险控制联动需要对风险进行持续监控和评估。这意味着，企业应该建立动态的风险管理体系，能够识别各类可能的威胁情况。同时，通过引入尖端的科技手段，如大数据分析和人工智能，可助力风险预测与感知，提升整个企业的风险抵御能力。最后，企业文化的塑造也是实现风险控制联动的重要一环。企业需要培养全员的风险意识，让每位员工都明白自己的决策和行动可能带来的风险，从而激发员工自下而上的主动性和责任感。在这样的组织氛围中，风险控制联动才能真正发挥作用，成为一种常态化的实践。

1. 管理会计风险建模

管理会计风险建模在现代企业中扮演着至关重要的角色，尤其是在快速变化的市场环境下。它主要包括预测模型和动态监控两大核心工具。通过预测模型，企业可以提前识别潜在的财务风险，精准掌握可能对企业运营和财务表现造成影响的变量。这不仅帮助管理层在进行重大决策时增强前瞻性，还能使资源配置调整更具战略性。预测模型的准确性依赖高质量的数据输入，以及对市场趋势的深入理解和分析。

另外，动态监控提供了一种实时观察企业财务健康状况的方式，使管理者如同驾驶员掌控车辆一般，对企业的各项“操控”都心中有数。运用动态监控，企业可以随时追踪关键绩效指标的变动，诸如现金流量、库存水平和债务比例等，迅速应对外部环境变化和内部运营复杂性带来的挑战。这种能力在市场波动、政策调整或突发事件等情形下显得尤为关键。动态监控系统结合先进的技术手段，如人工智能和机器学习，使企业能够在收到风险信号的第一时间做出反应。当某个财务指标偏离正常轨道，系统会自动发出警报，提醒管理层立刻解决潜在问题，减少损失，优化管理流程。管理会计风险建模的有效实施，不仅为企业提供了竞争优势，使其在激烈的市场竞争中脱颖而出，更成为现代企业实现可持续发展的重要支柱，增强企业在复杂经济环境中的适应能力和创新能力。

2. 内部控制风险拦截

内部控制风险拦截是现代企业风险管理领域不可或缺的一环，其核心功能在于通过设定严谨的流程规则，搭配高度智能化的系统自动冻结功能，有效降低潜在风险的发生概率。在企业的多层级运作中，这些标准化流程规则如同企业运转的中枢神经系统，能够对每一个环节进行严密监控和调控。设计规则时，需要关注过程的严谨性和完整性，还需呼应市场需求和行业动态的发展，不断进行优化和调整。每一个操作细节，从需求规划到成果交付，都需经过严格的实例分析和风险评估，确保有章可循。系统的自动冻结功能提供了技术支持，不仅能在发现异常时迅速响应，还能通过大数据分析预测潜在风险，为企业提供改进及优化策略建议。这种灵活的风险控制机制，助力企业在动态不确定的环境中保持市场敏锐度，确保决策及时、科学和有效。

系统自动冻结功能作为流程规则的强有力补充，能够在识别到违规或异常活动时，立即冻结相关操作，防止风险进一步扩散。该功能依托先进的数据分析技术和实时监控机制，能够在片刻之间做出反应，实现对风险的事前干预。这种自动化的风险管理大幅减少了人为干预可能带来的主观偏差和错误决策，保证了企业日常运作的稳定性和连续性，为企业的长期发展奠定了坚实的基础。更具体地说，这种机制不仅能检测明显的违规活动，还能通过机器学习和人工智能算法识别潜在威胁，在问题真正显现之前加以遏制。自动冻结功能直接缩短了反应时间，使得企业在最短时间内做出最佳决策。通过这样的机制安排，企业能够在复杂多变的商业环境中，始终保持高度的灵活性和适应性，同时培育出主动预测和快速应对风险的文化。这种文化的建立，不仅增强了企业的市场竞争力，还赢得了更高的客户信任，使其在行业中更具优势。

3. 案例：销售毛利率骤降的协同应对

在面对销售毛利率骤降这样的重大挑战时，企业不仅需要深入分析这一现象背后的原因，还要在此过程中展现出卓越的协同应对能力。首先，企业应对市场动态进行详尽的调研，确认是否存在竞争者的价格战、供应链问题或产品策略失误等因素导致毛利率下降，各部门需联合制定紧急应对措施。财务部门可以精确测算各类成本及收益来源，以确定可优化之处；市场部门则需要快速调整营销策略，维护品牌价值，同时探寻新的增量市场和客户群。

此外，技术部门也需发挥关键作用，通过提升产品创新性和生产效率降本增效，提高产品的吸引力和竞争力。人力资源部门可以通过培训员工、提升内部沟通效率，确保整个组织在应对危机时能够步调一致、快速响应。与此同时，企业管理层应保持沟通透明，聚焦员工士气，传递清晰的战略方向和对未来的坚定信心。在此过程中，对高科技的合理运用，例如数据分析工具，能够帮助企业更好地预测市场趋势，实现精准决策。通过全方位、多层次的协同努力，企业不仅有望化解当前的挑战，还能够在风云变幻的市场环境中锻造更强的竞争力。

除了上述措施，技术部门还可以通过开发新技术和创新产品来增强企业的市场竞争力。例如，在流程优化和自动化机器应用方面进行投资，不仅有助于提高生产线的作业效率，降低人工成本，还能显著提升产品质量，满足甚至超越客户的期望。公司也应注重培养多技能员工，以提高团队的灵活性和适应能力。建立持续的员工培训计划，可以确保技术人员不断更新知识储备，掌握最新技术，从而在工作流程中发现潜在的创新机会。加强与供应链各环节的紧密合作，优化库存管理和订单处理流程，也能进一步降低成本，提高企业整体响应市场变化的能力。管理层需依托数据驱动决策，运用各种分析工具，精准预测市场趋势，以便在面临突发挑战时，能够制定出更加有效的决策。通过这些努力，企业不仅可以化解短期的利润下滑危机，更能构建起长远的竞争实力。

（三）技术赋能协同

在当今迅速发展的科技环境中，技术赋能协同已经成为推动企业和组织前行的重要力量。借助先进的信息技术、大数据分析以及智能化工具，团队和个人能够实现更高效的沟通与合作，从而打破时间和空间的限制。这种协同效应不仅体现在提高工作效率和缩短项目周期上，更在于其为创新和变革提供了无穷的可能性。通过使用如协同软件、云计算平台及人工智能驱动的解决方案，组织不仅能提高其运营效率，还能激发员工的创新潜力。这些工具和平台打造了开放灵活的工作环境，使团队成员能够更便捷地分享知识和资源，促进跨部门的合作与创新。技术赋能还能增强企业的灵活性，使其能够快速响应市场变化和客户需求，在竞争激烈的市场中保持领先。随着科技的不断进步，技术赋能在组织中发挥的作用将愈发重要，成为创新驱动的核心力量。

技术还提供了个性化定制的机会，使各个团队能够根据其特定需求配置工具和流程，创造出更具弹性和适应性的工作环境。这种灵活性确保了每个团队能够在不偏离整体战略方向的前提下，更加高效地完成各自的目标。独特而定制化的技术解决方案，使团队具备非凡的适应性，能够敏锐地抓住市场上的每一个机遇。个性化的技术支持极大地提高了团队间的协作效率，使得跨部门、跨地域的合作更加顺畅。在这种互联互通的工作环境中，通过实时数据共享和分析，团队成员能够在更短的时间内做出更明智的决策，显著提升整体反应速度和应变能力。这种能力尤为重要，尤其是在快速变化和竞争激烈的市场环境中，它不仅帮助组织保持竞争优势，同时也是解决突发问题、快速响应市场变化的关键。总之，技术赋能协同不仅是提高生产力的关键，也是推动未来组织发展的必然趋势，为日益复杂的业务挑战提供了可靠的解决方案。

1. 一体化系统整合

一体化系统整合（ERP模块数据互通）是现代企业管理中的一个重要方面。在当今全球化和信息化的商业环境中，企业面临着前所未有的挑战与机遇，而有效地整合企业内部复杂多样的数据资源，是提升企业竞争力的关键。通过ERP系统的有效整合，各个模块之间的数据可以实现无缝传输，不仅提高了企业内部的信息流通速度，还增强了决策的准确性和及时性。例如，当销售部门输入订单信息后，系统会自动通知库存模块进行库存检查，并相应调整采购计划。财务模块则能即时获取相关的交易数据，确保财务报表的实时更新。这种模块间的互通，减少了人工处理数据的时间和出错率，同时也缩短了业务流程的周期。在此基础上，企业能够通过集成的ERP系统，减少重复操作和冗余数据输入，将员工从烦琐的日常事务中解放出来，使其能够专注于更具战略性的任务。这种高效的信息共享机制，进一步提升了企业的反应速度和市场竞争力。此外，ERP系统的集成使得企业更加敏捷，能够迅速应对市场变化和客户需求。例如，通过实时监控销售和生产数据，企业可以更快地识别销售趋势，从而调整生产和采购策略，最大限度地满足客户需求并降低成本。企业还能够通过分析历史数据和市场趋势，预测未来的需求变化，为制定长期发展战略提供数据支持。总之，一体化系统整合不仅提高了运营效率，也为企业提供了战略优势，使其具备在竞争激烈的商业环境中立于不败之地的能力。

2. AI与自动化增强

AI与自动化在金融领域的应用日益广泛，其中一个重要的应用就是风险预警和异常交易标记。在现代金融市场中，交易量庞大且变化快速，传统手段往往难以实时监控和预警潜在的金融风险。因此，利用AI技术进行数据分析和风险管理成为一种趋势。通过机器学习算法，AI可以迅速分析海量市场数据，包括历史交易记录、市场趋势、经济指标以及来自各类新闻源的实时信息。这不仅能够识别出潜在的风险信号和异常交易模式，更重要的是，这种技术还能通过自我学习不断优化预测模型，提升风险识别的准确性。AI在处理非结构化数据，如社交媒体信息方面展现出卓越的能力，它可以帮助投资者迅速捕捉市场情绪的变化并做出相应反应。AI的介入降低了人为误差的可能性，使得决策过程更加科学化与客观化。这种智能技术能够在交易发生之前预警市场可能出现的波动，为投资者提供宝贵的决策依据，从而提升整体投资策略的有效性，助力其在日益复杂的市场环境中保持竞争优势。

AI与自动化工具的结合，可以大幅提升异常交易的捕捉效率。在过去，金融机构主要依靠人工进行异常交易的检测和分析，这种传统手动处理流程不仅耗时长，而且由于人类认知的局限性，极易造成漏报或误报的情况。而借助AI的自我学习和图像识别技术，它能够依托海量的历史数据和实时更新的数据源，持续优化自己的模型和策略。AI系统通过分析数百万笔交易记录中的细微模式和异常特征，能够以比人类更高的精确度，标记潜在的可疑活动。

提高异常标记的准确性，不仅可以有效减少金融机构因欺诈和误报而遭受的经济损失，同时有助于提升用户对金融市场的信任度。它能为参与交易的各方营造更透明、更安全的环境，在风险预警和危机处理之间搭建一座强有力的桥梁。由此，AI与自动化技术的应用，无疑将为金融行业带来全新、高效、智能化的风险管控方案，加速其向更加稳定和安全的方向迈进，进一步推动整体金融生态系统的发展。

二、预算管理与成本控制协同

预算管理与成本控制协同是企业管理中的一个重要领域，其目的是通过有效的计划和控制机制，确保企业资源的最佳使用，并最大限度地实现经济效益。预算管理主要关注企业资源的规划和分配，帮助企业设定财务目标，形成机制并推动员工在一定的资源框架下实现这些目标。通过精细的预算编制、详细的预算分析和严格的预算执行，预算管理能够为企业运营提供明确的方向和动力。

在此过程中，成本控制作为预算管理的重要环节，扮演着关键角色。它不仅意味着要对企业实际成本进行严格管理，力求避免超支和浪费，还需要在资源有限的条件下，优化成本结构，提升产品和服务的竞争力。这种协同机制要求企业在确保质量的同时，寻找各种方法和手段降低生产或运营成本，从而提升整体的财务健康水平。

为了确保预算管理与成本控制有效互动，企业需要合理使用技术和管理工具。现代软件工具和数据分析技术为两者的结合提供了强大的支持，通过更精确的数据分析和实时监控，企业管理者能够及时识别财务风险并获得优化建议，从而做出更符合企业长远战略的决策。预算管理与成本控制的协同，是实现高效企业管理和可持续发展的基础保障。

（一）目标协同机制

预算管理与成本控制的目标协同机制，核心在于通过对各类资源的高效管理提升企业整体运营的效能，同时降低不必要的开支，从而实现企业利润的最大化。首先，在管理层面，必须保证信息流的畅通，以便管理人员能够在第一时间获取关于资源使用的实时数据，做出精确的决策。其次，企业需要制定清晰的成本控制策略。这包括设定切实可行的财务预算，以及定期审查各部门的成本支出情况，确保其与公司整体财务策略的一致性。当然，激励机制的设计也不可忽视，只有将员工个人目标与企业成本控制目标有机结合，才能最大限度地调动员工的积极性和创新能力。最后，借助现代技术手段，如ERP系统，企业可以对各类资源进行精细化管理，及时发现潜在的问题并采取相应措施进行调整与改进。这种协同机制不仅提高了企业的灵活性与抗风险能力，更是其在激烈的市场竞争中突围的关键。

1. 管理会计规划

管理会计规划作为企业管理的核心环节，不仅局限于预算编制和成本分析，还涉及更广泛的策略制定和资源优化。预算编制是其中不可或缺的一部分，它能够为企业设定明确的财政行动方针，并且帮助企业在面对复杂多变的市场环境时保持稳定的财务状况。为了使预算变得更为实用和精准，管理会计人员需要广泛收集市场动态信息，不断更新和分析企业的历史财务数据，同时结合企业的运营能力与长远发展目标。在这个过程中，管理会计人员的职责远不止简单的数据分析，他们需要充当企业与各部门之间的桥梁，及时沟通和协调，确保预算不仅科学合理，而且具有高度的可执行性。只有这样，企业才能在迅速变化的市场中灵活调整策略，把握发展机遇，占据竞争优势。成本分析同样需纳入全面的财务规划之中，以确保企业的资源能够得到最优化的配置，从而提升整体运营效率。通过全方位的管理会计规划，企业能够在不断变化的市场环境中灵活而稳健地运作。

在企业运营中，成本分析不是简单的列表呈现，而是一种战略工具，能够挖掘出潜藏在数据背后的经济活动真相。通过对成本构成要素的细致剖析，企业可以识别各种费用的来龙去脉，包括原材料成本、人工费用、设备折旧以及其他与供应链相关的附加费用。这些数据的透明化使得管理层能够精准地定位各运营环节中潜在的风险与调整空间。例如，通过分析生产过程中的能源耗用比例，企业可以探索使用可再生能源的可行性，从而减少对传统能源的依赖并降低相关成本。间接成本如行政管理开支、营销费用及科技开发投入等，也是企业必须密切关注的焦点，以确保没有资源被浪费或配置不当。成本分析还能够帮助企业评估不同战略决策的财务影响，通过情景模拟或灵敏度分析，预测变量变化对公司整体财务健康状况的潜在影响。整体而言，成本分析不仅加强了企业对财务数据的把控能力，还帮助管理层在成本控制与价值创造之间找到更佳平衡，最终实现长期商业价值的最大化。通过这种全方位的财务管理，企业将能够更好地应对市场变化，增强其在竞争激烈的商业环境中的生存能力。

2. 内部控制执行

内部控制执行是组织管理中至关重要的一环，包括预算约束和合规审查两个核心部分。预算约束是指在有限的资源下，通过科学合理的预算管理，确保财务资源能够有效配置、优化使用，从而支持组织战略目标的实现。在这一过程中，财务团队需要密切监控预算执行情况，及时纠偏，确保各项支出不超出预定范围。这个环节不仅需要精确的数据分析，还需要对市场变化保持敏锐的反应能力，以便对突发事件做出迅速而合理的调整，确保组织资金的最佳利用。

然而，仅有预算约束还远远不够，为了确保组织的稳健发展，合规审查同样不容忽视。合规审查涉及对相关法律法规和内部政策的全面了解和严格遵循，以防范潜在的法律风险和声誉损害。定期的合规检查，可以帮助识别业务流程中的隐患，并采取相应措施进行整改。除此之外，对员工的合规培训也是必不可少的，它能够增强员工的合规意识，促使他们在日常工作中自觉遵守相关规定。最终，通过预算约束和合规审查的双重保障，组织可以在控制风险的同时，实现资源的高效利用和可持续发展。这种严谨的内部控制执行过程，不仅仅是财务和合规部门的职责，还需要组织成员积极参与、共同构建，共同筑牢稳健高效的运营环境根基。

合规审查不仅是保证组织运作于法律法规框架内的必要措施，更是推动其实现稳健发展的关键支撑。通过开展合规审查，组织可以建立健全管理体系，识别和预防潜在的法律风险，并及时采取纠正措施。这样不仅维护了组织的合法权益，也提升了其在市场中的信誉度和美誉度。同时，合规审查也能促使组织在伦理和社会责任方面发挥更积极的作用，这对赢得客户、投资者和其他利益相关者的信任至关重要。在当今全球化的背景下，合规管理还必须适应不同国家和地区的法律文化差异。为此，组织需不断加强内部合规培训，提升相关人员的法律意识和专业技能。智能技术的应用也可以提高合规审查的效率和准确性，通过大数据分析和人工智能，组织可以更有效地监测并调整其合规策略，以应对日益复杂的市场环境和不断变化的法律规定，从而在竞争中保持领先地位，实现长期的可持续发展目标。

3. 案例：制造企业弹性预算与审批规则结合

制造企业在制定财务预算时，通常面临需求不确定性、市场动态变化等诸多挑战。这些挑战不仅影响企业的盈利能力，也对企业的长远发展战略提出了更高的要求。因此，弹性预算成为一种有效的管理工具。弹性预算是一种能够根据实际生产活动水平的变化而进行调整的预算方法。这种预算方法的最大特点在于其灵活性，能够使企业面对外部不确定因素时，更加从容地进行应对和调整。弹性预算还能帮助企业在成本控制方面提升效率。通过更细致地分析实际生产条件下的成本支出，企业可以挖掘潜在的节约空间，优化资源配置，进而提高整体运营效率。弹性预算的使用还可以为企业打造更具竞争力的财务战略，使企业及时调整发展策略，应对市场的快速变化。这种预算模式不仅能更准确地反映实际情况，还能为高层管理人员提供更可靠的数据支持，从而帮助他们做出更明智和具有前瞻性的财务决策。

在实际应用中，弹性预算通常与审批规则紧密结合，以确保财务资源的有效分配和使用。这一过程不仅是简单的调整账户数字的操作，还涉及复杂的决策过程，通常包含多级别的审批机制。这些层级审批机制旨在审核和确认每一项预算调整的必要性，以及它对整体战略目标的潜在影响。例如，业务部门可能需要为某个项目的额外支出申请预算调整，此时审批流程将评估这种支出的合理性和收益。通过这种结构化的流程，明确的审批规则可以在预算管理中发挥重要作用，强化预算的实施和监督，避免资源浪费或分配不当。审批规则也提供了一种透明的机制，使各部门在财务资源的分配和使用上具备更高的专业性和责任感。这种系统不仅优化了资源利用，还促进了组织内部的沟通和协调，为战略目标的实现提供坚实的财务基础。

具体来说，企业可以引入自动化预算审批流程，以便在各级管理中实现快速和高效的审查。这种数字化的审批系统能够实时追踪和分析预算变动的原因和结果，从而为管理层提供宝贵的数据支持，使其能够及时调整和优化企业运营策略。这样的系统通过集成先进的数据分析工具，能帮助企业识别潜在的节约和优化机会，从而更精确地分配资源，优化投资回报率。这一结合还帮助企业提升了业务敏捷性，使其更从容地应对市场波动和内部变化。例如，在面对市场需求突变时，企业可以迅速调整预算优先级，以支持创新或扩展具有高增长潜力的业务单元。同时，在遵循既定的财务管控框架前提下，实现创新和灵活的预算管理策略，有助于在预算编制过程中维持透明度和问责性。通过这种方式，制造企业不仅能够提高运营效率，还能在竞争激烈的市场中保持领先地位，并在不确定的经济环境中保持韧性和灵活性。

（二）工具互补应用

预算管理和成本控制在企业运营中具有至关重要的作用。这是因为有效的预算管理和严格的成本控制直接影响企业的利润和市场竞争力。在当今快速变化和信息过载的商业环境中，企业面临更加多样化和动态的挑战。市场的复杂性和激烈的竞争压力使得单一工具在应对不同情境时力不从心。技术日新月异，客户需求不断变化，法律法规逐渐收紧，这些因素都要求企业具有高度的灵活性和适应能力。因此，企业常常需要通过互补工具的结合应用，达到最佳的预算管理和成本控制效果。例如，ERP系统可以帮助企业高效管理资源，CRM系统则能够提升客户关系管理水平。数据分析工具的应用可以深入挖掘市场趋势，提供支持企业决策的信息。这些工具通过互补和协同作业，不仅提升了企业内部的运营效率，也为企业在激烈的市场竞争中赢得了生存和发展的机会。通过这种综合的方式，企业能够更好地抵御不可预见的市场风险，并在此基础上制定更具战略性的长远发展规划。

首先，预算编制和实时监控工具的结合，可以让企业在计划与执行之间达成平衡。预算编制帮助企业明确资源分配和使用计划，实时监控工具则通过即时数据反馈，确保企业能够快速响应市场变化，并适时调整资源投入，避免资源浪费和资金过度投入的问题。其次，与之互补的成本分析工具，通过对历史数据的深入剖析，能够帮助企业识别成本构成中的非必要开支与潜在风险。再结合预测分析工具，企业可以对未来成本趋势做出更精准的预测，从而实现资源的优化配置。此外，项目管理软件与绩效评估系统的融合应用，既能确保项目按时按量完成，又能深化对团队绩效的洞察。这种工具的互补应用，使得管理者不仅能够关注项目的整体进度，还能从细节处洞悉各环节的投入产出比，从而优化内部资源配置，提升团队整体效能。通过灵活利用工具的互补特性，企业在预算管理与成本控制方面的决策将更加科学和精确，从而在竞争中立于不败之地。

1. 标准成本法与差异审计

标准成本法不仅在提高企业的成本效益方面表现出色，还在提升企业整体管理能力方面发挥着重要作用。设定标准成本为企业提供了一个衡量基准，使管理者能够更精准地进行预算规划和成本预测，提前识别潜在的成本浪费和不必要的支出。标准成本法也促进了各部门之间的信息沟通与协作，使得每个部门都能清楚地了解自身在整体成本控制中扮演的角色和肩负的责任。当实际成本超出预期时，管理层可以迅速采取措施，比如调整资源配置或优化生产流程，从而避免更大的经济损失。在长期视角下，标准成本法不仅帮助企业节省成本，还能推动整个组织的战略性发展。通过定期审视和更新标准成本，企业不断适应市场变化，从而保持竞争力。这种动态调整能力，对企业维持长久发展尤为重要。

差异审计作为标准成本法的核心环节之一，极具现实意义。通过对标准成本与实际成本的差异进行系统的审计与分析，可以帮助企业深入了解哪些因素导致了偏差。常见差异包括价格差异和用量差异。前者可能因原材料价格波动或采购策略不当而引发，后者则可能源于生产过程中资源的浪费或使用不当。因此，差异审计不仅有助于揭示问题，还为企业提高运营效率和优化资源配置提供了宝贵的见解。

差异审计还能够帮助管理层识别生产和采购过程中的潜在风险，从而制定切实可行的风险管理策略，更从容地应对未来可能出现的成本波动和资源紧张状况。在此过程中，企业需要建立一套高效的监测和反馈机制，以确保差异审计的结果能够迅速转化为具体的行动计划，进而推动流程改进和成本节约。通过定期开展差异审计，企业不仅能够持续监测成本管理的有效性，还能不断调整战略，在市场中保持竞争优势。这种动态调整，不仅推动了企业的可持续发展，也为企业在日益复杂的市场环境中立于不败之地提供了坚实的保障。

2. 作业成本法与流程权限分离

作业成本法是一种精确的成本分摊方法，通过详细地识别和分配公司内部的各项活动成本，准确地计算出产品或服务的真实成本。这种方法强调对活动的管理，通过分析生产过程中的各工序和流程，帮助企业识别资源耗费的具体位置及原因。这不仅提升了成本透明度，也为决策提供了更准确的数据支持。与传统成本计算方法相比，作业成本法能够更好地反映出不同产品或服务之间的资源差异，使企业在定价和预算编制上更具弹性和精准性。

作业成本法通过深入分析公司运营的每个细节，能够识别出影响经济效益的潜在因素。例如，在制造业中，作业成本法能够有效地揭示特定产品线或部门在资源耗费上的不同，为企业优化流程设计和资源配置提供实质性的指导。通过精细化的成本计算，企业还可以识别哪些产品或服务可以实现更高的利润率，以及哪些领域可能需要调整定价策略或削减浪费。这种精细化的成本管理方法，为企业提升运营效率和改善财务表现筑牢了基础，有助于增强企业的市场竞争力和适应性，在应对不断变化的市场环境时更具韧性。

作业成本法不仅仅是一种成本计算的工具，更是一种战略管理的方法论，能够为企业的长期发展提供路径指引。

流程权限分离是现代企业管理中至关重要的策略，其核心目的是在提升操作安全性和组织管理效率的同时，规避因权限集中可能引发的各种风险。实际操作中，对操作流程中的权限进行细致、合理的划分与分配，可以有效防范权限过于集中带来的威胁，如操作失误导致的数据泄露，或者权限滥用引发的欺诈行为。通过实施流程权限分离，企业不仅能够确保不同部门或人员仅接触与其职责相关的业务内容，维护操作的安全性和合规性，而且能够在资源配置上变得更加敏捷和灵活。结合作业成本法的应用，权限分离还有助于企业更为精准地识别和分配运营资源。这种精准分配能够使企业流程得到有效优化，在提升业务处理效率的同时，也为增强企业整体效益奠定了坚实基础。合理的权限配置带来的透明化管理能够增强员工的责任感和归属感，从而推动更高效的组织运作。这种管理模式通过细化的权限分工，不仅在短期内提升了操作的安全性和效率，而且从长远看，更是战略性优化组织结构和提升企业竞争力的有力工具。

3. 滚动预算与动态授权调整

滚动预算与动态授权调整是现代企业财务管理中的关键策略，旨在提高资源分配的灵活性和精准度。滚动预算通过持续更新和审视未来财务计划，使企业能够及时响应市场变化和内外部环境的波动。这种动态的预算调整方法，可以使管理层迅速识别实际业绩与财务预测之间的差异，并据此采取有效措施进行修正。动态授权则涉及根据实时数据重新评估项目和部门的资金需求。通过这种方式，企业不仅能够优化资源使用效率，还能更迅速地响应市场变化，增强竞争力。

在当今快节奏的商业环境中，灵活的预算管理和动态资源调整是确保企业稳健运营的关键所在。结合先进的数据分析工具，企业可以更精确地预测趋势，保持财务健康和增长动力。这不仅仅是一种预算工具，更是一套管理哲学，需要企业不断地学习和适应新的市场动向。在这种背景下，企业的财务团队需要与市场营销、产品开发等部门紧密合作，以确保资金使用的有效性和各项策略的协调一致。滚动预算与动态授权调整的实施不仅能够提升企业的适应性，更能够为实现长期战略目标提供有力保障。这样的财务策略，实际上赋予企业更大的自由度和更强的前瞻性，推动企业在竞争激烈的市场中不断取得成功。

（三）流程闭环设计

在现代企业运营中，管理与成本控制不仅是提高效率的关键，更是提升竞争力的必由之路。设计高效的管理与成本控制流程闭环，对企业长期可持续发展意义重大。理想的流程闭环，首先要明确目标——是降低成本、提高质量还是提升服务？明确方向后，就可以制定具体的实施策略。过程控制在此尤为关键，各环节必须紧密衔接，保障信息流畅、资源合理配置，确保达成预期成果。

实施过程中，数据的处理与分析亦是重中之重。精准的数据分析可以帮助管理层识别成本浪费点并调整策略，同步推进内部沟通，建立起信息共享平台，实现全员协作支持的管理目标。经持续积累的实践经验，可迅速转化为改进方案，有效赋能流程优化。

在流程闭环的监控以及反馈环节，应采用先进的科技手段，如大数据、AI等，进行精准监控。通过实时数据反馈，企业能够及时掌握运营现状，进行风险判断和策略调整，确保整个管理与成本控制系统能够有效运行并持续优化。这种动态的闭环系统不仅有助于减少不必要的成本支出，还提升了企业的整体应变能力与市场竞争力。

1. 预算编制—审批—执行—分析的端到端控制

预算编制、审批、执行和分析是企业财务管理中至关重要的环节，它们贯穿于整个预算管理的始终，确保财务活动的有序进行与目标的实现。预算编制要求我们综合考虑各种内外部因素，包括市场趋势、历史数据以及未来发展战略，制订详细而合理的财务计划。在这个阶段，沟通与数据的准确性至关重要，以确保预算方案切实可行。预算审批是确保企业财务规划与战略目标一致的重要环节。通过多级审核机制，企业可以在执行前识别和调整潜在的不合理之处。

在预算执行过程中，各部门需严格遵循已获批的财务计划，确保支出符合预期，同时对实际开支和收入进行动态监控，以便及时做出调整。这种实时监督和反馈机制不仅有助于更加高效地分配资源，还能帮助组织更快地响应市场变化和内部需求。预算分析通过对执行结果的审视和复盘，揭示财务活动中的得失，识别偏差原因并制定改进措施。通过这样的循环优化，企业不但能提高财务管理的效率，还能更准确地预测未来，为可持续发展奠定坚实的基础。

进入审批阶段后，各级管理人员需要对预算进行仔细的审查和认定。这不仅是形式上的要求，更是确保预算方案切实可行、可落地的重要步骤。在这一环节，多方意见的融合与协调尤为关键，既要确保财务目标的实现，又要确保预算方案能够得到公司的全面支持。预算方案往往涵盖公司运营和发展的方方面面，各部门的反馈和建议是对预算进行完善和校准的重要依据。在审查过程中，各级管理人员必须考虑到每个部门的具体需求和战略目标，从而保证预算的科学性和公平性。不同观点的碰撞也是推动预算优化和激发创新的契机，助力最终方案不仅合理合规，还能够激发公司各层级的积极性，为公司未来的发展和挑战筑牢坚实的财务基础。只有通过严格全面的审计机制，预算才能获批，在后续实施过程中发挥其应有的作用。

预算执行是将计划付诸实践的关键阶段，其重要性不言而喻。在这一过程中，各部门需要严守既定的预算额度，确保每笔开支都经过充分论证，以达到财务效率最大化的目的。这不仅要求财务部门高效协调，还需相关部门的密切配合。只有通过严密的预算管理和精准的成本控制，企业才能在激烈的市场竞争中立于不败之地。

然而，预算执行并非一成不变的过程。企业运营中总会遇到各种不确定因素，如市场环境的变化、新技术的引入或突发的业务需求。这时，实时监控和灵活调整便尤为关键。企业需要建立健全监控机制，利用现代信息技术及时获取财务数据，动态调整预算安排，以应对可能出现的突发状况，确保财务计划的可持续性与有效性。通过不断优化预算执行流程，企业不仅能提高财务管理的水平，还能在资源配置上取得更大的效益。

分析阶段负责对预算执行结果进行全面审视，评估财务绩效是否达成预期目标。在这个过程中，全面的分析不仅仅局限于数字的对比，更旨在通过对比，为企业运营战略提供质量评估依据。通过对各类财务报表、成本动因及收益的全面解读，细致剖析指标和数据，识别潜在的改进机会。例如，通过对异常数据的深入挖掘，揭示预算中的潜在漏洞或不合理之处，为未来做出调整提供依据。分析阶段还强调跨部门沟通与反馈，以确保每项建议都能准确反映业务实际状况，发挥干预效能，为下一轮预算编制提供重要反馈。流程的反复优化，不仅提升了预算管理能力，也促使企业整体运作效率得到提升，确保财务资源实现最优配置，助力企业在竞争激烈的市场中保持优势地位。

2. 案例：零售企业预算执行偏差率治理

预算执行偏差率是指预算执行中实际发生数与预算数之间的差异率，这一指标在企业管理中扮演着极为重要的角色。它不仅反映企业在成本控制方面的有效性，还直接影响企业的资金管理效率和战略规划能力。对零售企业而言，预算执行偏差率的挑战性更为明显。这主要是因为零售行业面临市场波动、季节变化、消费者行为变化以及复杂的供应链动态等多重外部因素影响。零售企业的运营常常需要根据这些突变因素及时调整策略，以避免偏离预算目标。关注预算执行偏差率，不仅是为了保持财务的可控性，也是为了在快速变化的环境中保持企业的灵活性和竞争力。通过实施精细化的预算管理和监控机制，零售企业可以更好地预测和应对市场变化，从而在激烈的市场竞争中保持稳健的运营状态。有效治理预算执行偏差率，不仅仅涉及财务部门的工作，更需要企业各层级协同配合，确保从战略规划到实际执行的每一个环节都能精准无误。

零售企业可以推进实时数据跟踪，提高对市场动态的敏锐度。利用大数据和人工智能技术，企业可以精准地预测市场趋势和消费者需求变化，及时调整运营策略。在此基础上，完善内部管理流程，确保财务与预算部门之间的高效沟通与协作，能够快速响应偏差情况，并采取有效的纠正措施。企业还可以通过数据挖掘，识别潜在的市场机会和风险，从而制定更加理想的风险管理策略。通过分析消费者的购买行为和偏好，可以精准地进行市场营销，提升顾客满意度和品牌忠诚度。同时，可以利用智能技术优化库存管理，避免因过量库存导致的资源浪费或因库存不足引发的销售机会流失。在供应链管理中，实时数据跟踪不仅可提高效率，还能降低成本，通过预测需求合理安排物流和配送，确保商品能及时触达客户，减少不必要的延误和成本开支。通过这些手段，零售企业能够在瞬息万变的市场环境中保持竞争力，实现可持续发展的目标。

建立完善的风险评估机制也是必不可少的。在当今瞬息万变的商业环境中，企业面临的市场风险和政策变动的可能性攀升。在预算编制阶段开展全面、细致的风险评估，企业能够有效地预测和分析这些变化的潜在影响，不仅包括市场条件的变化和政策的突然转变，还涵盖供应链中断、资源价格波动以及金融市场不确定性等多方面因素。基于评估结果，企业可以预先设置灵活的应对策略，比如及时调整采购计划，避免因市场变化而导致的资金浪费或库存积压。动态的库存管理能够确保在供应紧张或需求高峰期，企业能够迅速响应以维持业务的连续性和稳定性。通过这些措施，企业可以极大地提高预算执行的灵活性和适应能力，在充满挑战的环境中保持竞争优势。

加强员工培训，提升团队对预算管理的理解与执行能力，是治理预算偏差率的重要软实力。具体来说，企业应常态化开展预算管理研讨会和培训课程，邀请行业专家和内部资深员工分享经验和最佳案例。这不仅能够更新员工的专业知识储备，还能提高他们对预算执行过程中可能遇到的挑战和对应解决方案的敏锐洞察能力。通过模拟预算管理场景，员工可以在实战中锻炼决策能力，不断完善个人专业技能。与此同时，鼓励全员参与预算流程，不仅能够加深员工对企业目标的理解和强化员工对预算目标的认同感，还能促使他们在日常工作中主动关注、协同落实预算目标。这种全员参与的模式，有助于凝聚合力，共同推动企业在复杂多变的市场环境中实现价值增长。通过这些综合措施，零售企业可以更高效地控制预算偏差率，为实现长远战略规划打下坚实基础。

三、绩效评估与激励机制协同

在现代企业管理中，绩效评估和激励机制的协同作用对企业的可持续发展至关重要。绩效评估不仅是对员工工作表现进行客观、公正的考量，也是激励机制实施的基础。一套科学合理的绩效评估体系能够准确反映员工的贡献，为企业决策提供有效支持，同时也能增强员工的自我认同感和职业归属感。

首先，绩效评估应从单一的指标评估扩展到多元化评估视角，涵盖员工的知识、技能、团队合作能力等多个方面。通过这样的综合评估，企业不仅能更加全面地了解员工的特长和不足，还能有针对性地制订相应的培训和发展计划，以充分挖掘员工的潜力。其次，激励机制要与绩效评估结果紧密结合。只有这样，才能有效激励员工在企业大环境中发挥更大作用。例如，企业可以根据员工绩效表现，提供相应的晋升机会、薪酬调整或特殊奖励。这种明确的激励措施能够提高员工的工作积极性，推动他们持续优化工作表现。最后，促进绩效评估与激励机制协同发展的关键在于透明化沟通体系的构建。企业需确保员工清楚地了解绩效评估的标准和流程，同时保持沟通渠道的畅通，支持员工针对评估结果提出意见和反馈。这种双向沟通，不仅能帮助员工理解企业的期望，还能为企业注入新的活力，推动整体绩效水平提升。通过这种协同协作，企业与员工间的凝聚力将进一步增强，为长远发展奠定坚实的基础。

（一）目标设定协同

绩效评估与激励机制是企业管理中至关重要的两个要素，它们的目标设定需要紧密协同，确保实现企业宏观战略目标的同时，激励员工不断提高自身工作绩效。首先，绩效评估作为衡量员工表现的一种工具，能够帮助管理层识别并认可员工的贡献，从而制定针对性的奖励措施，为员工提供正面的激励。其次，激励机制需要与绩效评估结果相结合，这样才能确保奖励体系的公平性与有效性。通过这样的协同，企业可以更好地调动员工的积极性，使其在工作中充分发挥潜力，为企业的整体发展贡献力量。再次，明确的目标设定则为员工提供了明确的方向和动力，使他们努力提升个人能力的同时，也能够为企业创造更大的价值。实现绩效评估与激励机制的目标设定协同，有助于提升企业的管理效率和竞争力，推动企业在市场中长远发展。

1. 管理会计指标设计

在现代企业中，管理会计指标设计（BSC/KPI体系）的实施是不可或缺的。它不仅为企业的战略管理和绩效评估打下了坚实的基础，更为企业制定长远发展规划提供了可靠依据。BSC不仅仅是单纯的业绩衡量工具，更是帮助企业在瞬息万变的市场竞争中保持竞争优势的有力武器。通过综合考虑财务、客户、内部流程以及学习与成长等多个维度，BSC体系为企业提供了一个立体的评估视角。它允许管理层以更宽广的视野审视企业的整体表现，而不仅仅局限于单一领域的数据。这种兼具全面性和深度的评估方式，助力管理层在进行战略规划时，更精准地捕捉外部机遇、整合内部资源，同时使日常运营的每一个细节都与企业长期目标紧密结合，形成不断完善的良性循环。在全球化和快速变化的市场环境中，这种全面且具前瞻性的评估方法尤为关键，它不仅提升了企业的适应能力，也进一步推动企业在复杂多变的市场中持续成长与发展。

同样，KPI也在提供具体绩效数据和指导企业发展方向方面扮演着至关重要的角色。通过精准设定指标，企业不仅能够量化目标实现的程度，还能有效监督和激励员工的表现，进而推动整个组织的健康发展。合理的管理会计指标设计，不仅能够促使公司在不断变化的市场中优化战略方针，还能提高员工对公司愿景的认同感，激发其工作热情。为了让BSC和KPI体系在多元环境中释放最大效能，企业必须灵活且持续地优化指标设计，以适应不断变化的市场动态及行业需求，确保体系有效性和适应性的长期保持。通过这一动态过程，企业可以更好地面向未来，在竞争中保持长久领先地位。

在实施KPI过程中，企业效率得到了提高。这些工具能够提供实时的数据支持，帮助企业快速识别各部门的具体需求和目标，并结合整体战略进行匹配和调整。为确保信息的准确传达，管理层应该定期与员工进行沟通，解读KPI结果，强调其与组织长远发展的关联性。这不仅有助于增强员工的责任感与参与感，还能使员工更加清晰地理解自身任务的价值。企业应该引入现代技术手段，如数据分析工具或绩效管理软件，提高KPI跟踪和分析效率，支持问题快速识别、策略动态调整，从而在激烈的市场竞争中占据优势地位。KPI的成功实施，离不开全员的共同参与和努力，以及对企业文化与核心价值的深刻理解和坚持。

2. 内部控制风险预判

内部控制风险预判是组织实现稳健经营与管理的重要环节。在现代企业管理中，通过指标冲突检查和数据可靠性验证，可以有效防范潜在风险。首先，指标冲突检查是对企业内部设定的各项指标进行全面梳理与分析，确保指标体系协同一致。企业的每一项运营指标都构成组织战略实施的关键环节，若指标之间存在矛盾，可能引发资源浪费，甚至导致错误决策。及时识别并解决这些冲突，能显著提升管理效率。其次，数据可靠性验证是内部控制的基石。可靠的数据可为企业战略决策和风险管理提供坚实的依据。通过使用先进的数据分析工具和技术，可以精准地验证数据的准确性和完整性，既能有效地保障数据的可靠性，也能大大降低因为不准确的数据而导致误判的风险。全面且准确的数据不仅为企业提供了坚实的决策基础，还能提高企业对市场变化的响应速度和灵活度。定期开展数据审计和监控，是一项不可或缺的管理措施。这不仅有助于企业在数据管理上形成一套行之有效的流程，还能在数据运行的早期阶段及时发现并解决数据异常和潜在隐患，最大程度保障企业运营的顺畅和高效。通过这样的措施，企业能够很好地把控整体运行节奏，在保持创新与活力的同时，确保每一个步骤都在可控的风险范围内。

总之，指标冲突检查和数据可靠性验证是企业数据管理过程中至关重要的两个方面，二者相辅相成、密不可分。有效的指标冲突检查，能帮助企业迅速识别数据潜在矛盾与异常，避免因做决策时依赖有偏差的信息而造成损失。数据可靠性验证能够确保企业使用的数据准确、完整，从而为后续的分析与决策提供坚实的基础。这两方面的严格把控，不仅能够提高企业的运营效率，还能增强企业在不断变化的市场环境中的灵活性和应变能力。当企业能够及时识别问题并调整策略以应对快速变化的市场需求时，便能在瞬息万变的商业世界中立于不败之地。通过有效的指标冲突检查与数据可靠性验证，企业可以实现持续增长、促进良性发展，并不断提升自身竞争优势，从而在激烈的市场竞争中脱颖而出。

3. 案例：电商企业客户满意度指标的数据来源控制

为了有效管理电商企业的客户满意度指标，确保数据来源的准确性和可靠性至关重要。首先，可以通过多渠道收集客户反馈，包括网站评价、社交媒体评论和客户服务调查等。多样化的渠道能够提供不同视角的客户体验评价，助力构建更加全面的满意度指标，不仅让公司了解客户当下的需求与期望，也为企业未来发展方向提供基础信息。其次，使用先进的数据分析工具和算法处理、整合数据，识别客户满意度的趋势和潜在问题，便于及早采取相关措施，提高客户服务质量。再次，通过人工智能驱动分析，实现自动化数据报告生成，提高企业反应速度和决策效率，同时定期对采集的数据进行校验和清洗，过滤掉可能的噪声信息或虚假评论，保证数据的真实性。这一过程至关重要，因为它不仅维护了数据的完整性，还防止误导性数据影响企业的战略规划。通过这些措施，电商企业可以更有效地提升客户满意度，从而在竞争激烈的市场中取得优异的表现。

此外，企业还可以考虑引入反馈回路机制，即在客户反馈处理完毕后，向客户反馈改进措施。这不仅提升了客户的参与感，也增强了他们对企业关注度的感知，从而进一步提高客户的满意度。这一过程建立在及时有效沟通的基础上，也需要企业对客户反馈进行深入分析，识别潜在的问题和机遇。这样做不仅可以预防类似问题再次发生，还能通过持续优化流程增强客户对企业的信任感，推动客户与企业更深层次互动。

管理层需设立专门的数据管理团队，以适应不断变化的市场需求和客户期望，确保客户满意度指标始终反映实际情况并具备前瞻性的指导价值。数据管理团队不仅要快速更新和处理数据，还负责预测未来的客户行为趋势，进而为企业制定更具针对性的营销策略提供支持。通过精心的流程设计和控制，电商企业得以在激烈的市场竞争中维持并不断提升客户满意度，确保自身在行业中保持竞争优势。这种模式下，客户关系不再是简单的交易行为，而是转化为长久且有价值的合作伙伴关系。

（二）过程控制协同

绩效评估与激励机制作为组织内部管理的两大核心模块，其协同作用在于促进员工更高效地工作，实现组织目标最大化。首先，绩效评估通过对员工的工作表现进行系统化的评价，识别个人的能力和贡献。这样的评估不仅为员工提供了明确的反馈，帮助他们了解自身的优劣势，也为管理层提供了制定人力资源政策的依据。其次，激励机制通过物质和精神奖励的方式，激发员工的工作动力。激励措施需根据绩效评估的结果进行设计，以确保奖励的公正性和针对性，从而提高员工的满意度和忠诚度。在这个过程中，过程控制的作用在于确保绩效评估的标准化和客观性，以及激励措施的落实。它通过持续监控和调整机制的执行，保证两者能有效地相互作用，推动组织健康发展。实现绩效评估和激励机制的协同，需要明确的流程、科学的评价指标及合理的激励策略。

1. 管理会计动态反馈

在管理会计中，动态反馈体系（如绩效仪表盘、预警阈值）是现代企业管理的基石之一。这些工具的关键价值在于，它们不仅能实时反映企业在不同层面的绩效表现，还能更精细化地将复杂的数据转换成直观、易于理解的视觉信息。通过这一模式，管理者不仅能快速掌握整体运营的健康状况，还可以深入分析具体业务活动的成功与不足之处。预警阈值的设定则发挥预防性管理作用，确保潜在问题演变为重大危机前便能引起高层注意。当这些预警信号被触发时，管理层得以在第一时间采取必要措施进行调整或改进，从而减少潜在损失和风险。通过周期性分析和反馈，这些动态管理工具还能促进内部协同和沟通，提升企业内外部决策的一致性和效率，确保重要的战略目标得以实现。在快速变化的商业环境中，动态反馈体系的价值不容小觑，成为企业适应不断变化的市场挑战的重要手段。

此外，预警阈值就像一道隐形的安全防线，为企业提供了一种前瞻性的防护机制。这种阈值通过设定特定的指标范围，能够在数据偏离正常轨道时迅速发出警报，从而使管理团队第一时间识别潜在问题并采取纠正措施。随着市场环境的迅速变迁，这种实时监控手段尤为重要，它不仅保障了企业的持续竞争力，还为其在发现新机会和规避风险方面提供了有力支持。值得一提的是，预警阈值的灵活性和适应性，使得管理会计可以根据业务环境的变动，动态调整工具参数，以便重新优化企业的战略目标。通过这种方式，企业可以更为精细和高效地进行资源配置，确保在任何时候都能做出最佳的决策。除此之外，这些动态反馈工具的使用显著增强了企业运营的透明度，管理者能够在详细的数据支持下进行科学决策，大幅提高决策过程的准确度和可靠性。这种精细化的管理方法，使企业在面对市场挑战时，具备更强的竞争优势，占据更有利的战略地位。

2. 内部控制制衡机制

内部控制制衡机制的核心在于通过职责分离和独立验证确保组织的运作更加安全、规范和高效。职责分离是一种重要策略，它通过将关键职能分配给不同个人或小组，降低出错或舞弊的风险。这种做法不仅能够防止因权力过于集中造成的潜在风险，还可以促进员工之间的相互监督，提升团队的工作效率和道德标准。在当前复杂多变的商业环境中，各种外部压力和内部挑战不断增加，组织若要保持长远的竞争力与信誉，完善的内部控制制衡机制尤为关键。独立验证作为职责分离的补充，确保所有行动和决策都经过客观、公正的审查。它不仅能及时发现潜在问题，而且能为优化组织流程提供实质性的反馈，推动持续改进。通过这两者的有机结合，组织能够更好地适应外部环境的变化，为员工营造透明、负责任的工作氛围，进一步增强企业的可信度和社会责任感。

独立验证作为内控制衡的另一重要组成部分，强调通过外部或内部独立第三方对业务流程进行审核和评估。其目的在于及时发现可能存在的漏洞或不当行为，并提出改进建议，以增强组织的透明度和信息的可靠性。独立验证不仅能增强决策者对系统的信心，也有助于赢得合作伙伴和客户的信任。通过这种独立的审查机制，组织可以更全面地识别风险并制定相应的控制措施，从而在快速变化的市场环境中保持竞争优势。独立验证还为组织构建了自我反省和持续改进的文化基础，推动员工在个人职业发展进程中，不断寻求提升业务标准、优化操作流程的机会。这样的文化促使企业面对挑战时，不仅能迅速采取有效行动，还能激发创新思维，推动组织实现长期可持续发展。因此，强化独立验证机制，不仅是内控的需要，更是提升企业信誉和业绩的重要策略。

总的来说，内部控制制衡机制通过这两大手段的协同作用，构建起一道稳固的防线，有效保障了企业的运营安全与诚信，进而在激烈竞争的市场环境中保持持久的发展优势。具体来说，这些手段包括对关键业务环节的严格监督与监控，例如财务管理、供应链运作以及信息安全等方面。通过详细的流程审查和定期的内部审计，公司可以及时识别并纠正潜在的不合规行为。内部控制制衡机制还倡导建立透明的沟通渠道，培育积极的反馈文化，鼓励员工积极参与公司治理，提出改进建议。有效的风险管理策略和应急预案的制定与执行，也为公司未来发展提供了强有力的保障。在这套机制的全面支持下，企业能够在面对外部压力和不确定性时快速调整策略，以创新和灵活的方式保持竞争优势，实现可持续发展。

3. 案例：制造企业生产成本KPI的舞弊防范

制造企业作为社会生产的重要环节，承担着产品制造与供应的关键任务。在这一过程中，生产成本的控制成为企业管理的核心任务之一。为了有效地控制生产成本，许多企业设立了生产成本的KPI（关键绩效指标）。这些指标不仅能够帮助企业明确成本控制目标，还能为生产流程的持续监测和改进提供支撑。然而，由于制造过程的复杂性和外部环境的多变性，很多企业在设定和考核这些KPI时面临舞弊风险。这不仅会对企业的财务健康造成威胁，还可能导致决策失误，影响企业的长期发展。

在防范舞弊方面，第一，企业应确保KPI设定具备合理性与可实现性。指标应基于企业的实际情况，而非盲目追求短期收益。第二，企业需要建立健全的监控机制，利用现代科技手段，如大数据分析和自动化审计工具，确保对数据的真实性和完整性进行实时监控。员工的道德教育同样不可或缺，加强公司文化建设，提高员工的诚信意识，从源头上减少舞弊行为的发生。第三，企业应定期对KPI进行复盘和调整，确保其能够与时俱进地反映企业的发展需求和外部市场的变化。通过这些措施，可以有效提升企业防范舞弊风险的能力，从而保障其在市场竞争中稳健发展。

（三）结果应用协同

绩效评估与激励机制作为企业管理的重要工具，其结果应用的有效性不仅直接影响员工的工作积极性和公司整体的绩效，也对团队内部的协作关系产生深远影响。在具体实践中，绩效评估结果的应用应注重透明度与公平性，同时激励措施要与员工个人发展目标紧密结合，这样才能最大程度地激发员工潜能。

首先，绩效评估的结果需要及时且透明地传达给员工。管理层应注重构建一套反馈机制，使员工能够清晰地了解自己在某一时期的表现，以及需要改进的具体方面。这不仅能够帮助员工自我反思与提升，还可以增强员工对公司目标的认同感和责任感。其次，激励机制的设计应围绕员工发展的个体差异性，进行个性化定制。这意味着公司在制定激励措施时，不应仅仅局限于物质奖励，还应结合员工的职业生涯规划、培训需求等多方面因素，提供更具针对性的发展机会。这种以人为本的策略，将使员工更有动力提升自身绩效水平。与此同时，注重绩效评估与激励结果的协同应用也至关重要。在团队环境中，应明确各成员的职责和目标，使每个人都能够看到自己的贡献如何推动团队和公司整体发展。通过这种方式，绩效评估和激励结果不但能够加强内部的凝聚力，还可激发员工在工作中积极协同合作，以实现企业共同目标。

1. 激励模型设计

激励模型设计是企业管理中至关重要的一环，直接影响员工工作的积极性和企业的长远发展。在现代企业环境中，如何调动员工积极性、提高工作效率并降低人员流失率，一直是领导者关注的焦点与需应对的挑战。阶梯式奖金和股权激励作为两种颇具实效的激励模式，在实际应用中各有独特优势与适用场景。

阶梯式奖金是基于绩效结果的奖励机制，它以明确的目标和奖励标准激励员工不断提升工作绩效。这种模式让员工明确看到努力的直接回报，进而激发奋斗热情。阶梯式奖金具有灵活性，在短期内能迅速调整以适应企业不同阶段的业务需求。通过合理的绩效指标设定，企业不仅可以提升整体效率，还可以推动员工向更高目标奋斗，形成良性竞争氛围。

股权激励则是在长远利益上与员工捆绑，通过分享企业成长的红利，激发员工的主人翁意识和创新精神。股权激励使员工与企业的命运紧密相连，齐心协力致力于企业的长期发展。这种激励模式尤其适用于那些希望将员工个人成长与公司成长深度融合的企业。赋予员工一定的股份所有权后，企业不仅能够增强员工对公司发展的责任感，还能确保其对公司未来发展战略保持持续关注。

在实际应用中，设计融合阶梯式奖金与股权激励的组合激励策略，不仅能够兼顾短期激励与长期发展，还能在不同的业务阶段灵活调整激励侧重点。这种双管齐下的策略，既能有效激励员工为实现公司战略目标不懈努力，又能在长期内留住核心人才，保持团队的稳定性和创新能力。通过设置透明的奖惩机制和清晰的晋升渠道，企业能够确保激励措施的公平性和合理性，从而进一步增强企业内部的凝聚力和向心力。

2. 合规约束机制

合规约束机制是现代社会经济运行中至关重要的组成部分，它不仅涵盖各类法律法规的制定，还包括针对不当行为进行限制和纠正的具体措施。反操纵规则作为合规机制的核心部分，在金融市场、公司管理甚至体育竞赛等领域都发挥着关键作用。这些规则旨在防止个人或组织通过不当策略和手段获取不公平的优势，保证行业的公正和透明。反操纵规则不仅需要清晰明了的法律条文和执行细则，更需要与时俱进地更新和修订以应对新兴的操纵手段。与此同时，申诉通道的设置，为遭受不当行为影响的个人或团体提供了一条合规的反馈和纠正路径。一套高效且公正的申诉机制，能够在受害者与操纵者之间架起沟通的桥梁，确保所有相关方的权益得到保护。有效的申诉通道还可以增强人们对制度的信任，促使各类参与者更积极地遵守规则和程序。因此，完善的反操纵规则与畅通的申诉通道共同构成健全合规约束机制的基石，为建立更公平公正的社会奠定了坚实的基础。

3. 数字化工具固化

数字化工具在现代企业管理中扮演着至关重要的角色，在项目管理系统（PMS）和区块链技术应用方面表现尤为突出。PMS系统的自动化计算能力大大提高了数据处理的效率和准确性。通过这种自动计算，企业可以实时掌握项目进度、预算和资源配置等关键信息，从而做出更明智的决策。区块链技术则凭借其不可篡改的特性，为信息存储和验证提供了安全保障。每一笔交易或记录都可以在分布式账本上清晰记录，不仅提升了系统的透明度，还降低了人为错误和欺诈的风险。区块链存证能够为企业的重要数据提供强有力的凭据，有效提升合同执行过程中的信任度和可靠性。综上所述，数字化工具不仅增强了企业的竞争力，还在操作效率、数据安全和管理透明度方面实现显著提升，为企业的发展提供了坚实的技术支撑。

四、决策支持与合规性协同

在现代企业和组织的运营中，决策支持与合规性协同正变得日益重要。确保决策过程中的每一步都符合法律、政策和道德标准，不仅可以避免潜在的法律问题，还可以提高公司或组织的信誉。这种协同关系需要多种技能的巧妙组合，包括对法律法规的深刻理解、对公司政策的熟练应用，以及对市场动态和消费者行为的敏锐洞察。通过使用先进的数据分析工具和人工智能技术，企业可以实时监控和评估决策对合规性的影响，从而在偏离合规性标准时迅速调整策略。合规性协同还意味着各部门之间的无缝合作，确保每个部门的决策都被整合到统一的法律框架中。这不仅提高了决策的效率与透明度，还营造出协调一致的文化氛围，有助于长远的发展和创新。这不仅是合规部门的责任，也是所有决策者的共同责任，他们需要共同努力实现这一目标。通过这种多方位的协同合作，企业可以在竞争激烈的市场中占据有利位置，保持持续的增长和成功。

（一）目标协同框架

在当今快速变化的商业环境中，决策支持和合规性的协同成为企业管理中的关键一环。为确保企业在发展过程中既能迅速响应市场变化，又不偏离法律和政策的轨道，建立一个有效的目标协同框架尤为关键。这个框架不仅要考虑外部监管环境的复杂性和多变性，还需融入企业内部流程的优化和再造。

首先，企业需要通过先进的数据分析工具，全面收集和处理相关信息，以便在决策过程中顺应市场发展趋势，发现新的业务增长点。这类工具也应当具备识别潜在合规风险的功能，从而在企业策划和实施过程中引导和修正策略，保持合规。其次，在制定决策和执行的过程中，应当充分考虑多方利益相关者的意见，包括股东、员工、客户及供应商，确保在追求经济效益和社会责任之间保持平衡。这种开放透明的沟通和协作方式，有助于提升企业的社会形象，增强市场竞争力。此外，在科技不断进步的背景下，适时引入智能化手段，利用人工智能和机器学习等技术，自动化部分决策和合规流程，不仅能够提高效率，还能减少人为错误的发生。这种技术的应用，将为企业开辟新的前景。

总体而言，一个成功的目标协同框架不仅仅是对现有资源的整合，更是对未来发展方向的引导和规划。通过深度协作和创新，企业能够在合规的基础上实现决策的最优化，从而在日益激烈的市场竞争中保持领先地位。

1. 管理会计决策分析

在管理会计决策分析中，净现值和边际贡献模型是两个不可或缺的重要工具，广泛应用于企业的投资决策和日常运营管理中。净现值法作为一种经久不衰的评估手段，通过将未来预期的现金流按照一定的折现率转换为现值，企业得以对项目的长期盈利能力和潜在投资价值进行定量分析。这种方法的优势在于能综合考虑资金的时间价值，使得企业在面对各种投资机会时，能够以更理性、更科学的方式进行评估和选择。通常情况下，净现值为正的项目被视为有投资价值，因为在考虑了时间因素和资金成本后，此类项目预示能实现增值，具有实际的经济效益，从而提升企业的整体财务健康状况和市场竞争力。净现值分析不仅仅是一种财务评估工具，还是企业理性决策不可或缺的一部分，帮助管理层在多变的市场环境中进行有效的资源配置和风险管理。

边际贡献模型侧重于分析产品或项目的可变成本和固定成本之间的关系。对企业而言，边际贡献是指产品销售价格减去可变成本后的余额，这一余额直接用于弥补公司的固定成本。在固定成本得到完全覆盖的情况下，剩余的部分才会为企业贡献利润。边际贡献的计算在评估产品的盈利能力时尤为重要。通过这一分析框架，企业能够更清晰地了解每个产品在整体利润结构中的地位，尤其是在多产品环境中，能帮助企业合理分配有限资源。企业管理者可以据此优化产销策略，快速做出生产和销售决策，以获得最大利润。边际贡献模型还能够协助企业评估引入新产品或取消现有产品对总体利润的影响，使企业在市场竞争中占据更有利的位置，从而提升市场响应能力并制定与实施长期可持续发展战略。

结合这两个工具，企业在进行决策分析时，可以更为精准地评估项目的财务效益和资源配置效率。无论是在新产品开发还是市场扩展中，这些工具都为管理者提供了值得信赖的数据支持，帮助他们在面临多种选择时更清晰地知道哪一种方案能带来最佳的经济效益。企业也可以通过这些工具识别潜在风险及其影响范围，以便在不确定性较高的环境中采取有效的风险管理措施。这不仅提升了决策过程的质量，还帮助企业及早发现并应对可能出现的挑战，实现可持续发展。在数字化转型浪潮席卷全球之际，通过这些工具进行更为全面的财务分析，企业不仅能保持竞争优势，还能以更加灵活的方式调整战略方向，适应市场的快速变化。管理会计通过这些工具，协助决策者从单纯的数据解读转向更为深刻的洞察。这对于企业在瞬息万变的商业环境中保持前瞻性视角而言，尤为关键。

2. 内部控制合规审查

内部控制合规审查不仅仅是对现行法律法规的遵循，还包括对企业内部流程的优化，确保信息的透明性和数据的准确性。这一过程不仅仅是为了满足外部监管的要求，更是为了强化企业自身的经营管理能力。在进行法规红线审查时，企业需要建立全方位的风险识别框架，仔细识别并分析各类风险，包括法律合规风险、财务风险、运营风险等，同时还需要考虑行业特有的风险因素，如市场变化或供应链中断等。采取相应的控制措施降低风险发生的概率非常重要，不仅有助于减少潜在的法律责任，还能提升企业的声誉和竞争力。企业在实施这些措施时，还应不断进行风险评估和监测，以确保控制措施的有效性，并根据内外部环境的变化及时进行调整。这种动态的风险管理方法，能够帮助企业在不确定性中立于不败之地。

ESG风险评估作为现代企业管理中愈发重要的一环，旨在全面关注环境保护、社会责任履行与治理结构优化等方面。企业在进行这类评估时，需要深入审视自身运营方式对生态环境的影响，不仅要关注减少排放与提高资源利用效率，还须考虑其所处行业的生态系统健康。企业还需明晰作为社会组成部分应承担的多元责任，包括员工福利、社区影响及供应链社会责任。

完善的内部控制合规机制不仅是企业提升市场竞争力的利器，更是其赢得投资者及社会公众信任的重要基石。这种机制能有效地确保企业在复杂多变的市场中保持道德与商业利益的平衡。通过持续的自我评估和外部审查，企业可以更好地适应外部环境的动态变化，从而在瞬息万变的市场中增强适应能力及长期可持续发展的潜力。这样的评估不仅是约束，更是企业迈向绿色未来的方向和动力，让企业在全球转型浪潮中立于不败之地。

3. 案例：医药企业新药研发的协同决策

医药企业在新药研发中面临着复杂且动态多变的环境，而协同决策在这一过程中尤为重要。新药研发流程通常涉及多个交叉学科的合作，包括生物学、化学、药理学以及临床医学等。这种多层次、多学科的交叉，需要各个专业团队之间高度协同与密切合作。通过协同决策，企业能够更高效地整合不同领域的专业知识，增强创新能力，加速研发进程。

在这一过程中，既需要在科学技术层面实现无缝对接，又要在管理和战略制定上保持一致。有效的协同决策能帮助企业在研发阶段清晰识别问题并找出最佳解决方案，从而降低研发失败的风险。协同决策的成功实施还依赖于对各领域前沿科技和数据的充分运用，以支持决策过程的客观性和科学性。此类决策通常需要现代信息技术的参与，如大数据分析和人工智能，以便在最短的时间内处理和分析海量信息，从而使各团队能够迅速适应环境变化，保持市场竞争力。在新药研发的整个周期中，协同决策不仅是内部协调的核心，也是推动企业创新和发展的动力源泉。

实践中，协同决策是众多思想交汇、经验分享以及不断优化的动态过程，核心在于跨部门的高效沟通与信息共享。这不仅仅是简单的数据传递，而是思想观念的碰撞协作，凝聚成组织内外合力。在这个过程中，各团队需要按照既定的时间节点组织会议，共同检视项目进展，并对潜在的挑战进行专业判断，以便清晰地识别潜藏在研发进程中的技术难题与资源瓶颈，进而精心制定出行之有效的解决方案。

再者，协同决策过程往往超越了内部协作的范畴，扩展至企业生态中的多个合作伙伴。外部机构、研究院甚至是业内的标杆企业或相关行政部门，皆可能为项目的成功提供至关重要的见解或数据。通过与他们开放交流，组织不仅可以获得真实的行业动向和前瞻性洞察，还能够借鉴先进的经验和实践案例，从而在产品开发与市场响应中制定灵活且富有前瞻性的策略，为企业创新发展注入源源不断的动力。这样全面而深入的协作，为研发项目的最终成功奠定了坚实的基础。

此外，高效的协同决策机制还需要借助先进的技术支持，诸如数据分析工具、AI技术以及大数据平台等。这些工具不仅能够帮助团队进行更加精准的数据分析和预测，还可以提供实时的市场反馈，使企业能够快速调整研发策略，以便在激烈的市场竞争中占据优势。通过引入这些技术，团队能够更好地识别市场趋势和消费者需求，从而制订出更具针对性的研发计划。这些技术的应用还可以缩短决策和响应的时间，提升企业的敏捷性和灵活性。

因此，医药企业在新药研发过程中，若能够持续优化协同决策体系，将在创新与效率的提升上取得显著进展。这不仅体现在产品研发的速度和质量上，还包括资源的最优配置和风险的有效管理。先进的协同决策机制，还可以促进不同部门之间的无缝沟通与合作，提高组织内部信息共享程度和透明度，从而打造更具凝聚力和战斗力的研发团队。从长远来看，这些优化将为企业带来可持续的竞争优势，增强市场影响力。

通过这样的协同决策机制，医药企业不仅可以提高新药研发效率，加速产品推向市场，更快地满足患者的需求，同时也能降低因研发决策失误带来的风险，确保企业在技术创新和市场竞争中立于不败之地。这种机制支持不同部门和专家之间高效沟通与合作，催生更为综合的分析视角和创新思路。随着跨功能团队的协作逐渐深化，企业能够更迅速地识别潜在的市场机会和技术挑战。这不仅促进了整体企业文化向开放创新转型，也使企业能够更好地利用内外部资源，让研发过程更具灵活性和适应性。更重要的是，这样的体系还为企业提供了更为稳固的安全感，使其能够在全球药品市场变化莫测的环境中快速调整策略和方针，实现更可持续的发展。

（二）工具互补应用

在现代企业的运营中，决策支持系统和合规性管理工具各自扮演着至关重要的角色。决策支持系统通过分析大量数据，协助企业领导做出明智的决策，合规性管理工具则确保这些决策在法律和道德的框架内执行。这两者的结合并非简单的工具拼接，而是需要经过深思熟虑的策略规划和操作设计。

在决策过程中，决策支持系统能够收集、处理并分析多来源数据，包括市场趋势、消费者行为和内部财务信息等。这些信息有助于构建全面的视角，使管理层能够对市场变化快速响应。这些工具还可以提供预测分析，帮助识别潜在的市场机会和风险。而在做出决策后，确保其合规性是至关重要的。合规性管理工具能够自动监控法律法规的变化，并及时更新政策，确保企业的操作符合当前的法律要求。

两个系统的结合应用，能够有效地提高企业的决策效率和管理合规性。例如，在金融行业，决策支持系统可以分析客户贷款的风险状况，合规性管理工具则可以确保贷款审批流程符合金融监管规定。通过两种工具的互补应用，企业不仅能够提升运营效率，还可以降低因违规操作而引发的法律风险。

因此，制定全面的战略以整合这两种工具的功能，既能提高决策的准确性，也能确保其合规性，为企业的可持续发展提供坚实的支撑。这种通过工具互补形成的协同效应，为企业在激烈的市场竞争中获得优势提供了不可或缺的保障。

1. 净现值模型与合规尽职调查

净现值模型是一种用于评估项目或投资价值的方法，它通过比较项目产生的现金流入与流出的现值来判断项目的经济可行性。具体来说，这种方法会将未来可能获得的所有现金流量折现回当前时点，从而得出对应的净现值。如果净现值为正，则项目被视为可行或具有潜在价值；如果为负，则可能需要慎重考虑，甚至放弃。在合规尽职调查的背景下，净现值模型既可以用于财务评估，也可以为风险管理提供支持。

合规尽职调查是指在商业交易过程中，对公司的各个方面进行详细审查，以确保其符合相关法律法规的要求。通过合规尽职调查，公司可以识别潜在的法律风险和合规问题，确保投资及运营活动的合法性。净现值模型在合规尽职调查中的应用，可以帮助企业在评估过程中识别出潜在的财务风险。例如，合规尽职调查可以揭示可能影响现金流的法律费用或罚款，这些潜在支出应该被纳入净现值模型中综合考量。净现值模型还可以帮助公司在合规问题可能影响财务表现时进行定量分析，从而做出更加明智的决策。通过综合运用净现值模型与合规尽职调查，企业能够更全面地评估项目或投资的综合价值及其法律合规性，从而提高决策的准确性和可靠性。

2. 边际贡献分析与价格操纵筛查

边际贡献分析与价格操纵筛查是重要的财务分析工具，不仅能助力企业在竞争激烈的市场环境中获得优势，还能为监管机构提供有效的市场监督手段。在现代商业环境中，了解边际贡献这一概念至关重要。边际贡献是收入与可变成本的差额，这一指标可以帮助企业识别和优化其产品组合，从而提高整体盈利能力。企业可以通过分析边际贡献，精准定位哪些产品或服务能够带来最大利润，并做出优化资源配置及定价策略的决策。

价格操纵筛查与边际贡献分析密切相关。价格操纵行为，包括不正当的价格设定和市场操作，与市场的公平竞争规则相悖。通过详细分析企业的边际贡献，监管者可以识别出可能存在的价格操纵行为。例如，若一家企业的核心产品市场份额大幅提升，其边际贡献却出现显著异常，可能表明其在采取不正当的价格竞争策略。对价格操纵行为的筛查，不仅有助于维护市场竞争的公平性，还为合法经营的企业创造了更为健康的市场环境。因此，全面的边际贡献分析不仅对企业内控和财务管理具有重要意义，同时也在维护市场秩序和平抑价格操纵方面发挥重要作用。

3. 平衡计分卡与利益冲突申报

平衡计分卡作为一种战略管理工具，广泛应用于各种组织，旨在通过综合的视角评估和管控公司的绩效。这种工具不仅仅关注财务指标，同时也强调学习与成长、内部流程以及客户视角，助力企业实现更高效、更均衡发展。然而，在实施过程中，利益冲突问题常常成为组织面临的挑战。利益冲突申报机制的建立，旨在识别和管理可能影响公司目标和利益最大化的潜在冲突。它通过要求员工和管理层在涉及决策的利益关系中保持透明，确保权力和责任的平衡。

企业在应用平衡计分卡的同时，必须设计并完善相关的利益冲突申报机制，以确保决策和行动都最大程度地符合组织的整体战略和道德标准。通过利用利益冲突申报机制，企业能更好地识别潜在的利益偏差，不仅有助于管理者在战略执行时做出更为公正的决定，还能维护员工之间的诚信关系，减少由于利益纠纷引发的内部摩擦。细致的利益冲突管理可以为企业赢得外部公信力，获取投资者和客户的信任。因此，将利益冲突申报机制纳入平衡计分卡的框架中，可以有效提升组织的综合竞争力和可持续发展能力。

（三）流程嵌入设计

在当今瞬息万变的商业环境中，组织需要有效的方法确保其决策过程快速且敏捷，而且符合法规和道德标准的要求。决策支持与合规性的流程嵌入设计，正是为了满足这一需求而产生。通过将决策支持系统（DSS）与企业合规框架紧密结合，组织能够在制定战略和运营决策时充分利用数据分析和智能技术。这种嵌入式设计不但提高了决策的准确性和合理性，还有效地降低了可能出现的法律风险。

该设计通过一系列自动化流程，实时监测和分析各类数据，并提供清晰的合规性指导建议。在此过程中，先进的算法可以对潜在的合规隐患进行提前预警，确保决策链中的每一环节都符合既定的法律和道德规范。这种方法不仅能提升组织的响应速度和适应能力，还能强化其在合规性管理方面的优势，使之在复杂的法规环境中保持竞争力。

通过流程嵌入设计，企业能够实现更高层次的战略协同。这意味着，在追求商业目标的同时，企业也能实现对社会责任和法律责任的双重承诺，从而在长远发展中赢得更广泛的信任和支持。无论是面对瞬息万变的市场需求，还是迎接新的合规挑战，嵌入式流程设计都为企业提供了一种稳健而灵活的解决方案。

1. 决策流程中的双签制与合规预审

双签制与合规预审在现代企业管理中扮演着至关重要的角色，尤其是在复杂的决策流程中。双签制，即需要两个高管或决策者的签字才能生效的制度，旨在提升决策透明度，便于责任追踪。这一制度通过引入双重审查机制，有效降低了单一决策者可能带来的偏见或失误风险，确保了决策的客观性和合理性。双签制在一定程度上也增强了企业的合规性，减少了腐败和舞弊行为发生的可能性。

合规预审是对决策开展初步合规性检查的重要步骤。正式决策前，这一预审流程帮助识别潜在的法律和合规问题，从而防止不必要的法律风险。合规预审通常包括对政策法规的详细梳理，识别可能影响决策的法律条款，确保企业行动符合法律要求。这一过程不仅保护了企业内部的合法权益，也增进了外部利益相关者的信任。

在将双签制与合规预审结合应用的管理实践中，企业能够更有效地在复杂、多变的商业环境中管理风险，确保各项决策的稳健性和合规性。这种双重保障机制为企业提供了结构化的决策框架，有助于提高决策效率并最大限度地保护企业的法律和商业利益。

2. 案例：跨国零售企业门店选址的协同评估

跨国零售企业在全球扩张进程中，门店选址是至关重要且复杂的决策过程。为了确保新门店成功落地，企业需要综合考虑多方面的因素，采用协同评估的方法，以便做出明智的选址决策。

首先，市场调研是门店选址的基础。企业需要深入分析目标市场的人口结构、消费习惯和竞争环境。这不仅包括统计数据的分析，还应涉及社会文化习惯的研究，因为这些因素会影响消费者的购物行为和偏好。其次，选址决策中必须考量的另一个关键因素是交通便捷程度。门店位置应具备良好的可达性，以便消费者能够便利地抵达。此外，还需要评估当地的基础设施是否能够满足企业的运营需求。再者，法律和政策因素在跨国零售企业的选址中不容忽视。不同国家和地区都有不同的商业法规、税收政策和环保要求，企业需要确保新门店的运营符合当地的法律规定。另外，竞争态势也是选址评估的重要环节。了解和分析竞争对手的布局和策略，可以帮助企业找到相对有优势的地理位置。利用大数据和地理信息系统技术，进行更精确的选址模拟和预测，能够显著提高决策的科学性。

在推动全球业务拓展的进程中，协同评估不仅能够优化选址抉择，还可以通过整合各部门的专业知识，提升整体战略布局的效率和灵活性，使企业能够更好地适应瞬息万变的市场环境，从而在全球化的竞争中占据优势地位。

第四章　实际应用案例

一、采购成本控制案例

在现代商业环境中，采购成本控制已成为企业可持续发展的关键因素之一。某制造企业深刻意识到这一点，由于采购环节缺乏严格的成本管理机制，导致供应链效率低下，整体运营成本居高不下。因此，该企业专注于建立一套全面的采购成本控制系统，以此优化供应链管理。

该企业对供应商进行重新评估，引入分类管理体系，依据重要性和表现，将每个供应商归入不同的类别。这一分类系统帮助企业更加清晰地了解每个供应商的实力，在选定合作伙伴时做出更为明智的决策。接着，企业通过采用新的技术，提升采购流程的自动化水平和透明度。借助先进的数据分析工具，他们能够实时监测采购成本的变化，迅速识别并纠正异常费用。这些技术手段不但提升了企业的议价能力，还提升了采购决策的科学性。在与供应商的关系管理方面，该企业逐步构建起以合作和共赢为核心的长期伙伴关系。通过定期沟通和反馈，与供应商共同挖掘并塑造成本节约的最佳实践。这种主动合作策略，为企业降低成本创造了巨大空间，同时也确保了产品的质量与供应的稳定。

通过实施这一系列措施，该制造企业不仅显著降低了采购成本，实现了供应链的有序可控，还在市场竞争中获得了显著的优势。采购成本控制不仅关乎企业的短期盈利，更涉及长远的市场竞争力，这一成功案例为其他企业提供了重要的借鉴。

（一）背景与问题诊断

在全球化和市场竞争日益激烈的背景下，企业面临着成本控制的巨大压力。采购成本作为企业成本管理的重要组成部分，直接影响企业的盈利能力和市场竞争力。随着原材料价格的波动、供应链的复杂化以及政策法规的变化，企业在采购过程中面临的挑战也在不断增加。对采购成本进行有效控制，已成为企业实现可持续发展的关键。

在对采购成本进行问题诊断时，企业往往需要考量多个因素。首先，采购策略不当可能导致供应商议价能力不足，使企业无法获得具有竞争力的价格。其次，采购流程的复杂性和不透明性可能导致效率低下和资源浪费。再次，供应链中的风险管理不足，例如未能及时识别和应对供应商破产或物流中断等问题，也可能对采购成本带来负面影响。通过深入分析这些问题，企业可以制定出更为精细和科学的采购成本控制策略，从而提高运营效率和市场竞争力。

1. 行业特点与企业现状

在制造企业中，采购成本历来被视为关键的成本控制要素，约占整体生产成本的60%。对企业来说，能否有效地管理这部分成本，将极大地影响其市场竞争力和整体盈利能力。采购成本的控制不仅仅依赖于价格谈判，更在于对供应链的全面管理和成本结构的优化。

当前，制造企业面临的市场环境较过去变化更为迅猛，原材料价格波动、市场需求的不确定性以及全球供应链的复杂化，都对采购成本管控提出了更高的要求。这要求企业在采购决策中具备较高的灵活性和前瞻性，通过准确的市场预测和灵活的采购策略降低潜在的风险与成本。技术的进步为采购成本的控制提供了新的工具和手段。例如，大数据分析和人工智能技术可以帮助企业更好地预测市场趋势和优化库存管理，在最大限度降低采购成本的同时，确保生产的连续性和高效性。此外，企业越来越多地采用全球采购策略，获取价格更低的原材料，在供应链的多样化和冗余性之间取得平衡。

尽管这些变化为成本控制提供了便利和机会，但制造企业在实施采购成本控制战略时，仍需注重与供应商建立稳定的合作关系，确保供应的稳定性和产品质量。并且，企业内部不同部门间的沟通协作，也是实现采购成本优化和整体运营效率提升的重要保障。采购成本控制不仅是操作层面的挑战，更是关乎企业长期战略的核心问题。

2. 核心问题

采购成本控制的核心问题，集中在报价差异大与舞弊风险高两方面。报价差异大是指供应商或服务提供商之间的价格差异显著，导致采购决策的复杂性增加。潜在因素可能涉及供应商的定价策略不同、产品质量差异、供应链中间环节增加，以及市场需求波动等。这种差异不仅增加了采购成本的不可预测性，也对企业的成本管理形成挑战。舞弊风险高则涉及采购过程中可能存在的不当行为。例如，采购人员与供应商之间秘密勾结，以低于市场价格购入质次的商品或服务谋取私利。这类行为不仅会导致企业蒙受经济损失，还有可能损害企业的声誉和市场竞争力。因此，企业必须加强内部控制机制，提升透明度和建立问责机制，防止舞弊行为发生。通过实施有效的成本控制措施，如建立标准化的招标流程、运用现代化的采购管理软件，企业能够更好地应对这些挑战，优化采购流程，实现更高效的成本管理。

（二）管理会计解决方案

管理会计作为企业运营和战略决策中的重要工具，能够帮助组织优化资源配置，提升经营绩效。在企业日常运营中，管理会计解决方案以精准的数据分析和智能化的预测功能，支持企业管理者更深入地理解企业的财务状况、经营环境及市场动态。这不仅包括细致的预算控制、成本管理，还涵盖内控管理以及业绩评估等多方面的内容。

在预算控制方面，管理会计解决方案通过设定目标预算协调各部门资源分配，降低企业运行中的财务风险，同时确保企业资金的高效利用。在成本管理方面，通过先进的成本控制方法和工具，帮助企业识别和分析各类成本，并寻找降低成本和提高效率的有效途径。在业绩评估方面，管理会计的分析结果提供了全面且客观的绩效反馈，确保企业及其员工能够朝着既定目标不断前进。这种广泛而全面的管理会计解决方案，帮助企业在变幻莫测的市场中建立稳固的竞争优势。

1. 供应商分析工具

供应商分析工具不仅能帮助企业更好地管理供应链，还能有效地控制成本和提升效率，从而实现其战略目标。在众多工具中，TCO（Total Cost of Ownership，总拥有成本）模型是一个极具价值的工具，其应用广泛且成效显著。TCO模型全面考量采购物品在整个使用周期内的所有相关成本，包括但不限于购买价格、使用费用、维护费用，以及对旧有设备的处置成本等，帮助企业准确了解真实成本投入。这一全面分析的过程使得企业能够在选择和管理供应商时做出更为明智的决策。无论是规模庞大的跨国企业还是中小型企业，通过对TCO模型的有效应用，可以识别最具成本效益的供应商，并借此优化整个采购流程。TCO模型的运用，还可以提高企业对长期合作关系的敏感度和识别力，从而增强其市场竞争力，实现可持续发展。

EOQ（Economic Order Quantity，经济订购量）模型也在供应商分析中扮演着重要角色。EOQ模型帮助企业确定最优订购数量，以最低总成本满足客户需求。这个模型通过计算订单成本和库存持有成本的平衡点，确保企业不会因为订购过多而增加库存成本，也不会因为库存不足而导致生产中断。通过合理的订单规划，企业能够确保资金的高效使用，降低浪费，并在复杂多变的市场环境中保持竞争优势。EOQ模型的应用不仅局限于优化订购数量，还为库存管理策略提供指导性的输入。通过精确的需求预测和周期性的库存评审，企业可以更敏锐地察觉市场需求的变化，从而做出迅速且有效的订货决策。EOQ也能够帮助企业更好地协调供应链中的各个环节，促进与供应商的紧密合作，从而提升整体供应链效率。在当前全球化的市场条件下，良好的供应链管理是企业获得竞争优势的关键。通过EOQ模型，企业可以在市场变化中保持灵活性，快速调整库存策略以应对不确定性。充分利用EOQ提供的洞察，企业还能够实现更智能化的库存调整策略，减少因人为因素导致的库存积压或短缺问题，实现库存周转率优化，这为企业长远的可持续发展奠定了坚实的基础。

两个模型的结合使用，不仅能在供应链管理中提供支持，还能在企业选择和评估供应商的过程中发挥更为全面和深入的作用。这种结合能够从战略层面和运营层面同时发力，确保企业在供应商的选择上既符合长期发展战略，又能在短期内实现高效的运营支持。通过模型的综合分析，企业能够在供应商的可靠性、产品质量、交付能力、财务稳定性等关键指标上进行深入的多维度审视。这种结合使用还能带来预测分析方面的优势，帮助企业更好地预测供应商的表现，提前识别风险并制定应对策略，从而全方位提升企业的供应链管理水平，为企业带来可观的竞争优势和持续发展的动力。借助这种深度的分析框架，企业不仅能够优化成本，还能构建更加稳固、灵活的供应链生态系统，以应对市场变化和复杂挑战。

2. 采购策略优化

采购策略优化是一个复杂且至关重要的过程，对企业整体运营具有深远影响。通过优化采购策略，企业不仅可以提高效率、降低成本，还能增强其在供应链中的竞争力，这在当今高度竞争的市场环境中显得尤为重要。企业可以通过多管齐下的方式来实现这些目标。

通过采用集中采购模式，企业不仅能够有效整合内部资源，还能够在更广泛的市场中提升竞争力。这种方式使企业有能力以更具优势的价格获取所需材料或产品，从而在成本上实现显著的节省。在集中采购的过程中，企业因订单量增加，可在与供应商的谈判中占据更有利的位置，进而争取到更具吸引力的付款条件，以及更稳固的长期合作关系。集中采购有助于企业简化复杂的供应链流程，使采购活动更加高效。通过统一的采购渠道和流程，企业可以减少重复性工作，降低人工操作带来的潜在风险。这种流程优化不仅能大幅缩短采购周期，还能进一步降低运营成本，提高资金利用率。更重要的是，集中采购模式能使企业在面对市场变化时更具灵活性和应变能力。通过建立坚实的供应商关系网络和提升数据分析能力，企业能够及时响应市场波动，调整采购策略，确保供应链的持续畅通和稳定运行。这样的战略实施不仅提高了企业的运营效率，也为其长远发展奠定了坚实的基础。

动态调价是一种灵活的价格策略，不仅在短期内为企业提供了应对市场波动的能力，还为企业的长期发展带来了可观的效益。当市场条件发生变化，如供应链中断、季节性需求波动或地缘政治因素导致供需失衡时，企业可以立即利用这一策略，调整采购价格以保护利润率。这种应变机制允许企业在市场不利的情况下，通过适时调整价格来降低采购成本。在经济好转、市场行情向好时，企业可以利用有利的动态调价策略，锁定更具竞争力的价格条件，从而增强企业在行业中的竞争地位。这种主动的价格管理能力，也使得企业能够更加有效地预测市场趋势，进行战略性的采购决策，从而将市场变动的风险降到最低，借机获取额外的市场份额。这一策略的实施，不仅要求企业拥有精确的市场数据分析能力，也需要建立迅速果断的决策机制，以便及时响应市场动向，在价格竞争中占据优势地位。通过这种灵活而又周密的调价方案，企业能够在动荡的市场中保持稳健增长和持续盈利能力。

考虑使用替代材料也是一种有效的策略，可以在原材料成本上升或供应短缺的情况下，找到合适的替代品，从而确保生产连续性和成本的有效控制。这种策略的实施并不是简单地用新的材料替代旧的材料，而是要求企业在选择替代材料时进行全面的分析和权衡。这包括深入市场调研，探寻是否有性价比更高的替代品在流通；进行详尽的产品测试，以确定新的材料在性能、质量和可靠性方面是否能够达到或超过原材料的水平。此外，还应考虑替代材料在可持续发展方面的潜力，这既是对社会责任的践行，也可能增强企业在市场中的竞争力。总的来说，替代材料策略不只是反应式的短期解决方案，而应作为企业长期战略的一部分，持续关注材料科学的进步和市场动态，以便在变化无常的商业环境中保持灵活性与优势。

通过以上策略的结合运用，企业可以更灵活地应对市场变化，确保供应链的稳定性和运营的可持续性。这种灵活性，体现在企业对市场动态的敏锐响应能力上，能够更快速地调整生产计划和分配资源，最大程度降低供应链中断带来的风险。企业还可以通过建立可靠的合作伙伴网络和使用先进的数据分析工具，预测和识别潜在问题，提前准备应对措施。这不仅提高了企业的抗风险能力，也增强了其市场竞争力。持续的创新和技术升级将帮助企业提升供应链透明度，优化物流流程，并降低运营成本，以实现长远的可持续发展。面对瞬息万变的市场环境，灵活的供应链策略不仅能够促使企业更有效地使用现有资源，还为企业拓展和渗透新兴市场提供了坚实的基础。这种全方位的策略优化，使得企业能够在复杂多变的商业环境中保持竞争优势，并确保长久的企业成功。

（三）内部控制措施

为了确保企业运作的高效性与财务报表的准确性，内部控制措施是必不可少的。首先，企业应设立清晰的组织结构，在不同职能部门间明确划分责任与权限。这种结构不仅能防止权力集中导致的管理漏洞，还能在决策过程中引入更多视角，提高业务决策的质量。其次，完善的风险管理体系也是内部控制的重要组成部分。企业需要对内外部环境中的潜在风险进行识别、评估和监控。通过定期的风险评估，企业能够提前识别可能影响业务运营和财务表现的不利因素，并采取预防性措施以减轻可能的损失。再次，实施与企业规模、复杂性相适应的财务管理和审计制度，是确保财务透明度的关键。通过定期的内部审计和外部审计，企业能够及时发现财务报表中的错漏，并进行必要的调整。综合这些措施，企业才能有效防范潜在风险，提高整体运营效率和财务报告可靠性。

1. 审批权限设计

审批权限设计是企业管理中的关键环节，其有效性直接影响企业运作的效率和安全性。在这一过程中，分级审批和三单匹配是两种常见的方法，各有其独特优势与适用场景。分级审批体系不仅是一种为了降低风险而设定的决策流程，还为组织提供了灵活且可定制的管理工具。通过这种方式，企业能够根据自身的结构、文化和特定需求，精确地调整审批流程。这意味着，大型跨国公司可以根据区域市场的不同特点来设置不同的审批层级，小型企业则可根据精简的团队结构制定更为直接的审批路径。这种灵活性，使得分级审批不仅是为了应对财务风险，也成为确保企业文化与运营一致的重要手段。除此之外，分级审批还能在决策过程中引入更多的专业意见。通过让不同层级的管理人员在他们的能力范围内进行审核，企业能够确保决策不单是源于高层的命令，而是基于全面的信息与分析。这种多层级的审核制度还能强化员工的责任感和参与度，因为他们知道自己的判断会直接影响最终的决策结果。透明且明确的分级审批流程亦能提高员工对决策公平性的信任，这种信任反过来又能促进企业内部的沟通与合作，最终形成一种高效、稳健的企业文化。

三单匹配是一种侧重于采购流程的设计，它不仅仅是一种形式上的流程管理，更是企业确保操作合规性的重要手段。通过强调订单、收货单和发票之间信息的准确匹配，企业可以在多个层面上提升管理效率和财务稳健性。三单匹配通过对三者数据的一致性检验，有效地防范因数据不符导致的采购欺诈以及错误付款，确保每一笔交易合理合法。通过这种系统化的管理，企业可以大幅减少人为错误的发生，从而节省大量时间和资源。三单匹配的重要性在于，它不仅维护了企业内部流程的透明和健康，还为外部审计提供了可靠的数据基础，增强了企业在市场中的竞争力。在大型组织或涉及复杂供应链管理的企业中，这一机制尤为重要，因为稍有不慎便可能在多个环节造成财务损失。因此，实施有效的三单匹配不仅是为了降低风险，更是全面提升企业管理水平的一环。

总而言之，审批权限设计应根据企业的实际需求和运营模式，灵活地选择和组合。结合分级审批和三单匹配的优势，不仅能够从不同层面更全面地保障企业的财务安全和运作效率，还可以根据实际需要进行相应的调整和优化，以应对瞬息万变的市场环境和业务需求。分级审批通过建立不同的审批层级，使得重要决策能够经过充分的审核，降低个体决策失误给企业带来的风险。三单匹配制度通过确保订单、发货单和发票的一致，最大限度地防范欺诈行为和错漏风险。此类设计可以与企业的数字化转型策略有机融合，使企业在信息化时代具备快速响应和调整审批流程的能力。灵活的审批权限设计，还能够鼓励员工在权限范围内进行自主决策，提升工作的主动性和创新性，激发更大的发展潜力，最终推动企业在复杂多变的市场环境中获得竞争优势。

2. 舞弊防范机制

在当今复杂多变的商业环境中，企业面临着诸多内外部风险，其中舞弊行为便是十分突出的问题。为了有效降低舞弊发生的可能性，企业可以采用多种防范机制。其中，黑名单制度是一种常见的方法，通过对曾经涉及舞弊行为的个人和机构进行记录和跟踪，企业可以防止其再次参与项目或合作，从源头上遏制风险的产生。黑名单制度不仅有助于企业在决策阶段开展更精准的背景调查，还有助于提升供应链的安全性和透明度。

另外，轮岗制度也被广泛应用，以打破岗位固化的现象，降低员工在同一岗位长期工作的概率，减少内部人员与外界合谋的可能性。轮岗制度能推动员工在多元化工作体验中提升综合能力，也可以借助不同岗位的横向协调，增强团队协作效能，让组织焕发更多的生机和活力。

随着技术的进步，区块链存证技术也逐渐被引入舞弊防范机制中。区块链技术具有信息难以篡改和高度透明的特性，能够提供坚实的证据链支持，为企业营造高信任度的内部控制环境。这一技术的应用，能够实现对交易和业务流程的实时监控，加大监管力度，有助于提高企业的数据安全性和操作透明度。

综合运用上述方法，企业不仅能够巩固其内部控制，预防和揭示潜在的舞弊行为，更能在长远维度促进制度的完善，提升市场竞争力，最终实现可持续发展。从长远来看，健全的舞弊防范机制能够帮助企业树立良好的市场声誉，吸引更多合规的合作伙伴和投资者，构建健康、稳固的商业生态系统。

（四）实施效果

实施内部控制效果显著，具体体现在多个方面。通过优化资源配置和流程管理，我们取得了显著的成本控制成效。数据显示，整体运营成本下降了9%。这样的成果，不仅反映了内部控制体系的有效性，也增强了市场竞争力。这不仅提升了企业的经济效益，也表明企业的管理机制趋于成熟。此外，通过加强对各个环节的监督和风险评估，企业在运营过程中潜在问题的发生概率降低，提升了整体运营的稳定性和可持续性。例如，引入更先进的信息化管理系统，提高数据收集与分析的准确性和效率。与此同时，推进员工培训和意识提升计划，使得公司各级员工对内部控制有更深入的理解，确保公司的目标更加明确且高效地实现。这样全方位的改进，进一步巩固了企业在行业中的领先地位，为未来的持续发展打下了坚实的基础。

得益于内部控制的严格执行，舞弊事件得到了全面遏制，发生率降至零。全面遏制舞弊行为不仅是公司在合规管理方面的一个重要里程碑，更是公司对员工、投资者和社会所做出的坚定承诺。这一成就体现了公司合规管理的长足进步，培育了更加诚信、透明的企业文化。在如此健康和积极的企业文化中，员工能够感到更加安全和被重视，从而专注于公司的长远目标，不再受到外部负面因素的干扰。这种环境的改善，使员工的敬业精神得以焕发，为企业带来更高的效率和创造力。团队凝聚力的明显增强，也使跨部门协作更加顺畅，创新的理念和项目得以更快地落地实践，助力公司在竞争激烈的市场中蓬勃发展。

未来，我们将继续加强内部控制措施，确保每个环节都落实到位。这意味着不仅仅是在纸面上制定政策，而是真正将其贯彻到日常操作中，确保每一位员工都能理解并遵循这些措施。我们将利用现代化的技术手段，例如数据分析和人工智能，监控关键流程，及时识别问题并迅速采取纠正措施。同时，借鉴本次成功的经验，我们计划进一步完善反馈机制，以便及时调整政策和流程。这种循环改进机制将使我们快速响应市场变化和客户需求的转变，全力防范潜在风险。通过建立这样一个自适应、不断优化的系统，我们的目标是使企业的运营更加高效、稳健，使每一个决策都基于准确数据和切实洞察，最终在竞争激烈的市场中保持领先地位。

二、预算执行监督案例

（一）背景与挑战

在当前全球餐饮行业快速发展的环境下，预算执行监督面临诸多问题和挑战，连锁餐饮企业尤其如此。预算偏差率达20%是一个显著的问题，其背后反映出的是预算管理的复杂性和不确定性。在连锁餐饮行业，运营环境的多变性、生鲜原材料价格的波动性、消费者需求的不断变化等因素，都使得预算的制定和执行更具挑战性。在多店面连锁体系中，各分支机构的预算执行能力和水平有着显著差异，而这种差异又会进一步放大整体的预算偏差。为了有效应对这些挑战，企业需要采用更多前沿的数据分析技术，以更加准确地预测市场趋势和费用支出。内部沟通的改进与增强也是必不可少的，确保各决策层面达成共识，减少各连锁门店因政策执行力度和标准不统一造成的预算偏差。只有在精准的数据指导下，结合全方位的监督与调控机制，才能真正提升预算执行的效率与准确性。

（二）管理会计对策

管理会计对策强调在瞬息万变的市场环境中，通过高效灵活的预算方法应对各种经济挑战。其中，零基预算是指从零开始，每年重新评估所有项目和支出，不再基于上年度的预算。它提供了彻底审查支出优先级的途径，不仅可以提升资金使用效率，也能确保每一笔资金都用于最有价值的项目。弹性预算与之类似，但更注重调整预算以适应业务活动强度的变化，例如企业生产水平的增减，确保在任何情况下都能有效管理资金流动。滚动预算则如其名，是一种动态的预算工具，它基于最新数据定期更新，通常是季度或月度更新，以便及时反映内外部环境的变化。通过这些方法的巧妙结合，管理会计能够在不确定的环境中稳操胜券，确保企业面对突发挑战时依旧能够有条不紊地执行战略决策。每种工具不仅是技术层面的支持，更是对企业管理层灵活应变能力的考验和提升。

零基预算是一种创新且细致入微的预算编制方法，其核心理念是从“零”开始审视和规划每个预算周期内的所有支出。不同于传统预算编制依赖上年度的预算基础，零基预算要求管理层对每一项支出进行独立审核，确保其具备明确的必要性和直接效益。这种方法不仅推动决策者深入分析资金的实际使用情况和对应成果，还打破了惯例中的固有认知和支出惯性。通过严谨的审核和合乎逻辑的评估，零基预算帮助组织避免了臃肿的预算结构和冗余支出，最终实现资源最优配置。这种方法还推动整体企业文化向更透明和责任更明确的方向发展，促使所有员工对其负责领域的支出进行更具批判性的思考，从而更好地聚焦于实现企业的战略目标。

弹性预算是一种可根据实际业务量进行动态调整的预算工具。这种预算方法的灵活性使得企业能够根据瞬息万变的市场动态，进行相应的调整。它不仅允许公司根据实际业务需求和外部环境变化，实时修正财务计划，还能够确保各项预算指标的实时准确性和有效性。弹性预算是一种非常实用的管理工具，能够提升企业财务管理的效率。通过弹性预算，企业可以更有效地调整内部资源的分配，以适应不可预测的市场变化和客户需求波动。这种预算策略使得企业面对快速变化的市场时，能够及时响应，避免因市场下滑或需求减少而造成的资源浪费。弹性预算还鼓励企业不断优化内部流程和资源使用，提高整体工作效率，从而在竞争激烈的商业环境中占得先机。无论是增长迅速的企业还是面临挑战的企业，弹性预算都可以成为其重要的战略工具。

滚动预算作为传统预算的重要补充，展现了其独特的灵活性和适应性。这种不断更新和调整的预测机制，通过持续收集最新的市场数据、经济指标和行业趋势，帮助企业管理层进行更为精准的未来规划。每次更新，企业都可以根据外部环境的变化以及内部运营的实际情况，实时调整其财务和运营战略。这种动态的预算方式使得管理层不局限于一年一度的财务计划，还可以在每季度末审视当前的业务状况，预测接下来的市场变动。这种前瞻性的管理方法，不仅可以帮助企业及时发现潜在的风险和机会，进而优化资源配置，还能提高企业应对市场波动和竞争的能力。通过滚动预算，企业能够有效缩短决策时间，在快速变化的经济环境中保持竞争优势和运营效率。这种机制已成为现代商业环境中不可或缺的工具，尤其是在不确定性极高的市场中，进一步彰显出其价值和重要性。

以上几种预算方法共同构成了一个系统化的管理会计对策组合，协助企业在面对不确定性和复杂挑战时仍能保持财务和运营的稳健性。通过合理选择和实施这些对策，企业可以有效提高决策的准确性和效率，实现长远发展目标。这些预算方法不仅涉及财务数据的精确分析，还包括对市场趋势的敏锐判断和对内部资源的合理配置。在全球经济环境持续变化的背景下，企业通过灵活应用这些方法，可以在动态市场中快速调整战略，保持竞争优势。这些方法还鼓励企业在预算编制过程中进行跨部门的沟通与协作，增强组织内部信息的透明度与共享性。这不仅使得预算过程更加民主化，也提升了各部门对共同目标的认同感和执行力，从而在实现财务稳健的同时，有助于打造更加灵活应变的企业文化体系。合理应用这些预算方法，将为企业的持续稳定发展奠定坚实基础。

（三）内部控制措施

内部控制措施是确保企业流程安全性与效率的关键组成部分，不仅关乎信息的保密与职责分工，还涉及风险管理与诚信提升。权限分级是一种通过明确职位与职责，控制数据和信息访问的方式。这种措施确保员工只能访问与其工作相关的信息，避免不必要的信息泄露，减少安全隐患，并提升工作效率与安全性。清晰的权限划分也促进了员工之间的协作与沟通，使每个人都清楚自己的权限边界，防止数据被滥用。三阶段审计制度以其事前、事中和事后的全面审查方法，构建了一道长效的风险防护屏障。事前审计通过深入分析识别潜在风险，并制定适宜的控制措施；事中审计则实时监控控制措施的执行情况，确保其合规性与有效性；事后审计通过对实际操作的评估，验证整个管控过程的完整性。这一连贯过程有助于在管理链中植入风险思维，形成自上而下的内控文化。职责分离则通过将互相制约的关键活动和任务分配给不同的个人或部门，进一步提升了内控机制的有效性。这样的安排不仅减少了舞弊或误操作的可能性，还提高了企业运营的透明度与公信力，增强利益相关者的信任。这些措施相辅相成，共同织就了一张牢固的内控网，助力企业实现稳健运营，为长期发展奠定坚实基础。

（四）实施效果

预算执行监督的实施效果在多方面得到了显著改善，偏差率降至5%，这是令人欣喜的成果。预算执行过程中与预定计划的偏差大幅减少，说明各部门在资源配置和资金使用上更加精确和有效。这不仅缓解了财政压力，还提高了资源使用效率，从而提高了整体的成本效益。

这一改善还意味着决策透明度的提升，表明监督机制的实施在一定程度上强化了财政责任制，增进了公众和利益相关者的信任。得益于精细化的管理，这一成果进一步激励各部门在资金管理和预算执行上追求卓越，推动创新和改善策略持续应用，使得短期的预算目标得以实现，同时也为长远的财务健康奠定基础，确保公共服务和项目可持续性发展。这些都彰显了有效监督对实现高效治理和维护财政稳定的重要性。

合规性方面的显著提升，也是一个重要的进步。在预算执行过程中，越来越多的部门开始严格遵循既定的程序和标准，减少了违规情况的发生。这种变化不仅强化了内部控制机制，还提升了组织的透明度和问责性。合规性的提高确保资金流向符合政策和法律规定，维护公共资金的安全。

这种进步主要体现在三个方面：首先，各部门通过全面的培训和监督措施，提高员工对法定规章制度的认识和执行能力。其次，现代化的管理工具如电子化审计系统和自动化流程监控的引入，使得对资金流向的监控更为高效精准，实时的数据分析和报告反馈机制帮助管理层及时纠正偏差，以达到最优的管理效果。最后，合规方面的进展也得到了公众和媒体的关注，这种外部压力促使组织不断自我完善，以保持良好的公共形象。合规性的提高不仅仅是遵循法律的结果，更是增强组织公信力和推动其长远发展的基础。

这种监督机制的改进得益于先进技术手段和管理方法的应用，这些创新方法使实时监控和动态调整成为可能。通过分析和利用大量数据，管理者不仅能够更快地识别问题，还可以通过精准的数据分析模型深入了解问题的根源。这使得管理者能够制定更加切实可行的解决方案，并对可能出现的预算偏差进行预测和预防。这种数据驱动的决策过程还提高了资源分配的精确性，使资源能够被更合理地利用和配置，从而大大降低了资源浪费的风险。通过快速响应和预见潜在问题，预算执行的严谨性和可靠性得到了更好的保障。整体来看，这些积极变化不仅显著提升了预算管理的效率和有效性，还提升了政府治理的透明度和问责性，有助于实现更广泛的政府治理目标，如提升民众的信任度和强化政策执行力。这种转变体现了现代科技对传统政府职能的深刻影响，也反映了治理模式不断创新的趋势。

三、销售绩效管理案例

销售绩效管理在现代企业中扮演着至关重要的角色，因为有效的绩效管理能够帮助企业识别高效员工，改进销售策略，并最终提升公司的整体业绩。典型的销售绩效管理案例可以从多个方面进行分析和扩展。

首先，可以探讨如何建立一套全面的绩效指标体系。以某知名企业为例，他们通过科学的数据分析和评估模型，设定了多个层次的绩效指标，从数量上追踪销售额、客户获取率，到质量上考核客户满意度和忠实度。这些指标不仅全面涵盖销售环节中各个关键因素，还能提供实时反馈，让管理层及时掌握销售团队的整体表现。

其次，案例中应包括对销售团队的培训和激励措施的实施。该企业根据不同的绩效水平设计了分层培训计划，确保每位销售人员不仅能够完成既定目标，还能不断提升个人技能。同时，针对表现突出的员工，企业设置了一系列激励措施，诸如奖金、晋升机会和特别奖励，以此来激发员工的工作激情，并形成良性竞争氛围。

最后，分析绩效管理过程中遇到的挑战与解决方案。销售团队常常面对市场变化、产品迭代等动态因素，该企业通过构建灵活的绩效调整机制和及时沟通评估流程，确保在变化中保持敏捷的反应能力，从而有效应对外部环境变化对销售业绩的影响。

综上所述，通过具体的案例分析，不仅可以帮助企业认识到销售绩效管理的重要性，而且能为其他公司提供可参考的实用经验和策略。

（一）背景与问题

销售绩效管理在企业经营中占据重要地位，它不仅关乎公司销售目标的达成，还涉及对销售人员的激励和评价。然而，在这一过程中，常常会遇到虚假交易和利润率虚高的问题。这些现象不仅严重影响了企业的真实盈利水平，还可能导致企业决策发生偏差。当销售绩效管理系统出现漏洞时，某些销售人员可能会利用这些漏洞，通过制造虚假的交易数据或夸大销售收入来提高其个人绩效指标。这些人为操控的数据，不仅掩盖了企业在某些区域市场的真实表现，还可能使得企业在资源分配和市场策略上做出错误的判断。管理层难以及时发现这些问题，可能是因为绩效管理系统缺乏有效的监管和反馈机制。为了应对这些挑战，企业需要构建透明且可追溯的销售绩效体系，加强内部审计机制，并引入先进的分析工具，实时监测销售数据的合规性。从长远来看，精准且公正的绩效管理不仅能提升销售团队的士气，还能为企业的可持续发展奠定坚实的基础。

在销售团队中，虚假交易是一个突出的管理难题。这不仅仅是一个道德问题，还对企业的运营和战略决策产生深远的影响。很多时候，销售人员为了达到公司设定的销售指标，或者渴望获得更高的奖金和奖励，可能会铤而走险。他们或许会通过制造虚假的交易记录展示优秀的业绩，期望因此能够赢得上级的认可和赏识。常见的手法包括在季度末通过突击签约或承诺来提高短期销量，或者将还未达成的交易提前入账，这些都可能制造出成功的假象。不过，这种表面繁荣的背后隐藏着巨大的隐患。它使公司的财务报告缺乏真实性和透明度，进而影响投资者和利益相关者对公司的信任。此外，企业高层基于这些不实数据进行决策，可能会导致资源的错误分配，错失市场机会，甚至导致企业战略偏离方向。因此，面对虚假交易，企业管理者应该加强内部控制，建立可靠的审核机制，培养销售人员的诚信意识和责任感，以维护企业的健康发展和长远利益。

利润率虚高的情况则常常因成本核算不准确或销售定价策略失误而引发。企业如果在需求预测和成本控制方面缺乏科学严谨的方法，就容易在报告中呈现利润率高于实际水平的结果。这种虚假的利润增长，可能会导致决策层在资源分配、市场扩展和产品开发上陷入误区，误判企业健康状况良好，忽视了潜在风险。长此以往，失真的数据不仅会误导管理者，还可能影响投资者与合作伙伴的信心，对企业的市场表现产生负面影响。持续的利润率虚高可能导致企业在经济形势恶化时缺乏应对能力，因为虚高的利润无法转化为实际的财务安全网。投资者一旦发现这种情况，可能纷纷撤资，从而对企业的资本流动性造成挑战。合作伙伴则可能重新审视与企业的合作关系，担心与不稳定的企业合作将带来潜在风险。准确的成本核算和合理的定价策略不仅是企业生存的基础，也是赢得市场信赖的关键。

因此，企业需要加强销售绩效管理中的真实性审查与数据分析，不仅要杜绝虚假交易、遏制利润率虚高，更需建立完善的内控机制和监督制度，确保销售数据的透明和准确。这不仅关乎企业的诚信与声誉，也是企业持续发展和竞争力提升的关键所在。在这个过程中，企业可以借助先进的技术手段，如大数据分析和人工智能算法，深入挖掘销售数据背后的趋势和规律，从而进行更精准的预测和决策。培养员工的诚信意识和专业能力，强化团队的信任和协作，也是促进销售绩效实质性提升的重要措施。这些措施不仅能提高企业的市场适应性，还能增强客户的信任度，助力企业在日益激烈的商业竞争中立于不败之地，实现长远的成功和发展。

（二）管理会计优化

在当今竞争激烈的商业环境中，管理会计的重要性愈加突出，因为它不仅是企业战略决策的重要依据，还能有效提升企业的运营效率。随着市场的不断变化和技术的飞速发展，企业面临的挑战和机遇都是前所未有的。管理会计在这样的背景下，承担着越来越多样化的角色，不仅局限于传统的报表分析和预算编制，而且通过提供更为动态和实时的数据分析，帮助企业在快速变化的市场中做出更为明智的决策。

针对利润导向提成模型和客户维度分析这两个关键领域，企业可通过更精准的管理方式，实现利润最大化及客户价值的提升。这两个领域不仅关乎企业的直接收益，还直接影响企业在市场中的竞争力。通过设置合理的利润导向提成模型，企业可以激励员工在提高生产力和服务质量上下功夫，从而增加整体盈利。客户维度分析则帮助企业更好地理解客户需求和行为模式，从而制定更加个性化和有针对性的营销策略，提高客户满意度和忠诚度。在这两方面，管理会计的洞察力和分析能力都是企业最为倚重的资源之一，成为引导企业驶向成功彼岸的灯塔。

从利润导向提成模型来看，传统的提成方式通常基于销售额计算，虽然能够在短期内促进销售业绩，但往往忽视了成本控制和利润率的重要性。由于销售额不一定等同于盈利能力，仅依靠销售额来衡量绩效不足以推动企业的长远发展。因此，通过引入利润导向，企业可以实施更加全面的激励机制，鼓励销售人员在大力拓展市场的同时，也需注重产品和服务的利润率。这样一来，销售人员不仅仅把焦点放在业绩的数量上，而且更加关注销售的质量和成本效益的平衡。他们被激励去优化销售策略，在选择发展客户和业务时更加审慎，确保每项交易都有利可图且符合公司战略目标。盈利能力得到大幅提升，不仅为公司带来经济上的增长，还助力公司在竞争激烈的市场中实现可持续发展。通过这种模式，企业在实现利润最大化的同时，也在不断鼓励创新和效率的提升，为行业树立新的标杆。

客户维度分析则为企业提供了深刻洞察市场结构的工具，使得企业不仅能够细致入微地理解客户行为，还能从多个角度解读市场趋势。通过精准分析客户的行为模式、消费偏好以及生命周期价值，企业能够有效识别那些最具潜力和价值的客户群体，从而实现精准营销。这种深入的分析帮助企业制定出更为精确的市场营销方案，使得营销活动更加协调一致，既能最大限度提高客户参与度，又能进一步提升客户的忠诚度和整体满意度。而这种客户维度分析提供的深刻见解，还能揭示市场中未被察觉的潜在机会，为企业的战略性调整提供可靠依据。企业可以据此动态调整资源分配和产品开发策略，确保在日益激烈的市场竞争中，不仅能够迅速响应变化，还能积极引领潮流，始终占据市场领先地位。

结合利润导向和客户维度分析，管理会计能够有效支持企业做出更加精准的决策，提升其市场竞争力和盈利能力。这不仅是简单的财务管理优化，更是企业在复杂市场中决胜的战略工具。在今天的商业世界中，市场竞争日益激烈，企业不仅需要关注内部的财务指标，更要深入理解市场和客户的需求变化。管理会计通过更加全面的财务与非财务数据分析，使企业能够快速识别潜在风险与机遇，及时调整策略。此外，整合各种管理会计工具，如成本分析、预算编制和绩效评估，能够帮助企业建立更具前瞻性的规划和更加敏捷的应对机制。在这种模式下，企业不再局限于短期财务目标，而是着眼于长期可持续增长，通过不断提高客户满意度和优化资源配置，实现更大的市场份额和利润空间。通过这样精细化的战略角色，管理会计无疑将在企业战略决策中发挥日益重要的作用。

（三）内部控制措施

内部控制措施对公司的稳健运营至关重要。通过这些措施，公司能够确保业务流程不仅合规，而且高效。除了提升风险管理能力，内部控制还有助于维护财务信息的准确性和完整性，对提高投资者信心、提升股价以及维护企业的声誉都非常关键。实施过程中，例如四单匹配可以减少误差和欺诈的风险，异常交易标记能够迅速识别和响应可能存在的内部问题，独立审计则提供了一个外部视角，验证和加强内部控制的有效性。公司还应该定期对内部控制体系进行审查和更新，确保它们能够适应不断变化的业务环境和监管要求。这种做法不仅能够保护公司免受潜在财务损失，还能助力其在竞争中脱颖而出，展示对良好治理的承诺。

四单匹配是企业在采购和销售过程中至关重要的一步。它涉及的四个关键文件分别是采购订单、入库单、发票和付款单。通过逐一核对这些文件，企业能够确保每笔交易的合法性和准确性。从采购订单开始，企业会详细记录所需商品的种类、数量以及价格，这为后续的入库和付款提供了关键依据。当商品到达并入库时，工作人员会对照采购订单和入库单进行审核，确保商品数量和质量符合要求。接下来，收到的发票需要与前面提到的所有文件进行比对，确认价格无误且交易记录完整。最后，付款单作为交易的最终环节，通过与前三单的核对，能够有效防止由于过量下单或重复付款带来的财务风险。如此系统化的管理流程，既提高了企业的运作效率，也避免了因操作失误导致的不必要损失，确保了财务透明和数据的可追溯性。通过这样细致的管理过程，企业能够更好地掌控整个采购和销售链条，维持健康的现金流。

异常交易标记意味着在日常交易中，企业需要建立一套智能化、自动化的监测系统，对涉及金额异常、交易频率异常，以及违反预期的经济行为进行精确标记。这项措施不仅可以迅速识别潜在的欺诈行为，还能在第一时间触发预警机制，让企业及时展开深入调查和分析，以制定合适的处理策略。这种主动的监测方式无疑增强了交易安全性，并提升了整体的财务透明度。通过智能系统的数据分析能力，企业还可以优化其财务流程，发现潜在的风险因素，从而加强防控手段，确保运营的稳健和高效。随着技术的不断进步，未来的监测系统将变得更加智能化和精准化，这将进一步提升企业在金融及商业活动中的竞争力和可信度。

独立审计作为第三方的深入评估手段，旨在对企业的财务状况和管理流程进行详尽的分析。这种客观的评估使企业能够全面了解其内部控制环境的现状及可能存在的缺陷。独立审计人员通过严谨的程序对企业进行审视，并根据所收集的数据出具详细的报告，从而为内部控制风险的识别和控制策略的调整提供科学的依据。审计不仅仅停留在问题的表面，更重要的是帮助企业发现潜在的财务管理漏洞和流程瓶颈。这样的深度分析能够促使企业管理层重新评估其决策，并做出更加周密和具有战略性的发展规划。独立审计在一定程度上也为外部利益相关者构建了透明信任机制，确保公司信息的真实可靠，从而保护企业的市场声誉。通过加强独立审计结果的应用，企业在实现财务稳健的同时，还能够提升其合规性和运营效率，最终实现可持续发展的战略目标。总体而言，独立审计对企业而言，不仅是一次财务健康状况的体检，更是促进其持续成长的动力之源。

（四）实施效果

销售绩效管理的实施效果，充分体现了策略与工具的深度融合，对业务运作产生了积极而深远的影响。通过这一管理体系的实践，我们欣喜地注意到高毛利产品的销售比重有了显著提升，精准契合了公司的长远利益与战略目标。这不仅是业务层面的胜利，更是一种管理方法论的验证。此外，通过精心优化的销售流程和更加严谨的监控机制，我们能够将虚假交易的发生率降低95%，其成效可见一斑。这一成果不仅减少了财务损失的可能性，更为公司赢得了来自客户的信任与忠诚，这种无形资产往往在竞争激烈的市场中至关重要。

绩效管理的另一重要贡献在于，驱动销售团队将精力集中于高价值的活动，促进了效率的提升，使他们更能达成有意义的销售目标。更重要的是，销售绩效管理为我们提供了详尽的数据分析视角，使公司决策层能够快速而精准地识别业务运行中的关键成功因素与潜在问题。通过这些快速调整，公司得以在竞争激烈的市场中保持灵活性与适应性。总体而言，销售绩效管理不但达成了预期目标，甚至超出预期，为公司的市场竞争力注入了强劲、持久的动力。

第五章　管理会计与内部控制的优化路径

管理会计作为企业决策支持的重要工具，其作用不仅限于提供财务数据，还在于通过对信息的深入分析，帮助企业优化资源配置，提高运营效率。面对多变商业环境中的巨大挑战，企业需要不断优化其管理会计体系与内部控制机制。

首先，企业应构建灵活且高效的信息收集和处理系统，以确保管理会计能够及时获取准确的数据。这需要企业对内部和外部环境进行全面评估，识别关键数据源，并采用先进的技术工具，如大数据分析和人工智能，提升信息处理的速度和精准度。其次，内部控制的优化应以风险管理为核心。企业应设定合理的内部控制目标，并推动其与管理会计有效融合，通过风险控制指标的设定与监控，降低潜在的财务风险和运营风险。企业应加强内部审计，确保内部控制措施的切实执行，并促进其不断改进。再次，管理会计人员的专业素养和技术能力对优化路径的实现至关重要。企业需定期进行人员培训，提升团队对新技术和新理论的掌握能力，以更好地适应快速变化的市场需求。通过多学科视角的整合与实践经验的积累，管理会计人员可以为企业制定更具前瞻性和可行性的战略。最后，企业文化建设也是优化管理会计与内部控制的重要环节之一。企业需要营造一种重视数据和事实的文化氛围，鼓励团队成员积极反馈和创新。在这种环境下，管理会计才能发挥更大的作用，推动企业朝着健康、可持续的方向发展。通过不断的探索与实践，企业方能完善自身的管理会计与内部控制机制，保持在市场中的竞争优势。

一、技术整合优化

管理会计与内部控制的技术整合优化是一个多层面的过程，强调信息技术在提升企业财务管理效率和风险控制方面的重要作用。管理会计作为企业内部管理的重要工具，着重于数据的分析和决策支持，通过精细化的成本核算、预算管理和绩效评估，为企业优化资源配置提供方向。然而，传统的管理会计依赖人工处理，容易出现信息滞后和人为误差，不利于迅速应对市场环境的变化。在此背景下，现代信息技术的融入为管理会计注入了新的活力。通过大数据分析、云计算和人工智能等技术，企业能够实现实时数据采集与分析，从而提高决策的准确性和效率。例如，运用大数据分析，可以更全面地把握市场动态和客户需求，帮助企业制定更具竞争力的战略规划。与此同时，内部控制作为企业风险管理与防范舞弊的关键机制，同样需要通过技术手段进行优化。使用信息系统自动化监控流程和交易，能够有效降低人为干预的风险，并提高透明度和合规性。利用信息化手段及时反馈和分析内部控制的有效性，对于识别潜在风险和改善控制流程具有重要意义。

因此，管理会计与内部控制的技术整合优化不仅提升了财务管理的效率，也强化了企业的风控能力，使企业能够在激烈的市场竞争中保持灵活性和创新力。这种技术整合将支持企业实现更加精益的运营模式和更高的财务绩效。

（一）集成信息系统建设

管理会计与内部控制的集成信息系统建设是一个复杂而关键的过程，不仅需要对企业内部各个环节的信息进行全面而深入的掌握，同时必须确保这些信息的流动和处理能够顺畅有效。企业需要建立强大且灵活的信息基础设施，这个基础设施应该包括先进的数据采集和处理工具，以确保能够实时捕捉和分析所有财务与业务数据。这一系统应适配各种内部控制机制，在确保数据安全与合规的同时，也能及时提供决策支持。管理会计与内部控制的集成应重视自动化技术的应用，通过采用人工智能和机器学习等前沿技术，大幅提升数据处理效率，并在数据异常或风险事件发生时，能够快速识别并采取相应措施。系统建设的另一个方面是用户友好的界面设计，这将确保各级管理人员和员工能够轻松访问所需信息，并有效地参与到公司的财务与管理决策中。通过全面整合和高效利用信息资源，企业能够在复杂的市场环境中保持竞争优势，实现可持续发展。

1. ERP系统深度融合

ERP系统深度融合在企业管理领域正越来越受到重视。然而，要实现这一目标并非易事，它涉及多方面的创新和调整。伴随着信息化建设的不断推进，企业必须不断调整其信息结构，以适应快速变化的市场需求和技术进步。各类应用系统的集成需求愈发迫切，企业需要在选择合适的技术平台的基础上，确保系统的可扩展性和灵活性。

ERP系统作为企业资源计划的核心，其深度融合的关键在于实现数据互通和规则嵌入，这不仅需考虑技术实现的可行性，更需注重业务逻辑的合理性和数据的标准化。实现数据的互通并不意味着简单的信息交换，而是在企业内部打造一个信息共享和流程协同的综合平台。这个综合平台可以提升企业响应速度，降低操作成本，同时增强企业的竞争力。企业还需关注如何在系统升级和维护过程中，确保业务连续性和数据安全性，以便充分发挥ERP系统的潜力。

通过数据的互通，企业可以打破信息孤岛，提高数据的流动性和可访问性，从而形成一个完整、统一的数据信息管理体系。这一过程不仅便利了信息的共享和使用，还为企业的战略规划和决策提供了有力的支持。在实现这一目标的过程中，企业需要确保各系统间数据格式、规范标准的一致性，以避免因数据格式差异而导致的错误或误解。企业必须对数据的质量严格把关，确保进入系统的数据是准确、完整和最新的，以保证信息的准确性和可靠性。高质量的数据直接关系到企业的运营效益和竞争力。此外，规则的嵌入是将业务逻辑与企业管理实践深度融入ERP系统的关键一步。通过将复杂的业务规则和流程自动化，系统能够在不需要人为干预的情况下，迅速而准确地执行常规业务流程和决策，从而提高生产效率，减少人为错误，并为企业在快速变化的市场中提供竞争优势。数据互通和规则嵌入是现代企业信息管理中不可或缺的要素，它们能够帮助企业更好地适应不断变化的商业环境。

实现ERP深度融合是一项具有挑战性的任务，不仅需要企业对其现有的业务模式和信息技术有透彻的理解，还需要企业具备前瞻性的规划和设计能力。在这一过程中，对系统架构、数据接口、安全标准等技术要素的全方位评估与优化尤为关键，以确保ERP系统的稳定性和可扩展性，使之能适应企业不断变化的发展需求。用户需求和操作体验也是至关重要的考量因素，只有通过提升系统的易用性和人性化设计，才能使企业管理创新和效率提升得以充分体现，实现合理的业务流程再造。

进一步来说，ERP深度融合的实现能够让企业更好地开发和利用其丰富的数据资源，这对于数据驱动决策至关重要。通过精细化的数据分析，企业能够更加精准地掌握市场趋势，制定出更加高效的业务战略。在数字化浪潮席卷而来的时代，ERP系统的深度融合不仅奠定了企业数字化转型的基础，更是提升竞争优势的关键一步。这种转型不仅涉及技术层面的升级，还要求一种全新的企业文化和工作方式的转变，只有这样，企业才能在快速变革的商业环境中保持领先。

2. 智能化工具应用

智能化工具在当今数字化世界中扮演着越来越重要的角色，特别是在提升企业效率和优化业务流程方面。AI预测技术已经成为各行各业的强大工具，通过分析大量的数据，AI能够精准地预测市场趋势、消费者行为以及产品需求，这使得企业可以提前制定战略，减少库存浪费，提升客户满意度。此外，RPA（机器人流程自动化）正在变革传统的业务流程。RPA能够自动执行大量重复性、规则性的任务，如数据输入、报表生成和客户关系管理，从而释放人力资源，使其专注于更复杂和具有创造性的任务。

随着企业对智能化工具的依赖不断增强，这些技术带来的优势也日益明显。通过使用自然语言处理，企业能够更好地理解和响应客户的需求，大幅提升客户服务质量和互动体验。机器学习的进步使得系统能够自我优化，即随着新数据的输入，模型的预测和分析能力不断提高，从而进一步增强企业的竞争优势。智能化工具还支持跨部门协作，通过提供统一的基础数据平台，各部门可以更有效地分享信息，打破信息孤岛，以便做出更明智的决策。这些技术不仅能提升企业的运营效率，还能在快速变化的商业环境中创造新的机遇和价值。

与此同时，区块链技术的应用深刻影响着诸如金融服务、供应链管理等领域。这是一种具有变革潜力的底层技术，以其去中心化和高度安全性的特点，不仅提高了数据的透明度和可靠性，还为各行业引入了一种新的信任机制。例如，在供应链管理中，区块链能实现产品的全程追踪，从原材料采购到最终交付，每一个节点的信息都可以被记录和验证。这种透明度提高了效率和信誉度，使各方均可实时了解货物流转状况，减少错误和延误的可能性，同时提升了消费者对产品质量的信心。在金融领域，区块链技术支持的智能合约是一项革命性的发展。这些合约通过预先编程的算法自动执行协议，省去了人工干预环节，无须第三方仲裁，从而显著降低了交易成本和风险。这种去中心化的金融模式使得微型交易和跨境支付更加便捷，拓展了金融服务的可能性。智能化工具的应用正在推动各行业走向更智能、高效且具未来导向的发展方向，从而勾勒出一个更加互联、协调的全球产业生态前景。

（二）数字化平台构建

在当今数字化转型的浪潮中，管理会计与内部控制数字化平台的构建正日益成为企业提升效能和竞争力的关键。通过数字化平台的构建，企业能够实现数据的集中化和信息流的自动化，从而更高效地开展财务分析、风险管理以及内部控制等环节的管理工作。这样的平台不仅能降低人为操作的误差，还能通过大数据分析提供更精准的决策支持。

在财务数据的采集和处理方面，数字化平台可以实现对不同来源数据的实时集成，确保数据的完整性和一致性。这有助于管理层快速获取企业整体财务状况，并及时响应。借助人工智能和机器学习技术，该平台还能通过分析历史数据，预测未来财务趋势，助力企业制定前瞻性决策。

在内部控制层面，数字化平台提供了更为高效和透明的监控机制。它通过自动化监测系统，可以实时捕捉异常指标，提示潜在风险。管理人员可利用这些数据，优化控制流程，确保各项内部控制措施的有效落实。这不仅提升了企业的内控水平，也增强了企业对外部合规性的适应能力。

构建管理会计与内部控制的数字化平台，是企业迈向智慧管理的重要一步。它在提升资源利用效率的同时，也为企业的可持续发展奠定了坚实的基础。未来，随着技术的不断进步，这种数字化转型必将为企业创造更大的价值。

1. 数据中台架构

数据中台架构是企业在大数据时代高效管理和利用数据的基础设施，其重要性的提升主要体现在为企业提供了观察、分析和决策的全局视角。其核心组成部分之一是主数据管理，这一系统通过对关键业务数据进行统一识别、描述、同步和分类，不仅能确保数据的精准性和一致性，更成为连接各业务模块的桥梁。通过消除数据冗余与错误，企业能够避免“信息孤岛”带来的困扰，实现不同部门之间信息无缝共享。它确保每一位决策者都可以获得一致且可信的数据视图，以此作为决策的基石。数据中台架构还支持多维度的数据分析，使企业能够更深入地挖掘数据潜力，优化业务流程，提高运营效率，并识别新的增长机会。在这种架构下，企业能够在迅速变化的市场环境中保持灵活性，增强自身竞争力，最终实现可持续发展。

多维数据分析作为数据中台的另一核心功能，提供了一个灵活且强大的数据分析平台。它通过将数据拆解成多个具备特定维度的结构化形式，助力用户从不同的视角深入探索数据。这种分析方式不仅提升了企业对市场动态的洞察能力，还助力实时决策制定，使企业在激烈的市场竞争中始终保持敏锐的洞察力。

除了基本的数据处理和分析外，多维数据分析还结合了数据挖掘和机器学习等先进技术。当这些技术共同作用时，它们不是简单地对现有数据集进行分析，而是深入挖掘隐藏在数据深处的复杂模式和趋势。通过这种方法，企业能够提前识别潜在的市场风险和机会，从而制定更加精准和有效的战略决策。在这种动态数据分析环境中，企业可以根据不断变化的市场条件，快速调整自身业务策略，以保持竞争优势，确保商业可持续发展。各行业企业通过多维数据分析，可以更好地开展精准营销、优化供应链管理、提升客户体验，这些都为获取长期竞争优势提供了可靠的支持。

2. 智能监控看板

智能监控看板不仅是一个简单的数据展示工具，更是现代企业管理和决策的重要助手。通过整合多源数据，该系统能够实时捕捉并分析各种关键指标，从而在问题出现前提供预警。这种预警功能可以帮助企业在第一时间采取措施，最大限度地减少可能的损失或风险。基于大数据分析和人工智能技术的可视化决策支持功能，能够以直观的图形和报告形式呈现复杂的数据关系，助力决策者轻松理解，并据此制定更为精准的战略规划。通过定制化的界面设计，用户可以根据自身业务需求选择并排列重要数据，形成专属的监控面板。这不仅提高了数据可达性，更提升了整个团队的协作效率。

在日益数字化的时代，智能监控看板能够自动适应变化的商业环境，通过其灵活性和可扩展性满足企业不断变化的需求。其提供的实时数据流分析，使得不同部门之间的信息共享更加顺畅，从而促进更快的信息流转和响应速度。在应对突发事件时，调度和管理人员可以基于实时监控数据快速调整策略，以保证企业的运行不受影响。智能监控看板通过机器学习算法自动识别数据中的异常趋势，并提供解决方案。这种功能不仅减轻了企业分析人员的负担，还减少了因人为因素可能造成的分析误差。智能监控看板为企业提供了一个全面、准确、高效的平台，在竞争日益激烈的市场中，帮助企业快速响应，先人一步。它不仅是工具，更是企业快速响应、优化资源配置和提高市场竞争力的有力武器。

二、跨部门协作优化

管理会计与内部控制的跨部门协作优化是现代企业管理中的关键议题。在企业的日常运营中，管理会计与内部控制往往被视作两个独立的实体，但其真正的效能在于协同工作。通过优化这两者之间的协作，不仅能够提升企业的整体效率，还可以有效降低运营风险。

管理会计提供了精确的财务数据分析，帮助决策者制定更为科学的战略决策。这些数据对于内部控制部门来说亦是重要的参考依据，通过实现与管理会计的无缝衔接，内部控制可以更加准确地识别和评价潜在风险，制定出更具针对性的控制措施。跨部门的协作优化有助于打破“信息孤岛”，促进信息的共享与透明。管理会计与内部控制之间的沟通顺畅，能够减少信息传递中的误差和延误，从而提升两者的响应速度及决策的准确性。此外，这种协作优化需要强有力的企业文化作为支撑，通过搭建公开、坦诚的沟通渠道，营造相互信任的氛围。这使得不同部门的员工能够站在同一战线上，共同为企业的长远发展而努力。

推动管理会计与内部控制之间的跨部门协作优化，不仅仅是技术层面的提升，更是组织文化与管理理念的升级。有了这层优化，企业才能更具弹性和竞争力，以应对日益复杂的商业环境。

（一）组织架构调整

组织架构调整是企业常常面临的重大决策过程，涉及资源分配、权力再分配和效率优化等多个方面。通常来说，企业会在内部或外部环境发生重大变化时进行组织架构的调整，以应对市场的新需求或者内外部资源结构的变化。通过对现有资源的重新整合和优化配置，企业可以提高整体运作效率，同时增强对变化的适应能力。

在实施组织架构调整的过程中，企业需要充分考虑员工的感受与接受度，因为快速或不当的调整可能引发内部的抵触情绪，这对企业的稳定运营与发展而言是极其不利的。因此，企业在进行调整时应制订详尽的沟通计划，确保信息的透明，并适时给予培训与发展支持，以帮助员工顺利过渡至新的角色或部门。企业也可借此机会发现并填补人才缺口，培养新的业务骨干，以提升组织的整体实力和竞争力。通过合理的架构调整，企业能够更加敏捷地应对市场的变动，并在竞争中保持领先地位。

1. 联合工作组设立

在现代企业管理框架中，联合工作组的设立已经成为组织优化的重要方式之一。这种方式尤其在财务、内控以及业务三方协作中，展现出独特的合作优势和效能。联合工作组的设计若经过深思熟虑，便能够使各领域的专家充分发挥其专业知识和技能，打破不同部门之间的隔阂，加速信息流通，推动资源配置达到最优化。这种形式推动企业反应更迅捷，决策过程更高效。

联合工作组这种跨部门综合协同模式，还增强了企业对市场变化的敏感程度，奠定了业务持续良性发展的基石。这种机制也在一定程度上培养了企业员工的多维度思维和跨领域合作能力，使得整个团队更具创新力和适应能力。这种管理方式不仅在迅速多变的商业环境中具有重要意义，也为构建企业内部的合作文化、缔结情感纽带，提供了难得的契机。联合工作组的运用能够成为企业在竞争中脱颖而出的关键因素，推动企业未来的长远发展。

联合工作组的核心在于“协同创新”，通过跨部门合作，财务团队能够及时了解业务动态，优化资金使用；内控团队则确保所有操作符合合规要求，降低运营风险；业务团队可以在稳定的基础上锐意创新，拓宽市场边界。通过这种深度合作，企业不仅能直面当下挑战，还能前瞻性地制定策略，以应对未来的不确定性。联合工作组的成员不仅在各自领域中发挥优势，还通过共享知识与经验，搭建了一个知识互通的平台，使各部门能够更好地理解和支持彼此的需求和目标。这种内部的资源整合，不仅提高了工作效率，更加快了企业响应市场变化的速度。联合工作组的设立还增强了企业的适应性和灵活性，使其在复杂多变的商业环境中能够迅速调整战略，抓住潜在机遇。联合工作组的设立，是企业在竞争中立于不败之地的有力保障，为企业的持续发展增添了源源不断的动力。这种合作模式正成为现代企业发展的关键动能，为行业树立了新的标杆。

2. 协同流程设计

在协同流程设计中，预算编制、成本分析和绩效评估是企业管理中至关重要的核心环节。这三个环节不仅相互依存，还需要无缝协同，以确保企业在资源配置上的高效性以及战略规划层面的灵活应对能力。预算编制是企业计划和资源分配的基础环节，通过科学合理的预算编制，企业能够预见并掌控未来的开支情况，提高资金使用效率，避免资源浪费。成本分析在此过程中扮演着信息共享和优化的角色。通过对业务运营过程中产生的各种成本进行仔细的识别和分析，企业能够发现有待改进的领域，例如在供应链管理上减少不必要的开支，以实现资源的最大化利用。绩效评估不仅是对过去工作的总结，更是展望未来的指南针。通过深入的数据分析，企业可以设定更加具体和现实的目标，明确努力方向，从而更好地提升整体业务绩效。建立高效的协同流程不仅依赖先进的技术工具，还需要企业内部各个部门的积极配合，以促进信息的有效传递和决策的准确制定，这样才能在瞬息万变的市场环境中保持竞争力。

（二）考核与文化建设

企业对员工进行考核时，需充分考虑其对公司文化的认同和贡献度。这一过程不仅仅是评估员工的工作绩效，更是对其是否符合企业核心价值观的检验。考核体系应体现公司对卓越工作标准的追求，同时尊重多样化的意见和想法，鼓励员工在创新和创造中展现自我。完善的考核机制可以成为推动企业文化深化的重要工具，通过对员工思想开放性、协作意识以及团队精神的引导，塑造和谐共进的工作环境。

在建设企业文化的过程中，管理层应始终强调透明度与公平性，使员工感受到正当的关怀与支持。这不仅限于考核环节，更需在日常管理实践中予以贯彻。通过举办文化活动、成立兴趣小组等方式，增强员工对企业的归属感，使他们在融入企业文化中获得成长和满足感。在此基础上，利用考核反馈搭建员工与组织双向沟通的桥梁，有助于形成开放的企业文化，更好地激发员工的潜能，助力企业长远发展。

1. 交叉考核指标

交叉考核指标作为一种评估工具，能够帮助组织更全面地了解跨部门、跨团队的工作绩效。它不仅关注个人的成就，而且强调合作的效果和团队的整体表现。在这些指标中，“协作贡献度”尤为重要。它不仅关注员工在项目中的直接参与，还关注他们如何通过分享知识、资源和经验，真正促进整体工作效率的提升。协作贡献度的评估还特别重视员工的沟通技能。这涉及他们在团队环境中有效传达信息、理解他人观点和反馈的能力。团队合作精神是指员工在特定项目中积极地与团队成员合作，以实现共同目标。领导能力则体现在员工能够在何种程度上引导和激励团队，尤其是在面对挑战和压力时。最值得注意的是，协作贡献度还能够反映出企业文化的开放性和兼容性。一种鼓励跨部门协作和知识共享的企业文化，有助于形成共同努力的氛围，激励员工更积极地为组织的共同目标奋斗，从而创造出更强大的团队凝聚力和优秀的工作成果。

“流程合规率”作为考核的一部分，不仅仅是评估员工执行任务时是否严格按照既定的流程和标准进行操作，更重要的是，它与项目实施的整体质量和效果有着密切的联系。遵循流程不仅可以有效减少项目执行过程中的不确定性，还能够避免因操作不当而引发的潜在风险。流程合规率对组织的运营风险管理至关重要，能够直接反映组织的合规性水平。合规率较高的团队通常在项目执行过程中展现出更高的稳定性和可靠性，这样的表现对企业的长期健康发展至关重要。

高流程合规率的团队还体现了出色的责任意识和对企业政策的深刻理解与尊重。这不仅仅是对既定流程的遵从，更是一种对企业文化与价值观的认可。这样严谨的作风确保企业在实现业务目标的过程中，始终在法律法规的框架内运作，避免了法律问题和不必要的纠纷，进一步保障了企业的声誉和利益。提升流程合规率，已然成为现代企业制定高效管理策略的重要组成部分。

整体而言，交叉考核指标通过这两个维度的密切结合，不仅能够为企业提供更为全面真实的员工绩效反馈，还促进了跨部门的沟通与协作。通过多角度的评价机制，企业能够更准确地洞察员工在不同情境下的表现，从而识别潜在的改进空间。这种双向反馈机制有效地提升了员工的工作满意度和积极性，因为他们感受到自己的努力得到了多方认可。这种体系也帮助管理层更全面地了解团队动态，优化资源配置和决策过程。这些努力推动组织持续进步，使企业在动态的市场环境中保持竞争优势。不仅是绩效的提升，通过交叉考核，企业文化也得以革新，培育了更加开放和透明的工作氛围，从而激发创新和创造力。

2. 文化融合活动

文化融合活动在现今全球化的背景下，显得愈发重要。这些活动不仅帮助个人和群体在多元文化环境中有效导航，在无形之中还增进了跨文化的理解与协作。通过文化交流与理解，我们可以消除偏见、化解误解，构建更坚实的全球社区。其中，案例大赛和轮岗计划被广泛视作推动文化融合的两大重要途径。

案例大赛提供了一个平台，让来自不同文化背景的参与者，通过合作解决复杂的问题。大赛要求团队在短时间内生成创意和解决方案，这种做法不仅能激发创造力，还能让成员在合作中跨越文化差异，锚定共同的目标。通过这种集中的互动，参与者能够深入了解彼此文化的精髓，从而打破成见、消除冲突和误解，推动真正的文化融合。在团队合作的过程中，参与者可以将各自领域的先进理念和经验整合在一起，从而形成跨学科的创新思维。这种协作和积极的交流不仅有助于个人能力的提高，更在无形中培养了全球视野，促进各文化间的知识流动和共享。通过这种多元化的团队合作，参与者能够培养出更强的适应能力，从而在未来的职业生涯中游刃有余地应对各种挑战。大赛可以视为一个微型的全球社会，展示了不同文化间的协同作用在现实世界中带来的实质性进步和改变。

轮岗计划通过提供不同部门或地区的工作机会，有效地促进了不同文化的交流。参与者在不同的文化环境中工作，不仅提升了其适应能力，还增强了其理解和尊重文化差异的意识。这种跨文化经验可以成为职业生涯中的宝贵财富，帮助个人在国际化的工作环境中更为顺利地开展工作。在现代职场中，全球化趋势日益明显，员工需要面对来自世界各地的客户、合作伙伴和同事，拥有丰富的跨文化经验不仅是适应职场多样性趋势的需求，也是一种战略性职业发展的有效方式。通过轮岗计划，员工更有机会深入了解不同的商业习惯和沟通风格，对全球市场的运作有了直观的认知。这不仅能提高他们解决跨文化冲突的能力，还有助于培养他们更具包容性的思维方式。在各地工作期间，参与者还能够吸收新颖的管理理念和技术技能，从而提高其在全球市场中的竞争力。在这种环境中成长的专业人才，往往表现出卓越的创新能力和领导潜力，为企业应对复杂多变的全球市场提供了不可或缺的优势资源。

总的来说，案例大赛和轮岗计划在促进文化融合方面扮演着关键角色，使个人和组织在多元文化背景下受益匪浅。这些配置设计不仅仅是为了发展专业技能和提升竞争力，还为员工提供了去了解、体验不同文化独特之处的全新机遇。通过在多元文化的氛围中合作和竞争，参与者能够锤炼跨文化沟通技巧，适应多样化的工作方式，并且学会从不同视角分析和解决问题。这种多元的文化体验丰富了他们的视野，使得他们在处理复杂问题时，能够提出更多具有创新性和包容性的解决方案。案例大赛和轮岗计划为构建包容且互相尊重的社会奠定了基础，不仅增强了员工的文化适应能力，还提升了组织的整体效能，最终彰显出文化多样性的力量和价值。这种多样化的学习和工作经历，不仅为个人职业发展铺设了道路，也为组织的全球化运营提供了坚实的支持和保障。

三、动态评估与改进

管理会计与内部控制协同的动态评估与改进，是企业提升管理效率和降低风险的重要措施。在现代企业环境中，这种协同关系不仅需要开展静态的分析，更需要在动态变化的商业生态中，通过持续的评估和改进，保持其有效性和适应性。

首先，动态评估是这一过程的核心。企业需要根据内外部环境的变化，定期对管理会计与内部控制的实施效果进行全面评估。这包括对管理会计工具与方法的适用性进行评估，以及对内部控制系统中潜在漏洞的识别。评估的频率和深度应与企业的发展阶段、行业特点以及特定的经济条件相匹配，以确保及时的调整与优化。其次，改进则是协同工作的保障措施。评估结果为企业提供了改进的方向和重点。通过分析数据和发现的问题，管理层能够制定有针对性的改进策略。这种策略不仅涉及技术层面的优化，例如采用更先进的会计软件或内控手段，还包括管理理念和流程的革新，以加强团队协作和资源整合能力。最后，企业在推进管理会计与内部控制协同的过程中，必须注重动态性和创新性。随着技术的进步和市场的变化，企业应适时引入新技术和新思维，强化员工培训，增强组织弹性，以保持竞争优势和管理效能。因此，管理会计与内部控制协同的动态评估与改进，不仅是企业内部治理的要求，更是企业实现可持续发展的动力源泉。

（一）评估机制建立

管理会计与内部控制协同的评估机制的建立，是现代企业管理中不可或缺的一环。在日益复杂的商业环境和激烈的市场竞争中，企业不仅需要系统化地管理财务信息，还需要确保内部控制的有效性，以提高信息透明度和决策质量。评估机制是这一协同工作的核心，其设计必须具备科学性和可操作性。

首先，企业需要制定一套完善的指标体系，以衡量管理会计与内部控制工作的协同效果。这些指标应涵盖财务和非财务数据，确保能够全面反映企业运营状况和内部控制的有效性。其次，定期进行评估和反馈，确保机制的动态调整和持续改进。通过对管理会计信息的分析，及时发现并纠正内部控制体系中的潜在问题。再次，评估机制的实施需要企业人员的积极参与和跨部门协作。管理会计与内部控制职能人员应具备专业知识并相互沟通，以形成合力。通过培训和激励，提升员工的参与度和创新性，为机制的良好运作奠定良好的文化基础。最终，建立一套动态、高效的协同评估机制，将帮助企业在日益复杂的经济环境中立于不败之地。

1. 定期评估内容

在当前不断变化的商业环境中，企业需要定期评估其运营内容，以确保其在市场上的领先地位。首先，数据质量评估是企业运营的核心之一。高质量的数据不仅是决策的基石，更是业务流程得以高效运行的保障。它能够准确揭示企业在运营过程中隐藏的机会和潜在的风险，使企业在市场竞争中始终保持领先优势。其次，对流程效率的评估也是至关重要的。通过这一评估，企业可以全面识别运营中的瓶颈和低效环节，从而更有效地配置资源、降低运营成本，这无疑将极大地提升整体的生产力与盈利能力。再次，风险成本的评估是确保企业稳健运营的关键环节。通过定期分析和评估各种风险因素，企业能够及早采取适当的措施，将潜在损失降至最低，避免因意外事件造成重大损失。这种全方位的评估机制不仅帮助企业更好地理解和把握自身的优劣势，也为企业在不断变化的市场环境中制订长期战略计划，提供有力支持。系统化的评估机制必不可少，它能够确保企业对各项运营内容定期开展审核与优化，助力企业在激烈的市场竞争中立于不败之地，并获得持续的增长动力。

2. 方法与工具

方法与工具在任何项目或研究中都扮演着至关重要的角色，它们不仅帮助我们进行详细分析，还可为决策提供科学依据。在各类方法中，数据对比是最基础且实用的一种。然而，仅仅进行数据对比往往不够深入，研究者还需结合多种分析方法，以全面挖掘数据背后的潜在信息。例如，利用统计学工具进行更复杂的回归分析，或借助机器学习算法预测未来的趋势和变化。这种多角度的分析方法可以揭示出单一数据对比无法呈现的深层次见解。通过对比不同数据集的相似之处和差异点，研究人员不仅能够识别已知的趋势和模式，还可以发现潜在的异常情况和新兴趋势。这不仅有助于提高数据的解读效果，更为深度分析奠定了坚实的基础，进而指导更为精准的战略决策。充分理解和利用这些方法和工具，不仅是为了更好地理解当前的状况，更是为了在不断变化的环境中取得竞争优势。

根本原因分析（RCA）是另一种常用的工具，通过系统探寻问题的来源和根本原因，RCA分析能够帮助组织避免因表面问题导致的错误决策。其目的是解决问题的核心驱动因素，而不是仅仅治标不治本，从而实现效率和成效的长效提升。在此过程中，团队常利用一系列工具，如鱼骨图、5Y分析法，确保分析的全面性和准确性。这些工具通过不同的视角审视问题，鱼骨图能够帮助团队将复杂的问题分解成多个影响因素，清晰地展示出各因素之间的因果关系。5Y分析法则通过层层深入地追问“为什么”，有效地揭示问题的深层根源。有效的RCA不仅帮助决策者在处理当前问题时更具策略性，还能提升组织应对未来挑战的能力，促进持续改进和创新。同时，它也推动了团队之间的协作和沟通，使得知识和责任在组织中更好地共享和传递。通过RCA，组织能够形成更为坚实的决策基础，从而在竞争激烈的市场中占据优势地位。

成熟度评分是一种可以衡量某一领域或项目在其发展历程中所处阶段的重要工具。通过对项目的各项指标进行系统化的评分，组织能够清晰地掌握其整体的成熟度水平。这不仅有助于识别那些需要进一步加强的领域，还为未来的改进提供了明确的方向。这样的评分系统帮助组织精准地定位其优势和弱点，使他们得以制定更具针对性的战略和行动计划。成熟度评分的运用不仅仅是在识别问题上具有价值，亦是明晰达成目标路径的一种方式。通过细致分析评分结果，项目团队可以催生创新的解决方案和优化的业务流程，从而提升整体的效率和效能。

整体而言，方法与工具的正确运用是成功决策的基石。在这个充满挑战和竞争的环境中，它们的有效结合可以帮助组织和个人脱颖而出，取得更具竞争力的领先地位。不论是在商业领域还是在学术研究中，结合定量分析与定性解读，成熟度评分无疑是驱动深入理解与战略规划的重要手段。

（二）持续改进策略

在当今飞速发展的商业环境中，管理会计与内部控制的协同已经成为企业提升运营效率和竞争力的关键。然而，要实现真正的协同并非易事，需要不断地优化和迭代，以适应动态变化的市场需求和风险挑战。首先，企业必须确保信息的准确性和透明度，这是管理会计与内部控制顺利协同的基础。

通过部署先进的数据分析工具，企业可以实时捕捉财务信息，并进行全面而深刻的分析，以帮助管理层制定更为精准和高效的决策。其次，企业需要培育一支具备多学科知识的团队。现代管理会计师不仅需要具备传统的会计技能，还需要对审计、信息技术和风险管理有深入的理解。只有通过多元化的知识积累，团队才能在内外部控制流程中有效管理复杂的财务状况及潜在风险，为企业提供多方位的战略支持。此外，公司还应该建立灵活的内部控制机制。灵活的机制可以快速响应市场变化和新的法规要求，以避免在快速迭代的市场环境中陷入僵化的管理困境。在数字化转型加速的背景下，通过将管理会计与内部控制体系内的各个环节进行数字化转型，企业能够更加敏锐地感知市场变化，预先识别风险，从而制定更具前瞻性的战略举措，实现可持续的改进和发展。

1. 问题导向的措施调整

问题导向的措施调整通常是为了应对企业在预算偏差和成本失真方面遇到的挑战。预算偏差可能源于多种因素，如项目规划不周、市场变化迅速、资源分配不当等；成本失真则可能由供应链中断、价格波动、资源浪费等原因引起。为了解决这些问题，企业需要采取一系列战略措施。

首先，可以加强项目管理和规划，通过引入先进的项目管理工具和软件实现预算的精确预测和实时监控。这不仅可以提升对预算的掌控能力，还能及时发现和纠正偏差。其次，企业可以通过建立有效的成本控制机制，比如实施成本预警系统，对异常高的成本支出进行自动警示，确保管理层能够在早期就做出调整。此外，面对供应链中断或材料价格波动时，企业可以考虑多元化供应商选择策略，减少对单一供应商的依赖，以防止由此带来的成本失真。同时，企业可以对现有资源进行全面审查和审计，识别和消除资源浪费现象。这就要求企业在内部建立健全的审计机制，确保所有资源的使用都经过合理分配。

通过这些措施，企业可以更好地控制预算和成本，确保其财务计划能够准确执行，提高整体运营效率。这样不仅有助于提高公司的竞争力，还能够在长期内实现可持续发展。

2. 案例：医药企业研发费用资本化的合规优化

医药企业在进行研发活动时，往往需要投入大量的人力、物力和财力，这些投入通常被视为重要的长期投资。然而，这些投入的财务处理方式会直接影响企业的利润和财务状况。在医药行业，研发费用的资本化问题一直是备受关注的话题，尤其是在涉及财务合规和优化时。企业必须在满足会计标准和法规要求的同时，仔细权衡将研发支出立即费用化或将其视作资本化资产的利弊。立即费用化会导致企业在研发支出发生时立即减少净利润，这反映了企业在创新上的高投入。然而，资本化处理则使研发成本分摊至后续财年，这有助于平滑企业的财务表现，但也可能引发外部审计的更严格关注。为了平衡创新驱动力和财务稳健性，医药公司不仅需要在初期阶段进行细致的成本估算和收益预测，还需要制定清晰的研发投资回报策略，以在政策限制下实现财务效益最大化。

第一，企业需要明确研发费用从支出到资产化的转变条件。这通常包括对研发项目的技术可行性、市场需求的预估、未来经济利益的流入预期等要素的合理评估。这不仅需要专业团队对技术层面的深刻理解，还需要对市场走势进行精准的把握。当这些条件得到满足后，企业便可以将部分研发支出资本化，也就是从费用化转变为资产。资产化处理的过程中，需要考虑项目的持久性和潜在风险，同时还应进行详细的市场竞争分析。这一过程要求企业具备细致的财务运营和严格的监控机制，以确保资本化处理的合理性和合法性，尤其是在变动不居的市场环境中，任何疏忽都可能导致财务报表失真。企业还需借助现代化的财务管理工具，进行动态的预算调整，以便及时应对市场和项目进展的变化，确保研发支出的资产化符合企业的长期战略目标和财务规划。经过周密的准备和执行，才能在最大程度上实现研发投入的经济效益最大化，推动企业持续发展和创新。

第二，医药企业必须严格遵循国际会计准则和地区性法规，以确保其运营的合法性和透明度。近年来，全球医药市场的竞争日益加剧，这促使跨国医药企业在各个国家和地区遵守不同的会计准则和法规。这种差异不仅增加了财务部门的压力，也对企业的法律团队提出了极高的要求。在这一背景下，企业必须投入大量资源确保财务报告的准确性和合规性，以避免因不遵守法规而遭受罚款或法律制裁。因此，企业需要不断更新和优化其内部流程，确保能够迅速适应变化多端的全球法规环境。这也要求企业加强与当地会计和法律专家的合作，以便及时获取最新的法规变动信息。企业内部各部门之间的紧密协调与合作也变得尤为重要，以确保企业在全球市场中的竞争力和良好的声誉。通过这些努力，医药企业可以在激烈的市场竞争中立于不败之地，并为全球消费者提供更加规范和安全的产品与服务。

除此之外，企业应当重视研发资本化对财务报表的影响。研发资本化是一项具有战略意义的财务决策，通过将研发支出从即期费用转化为资产，能够在短期内显著改善企业的利润表和资产负债表。这一操作通常会使净利润和资产总值看起来更加健康，从而可能提升投资者的信心。然而长期来看，这一策略也可能带来一些隐忧，例如未来的折旧和摊销费用的增加、对现金流的影响，以及可能的预算压力。为了在这种复杂的财务情景中保持战略优势，企业普遍借助先进的财务软件和专业咨询服务，这不仅可以优化财务操作，还能够确保财务报表的透明度和合规性。通过专业团队的协助，企业能够更准确地评估资本化的长期影响，制定更加稳健的财务策略。这种整合了技术和专业知识的做法，不仅确保企业在财务上具备前瞻性，还增强了其在市场中的竞争力。

总之，通过合规地优化研发费用的资本化处理，医药企业不仅能有效管理财务资产，提升竞争力，还能更好地应对技术创新带来的市场挑战。这种财务策略的细致操作，需要企业在法律和会计准则的框架下，谨慎地规划和执行。尤其在医药研发领域，成本高昂且周期漫长，合理地将符合条件的研发支出进行资本化，可以大幅缓解企业的财务压力，使得企业能够释放更多的资金用于其他创新项目和市场扩展活动。随着科技的迅猛发展，医药企业面临的竞争愈加激烈，市场对于新药品的需求推动企业不断进行技术上的突破和产品创新。因此，通过这样一项合规且智慧的财务管理措施，企业在财务报表中将更具优势，财务表现更加稳健，从而赢得投资者和市场的更大信任。这不仅有助于企业立足当前市场，更为其未来的发展奠定了坚实的基础。

第六章 结论与未来展望

一、核心结论总结

（一）管理会计与内部控制的互补共生关系

管理会计与内部控制之间的互补共生关系，一直以来都是企业管理中的关键性主题。在这个竞争激烈且不可预知的商业世界中，管理会计发挥着不可或缺的作用。通过提供准确翔实的财务分析和决策支持，管理会计为企业的战略制定奠定了稳固的基石。这种支持不仅体现在企业预算、决策和控制过程中让企业能够做到精确和高效，更在于帮助企业的管理层通过深入的数据分析，及时识别和评估潜在的风险和机会，从而做出前瞻性决策。

管理会计与内部控制的合作促进了更为严密的监督机制的建立，有助于提升企业运营的整体效率和透明度。内部控制作为管理会计的得力助手，通过建立健全的规章制度和流程，确保企业的各项业务活动不仅符合法规标准，还在风险管理、合规性和运营效率上具有前瞻性。内部控制系统的有效性与管理会计提供的数据和分析相辅相成，共同构成企业可持续发展战略的核心。通过这种互补共生的关系，企业能够更加敏捷地应对市场变化，优化资源配置，并在不断变化的市场环境中获得竞争优势。

内部控制不仅仅是为了保护企业的资产安全和确保财务报告的准确性，它还是一种有效的管理工具，通过设置清晰的制度和流程，使得企业在面临各种风险时，有能力及时做出反应。内部控制的设计犹如搭建一座桥梁，连接企业实际运作与既定目标，从而为企业的长远发展提供保障。通过风险评估、控制活动、信息交流及持续的监控，内部控制帮助企业识别潜在的问题，并在其萌芽阶段加以解决。随着科技进步，很多公司还开始引入信息技术手段，加强内部控制的有效性，让数据分析工具在财务异常检测、合规检查等方面发挥更大的作用。通过这些措施，企业可以在激烈的市场竞争中保持稳健，并不断提高运作效率与合规水平，为股东和其他利益相关者创造更大的价值。

在管理会计和内部控制的互动关系中，管理会计不仅是数据的提供者，更是数据分析的专家。通过对企业财务数据和业务运营的深入分析，管理会计能够识别出潜在风险和效率低下的环节。这种信息对于设计和优化内部控制流程至关重要，使得企业能够专注于具体问题，并采取合适的措施加以解决。稳健的内部控制体系能为管理会计的分析结果提供验证和支持，确保数据的准确性和可靠性。这不仅帮助企业在短期内提高运营效率，更能奠定长期发展的基础。基于此，企业内部的管理会计与内部控制团队必须紧密合作、相互依赖，在制定策略和实施过程中形成合力，确保企业面临的任何挑战都能得到及时有效的应对。通过这样的协作，企业不仅能够在动态市场环境中保持竞争力，还能在资源利用率、风险管理和决策支持等方面持续改进。因此，管理会计与内部控制的协作，不仅是实现企业战略目标的途径，更是企业可持续增长的重要保障。

（二）协同价值创造的三大路径

管理会计与内部控制的协同价值创造是一个具有战略意义的管理领域，它可以通过多种路径实现企业效益的提升和风险的有效控制。其三大核心路径分别是数据、流程和组织。

首先，数据是管理会计与内部控制协同的重要基础。通过实施全面而精确的数据收集和分析，企业能够及时获取运营状况的真实信息。这不仅有助于管理层做出科学的决策，还能够发现和预防可能的财务和操作风险，从而增强企业的整体抗风险能力。在这个过程中，数据分析的深度和广度直接影响决策的质量和组织的稳定性。因此，管理会计人员与内部控制专家必须紧密合作，确保数据的准确性和实用性。他们需要建立一个强有力的数据管理系统，确保数据的采集、处理和存储环节都达到高标准。在数据分析过程中，他们需要引入先进的分析工具和技术，以提升数据处理的效率和精度。此外，他们还需关注数据的动态变化，及时调整和更新分析模型，以响应市场和运营环境的变化。通过这种紧密的协作和持续的流程优化，企业能够更好地把握市场机遇，并在不确定性中保持灵活与稳健。

其次，流程的优化和管理是实现协同价值创造至关重要的途径。在当今复杂多变的商业环境中，企业不仅要在战略层面设定远大的目标，还必须在运营层面做到精细化管理，以实现资源的最佳配置和效益的最大化。有效的流程管理机制能实现企业内部各个业务单元之间资源的最优配置，确保每个部门在资源有限的情况下充分发挥其功能。此外，对内控流程的重视也不容忽视。强有力的内控流程不仅能有效减少操作失误，避免因不合规行为而遭遇财务损失，还能提升企业在利益相关者中的信誉和形象。管理会计师在这个过程中担任重要角色，他们通过提供深入的财务分析，帮助企业预判风险，制定可持续的财务策略。内控部门的职责不仅是在出现问题时进行纠错，更是要在平时的流程管理中注重安全性，确保企业业务的稳定性和可持续发展。由此可见，完善流程管理和精准内控，是提升企业核心竞争力和实现协同价值的根本路径。

最后，组织层面的价值创造离不开合适的结构设计和文化氛围。企业应构建一个促进沟通、创新和协作的组织架构，确保资源的高效配置和信息的自由流动，使得每个部门和每位员工都能在整体价值链中发挥自己的最大潜力。在此基础上，企业需要积极鼓励员工在管理会计和内部控制之间开展跨部门合作，这种合作不仅是单纯的部门间的信息共享，更在于推动异构团队（Heterogeneous Team）之间的深度融合。

为了实现这一点，企业需要实施适当的授权机制。这意味着管理层应该勇于放权，将更多的决策权下放给基层员工，从而激发他们的主动性和创造力。另外，完善的激励措施也是必不可少的，通过构建合理的奖励机制，能够有效激发员工的工作热情和动力。这种协同努力还需要以蕴含诚信、透明度和责任感的企业文化为根基，只有在这样的文化氛围中，各层级员工才能心往一处想，劲往一处使，积极为实现企业的共同目标而努力。这不仅帮助企业在竞争中保持优势，也能在长期发展进程中提升整体的组织绩效和市场价值。

通过数据、流程和组织的综合运作，管理会计与内部控制能够有效协同，实现更高的价值创造，促使企业在竞争激烈的市场环境中脱颖而出。在当前复杂多变的商业环境中，信息技术的快速进步和全球化进程给企业带来了机遇，也带来了挑战。管理会计通过精确的数据分析和预测，为企业提供关键信息，使管理层能够做出明智的决策。内部控制体系则确保这些决策的执行过程规范化和透明化，以减少风险和保护企业资产。这两者的整合不仅优化了流程，还通过创新性思维塑造了企业的核心竞争力。这种协同作用还强调了财务透明度、监管合规和平衡短期绩效与长期战略目标的能力，为企业的持续成功奠定了基础。综上所述，通过整合管理会计和内部控制，企业能更好地在变化莫测的市场中抓住每一个蕴藏的机会。

（三）企业实践的关键成功因素

管理会计与内部控制在企业实践中的成功取决于多个关键因素，这些因素可以归纳为技术、文化和机制三大领域。在技术层面，企业必须投资和采用最先进的管理会计软件和信息技术系统。这不仅包括财务分析工具，还涵盖数据整合和智能分析技术，使企业能够实时获取和分析财务健康状况，从而做出更明智的决策。除此之外，企业还需要确保信息技术系统的安全性和稳定性，以保障数据的准确性和完整性。通过引入高效的数据管理流程，企业能够更好地理解其运营模式，识别潜在风险，并实施必要的控制措施。前沿技术如人工智能和机器学习的应用，可进一步提高数据分析的深度和预测能力，为企业提供更为详细和可靠的财务预测和战略规划。

在文化层面，促进跨部门的合作和沟通是至关重要的。这种文化需要通过持续的培训和教育来强化，以确保所有员工对管理会计和内部控制的重要性有清晰的认识和理解，从而形成强大的支持网络，助力企业达成其战略目标。

文化因素在企业中起着至关重要的作用，特别是在建立透明度和责任制度方面。重视开放沟通、持续改进以及员工广泛参与的组织文化，不仅能够增强员工的主人翁意识，而且还能激励他们更积极地参与到管理会计和内部控制程序中。开放的沟通渠道让员工能够畅所欲言，分享他们对流程改进的看法，进而推动企业向着更高效、更严谨的方向发展。同时，确保员工参与到决策过程和实施程序中，也大大提升了员工的工作积极性和归属感。

然而，企业文化的形成并非一蹴而就。在这一过程中，企业领导层的支持和承诺尤为重要。领导者不仅要树立榜样，而且也要通过实际行动展示他们对透明度和责任制度的坚持。只有在这种氛围下，员工才能心无旁骛地执行和维护相关政策和程序，确保组织的稳定运作和长远发展。定期对企业文化进行评估并设立反馈机制，也有助于企业在不断变化的环境中保持灵活性和适应力，从而持续推动文化的发展与革新。

机制方面则涉及制定和实施有效的内部控制制度。这不仅仅是简单的制度设计，更是企业管理层和员工共同协作的体现。在明确的责任分配上，企业需要采用透明且易于理解的职责表，将每位员工的责任细化到位，确保其知道自己的角色和贡献。严格的审核制度则要求企业在日常运作中引入更多先进科技，譬如自动化审核工具，提升审核的效率和精准性。定期的风险评估不单是对当前风险的考量，更是预判未来潜在风险的前瞻性工作。因此，企业要建立动态的风险管理模型，利用数据分析技术不断更新评估内容，从而及时采取相应的纠正措施。在此基础上，企业需不断更新和优化其内部控制机制，定期进行内部审查，以确保制度不仅跟上外部环境变化，同时也对组织内部的新需求做出迅速响应。通过协调这些努力，企业才能确保管理会计与内部控制实践达到高效、可持续的发展。

二、未来发展趋势

管理会计与内部控制在日新月异的技术进步和全球市场变革的推动下，正朝着更加智能化、系统化和定制化的方向演进。随着人工智能、大数据分析和区块链技术的迅猛发展，管理会计的职能不再仅限于传统的财务分析和预算编制，而是扩展到实时数据监控和预测分析领域。这些技术的引入使得管理会计工作更具前瞻性，能够更及时地识别市场风险和机遇，从而支持更为精准的决策制定。

与此同时，内部控制的未来发展同样在智能化趋势下不断演变。传统的内部控制更多地依赖于经验和手工操作，而在未来，智能化和自动化工具的应用将普遍化。这不仅提高了控制流程的效率和准确性，还为企业提供了更强有力的合规保障。内部控制的作用也在延伸拓展，从加强财务管理、防范舞弊，发展到通过科技手段推动业务流程的创新优化。

随着技术的应用日益深入，新的挑战也接踵而至，包括数据隐私问题、网络安全威胁以及技术引发的伦理争议，这些都需要企业在追求智能化和创新的同时，具备更高的责任意识和风险意识。可以预见，未来的管理会计与内部控制将在科技的助力下，朝着技术与人文关系更加平衡的方向快速发展。

（一）数字化转型的深化

数字化转型的深化已经成为现代企业不可或缺的发展方向，特别是在引入人工智能推动决策制定以及实时风险监控方面。人工智能的强大计算能力和深度学习算法，为企业决策提供了更加精准的数据分析和洞察，能够从庞杂的信息中提炼出关键见解。这不仅提高了决策的效率和准确性，也使企业能够更快速地响应市场变化和竞争对手的动态。此外，实时风险监控也是数字化转型的一大亮点。通过大数据分析和人工智能技术，企业可以对潜在的风险进行实时评估和预测，并立即采取适当的措施来缓解或阻止风险，从而保护公司的利益和声誉。这种实时性和预见性为企业在不确定性日益增加的市场环境中提供了重要的竞争优势。

在当前全球化和互联互通的背景下，企业面临的市场环境愈加复杂多变，AI技术的应用显得尤为重要。通过预测分析和自动化处理，企业能够快速调整策略，以便占据市场先机。人工智能还能提升客户服务水平，借助智能客服和自动化反馈系统，企业能够更好地满足客户需求、改善客户体验。在供应链管理方面，AI也显现出其强大的影响力，优化库存管理和运输路径，从而降低运营成本，提升整体效率。总的来说，数字化转型的深化借助AI的力量，正在重新定义企业的运营方式，推动其向更加智能、高效的方向发展。这一变革不仅是技术的创新，更是企业在数字时代生存与发展的必然选择。

（二）ESG与可持续发展整合

在现代商业社会中，ESG不仅仅是企业的一种责任，更被视为实现可持续发展的关键驱动因素。随着全球对气候变化、社会不平等和企业透明度的关注不断增加，ESG已经成为公司战略的核心要素之一。ESG与可持续发展紧密相连，通过整合两者，企业能够在实现经济增长的同时，对环境保护、社会进步和良好治理实践做出积极贡献。这种整合不仅有助于企业更好地识别和管理潜在风险，还能创造长期的经济价值，提升其在市场中的竞争优势。注重ESG的企业更容易获得消费者、员工和投资者的信任和认同，因为这些利益相关者越来越重视企业在伦理和可持续性方面的表现。通过有效的ESG实践，企业不仅能够促进自身的可持续发展，还能为构建一个更负责任、更具包容性和可持续的商业生态系统做出积极贡献。

ESG与可持续发展的深度整合不仅仅是企业未来发展的一种趋势，更是一种紧迫的需求。越来越多的企业认识到其战略决策对环境的潜在影响不容忽视。为此，减少碳排放、水资源高效管理以及废物的可持续处理成为企业在谋求长远发展过程中必须优先考虑的问题。这些措施不仅能够帮助企业减少对环境的负面影响，还能提高其在绿色经济转型中的竞争力。与此同时，企业若能积极关注社会因素，包括但不限于员工的整体福利、对所在社区的积极参与以及对人权问题的敏感与尊重，其品牌形象将大为提升。这种社会责任感的彰显，不仅能够提升企业的社会声誉，还能够吸引更多具有社会责任感的投资者与合作伙伴，从而开拓更广泛的市场。在治理方面，透明度的加强、责任机制的完善和董事会成员的多元化亦成为不可或缺的要素。这些因素的综合运用能够确保企业不但能够实现短期的利润增长，更重要的是实现长期的可持续发展目标，使企业在不断变化的全球市场中立于不败之地。

整合ESG和可持续发展战略在现代商业中发挥着至关重要的作用。通过将ESG融入企业业务的核心，公司不仅能够激励创新，还能够在优化资源使用效率方面实现突破。这种整合推动了产品和服务的升级，鼓励企业探索新的商业模式，如循环经济和共享经济，进而实现整个产业链的绿色、循环发展。在这一过程中，企业会发现优化产品生命周期管理和开发可再生能源解决方案的新机遇。

在全球日益重视可持续性的背景下，成功整合ESG理念的企业不仅能建立更具弹性的商业模式，还能在市场竞争中占据有利地位。这些企业往往更能应对市场波动和监管变化，进而拥有更稳定和可预测的增长轨迹。对社会和环境的积极贡献也能增强企业的品牌价值，培养客户和合作伙伴的忠诚度，最终实现商业与社会价值的双赢，并为子孙后代创造更健康、更可持续的生态环境。

（三）敏捷化与弹性化发展

敏捷化与弹性化发展是现代企业管理中的关键策略，在面对快速变化的市场环境时尤为重要。在这样的背景下，企业需要迅速调整策略以应对不确定性，确保在瞬息万变的市场中保持竞争优势。其中，场景化预算和动态控制作为核心组成部分，正逐渐引领企业的财务管理向更高效、更灵活的方向转变。场景化预算不仅是对未来多个可能情境的财务规划，它还允许企业对潜在风险进行识别和准备，从而减少因突发市场变化带来的消极影响。动态控制意味着企业能够在实际运营过程中，根据实时的数据反馈进行迅速调整，使资金和资源配置能够精准地反映市场的实际需求。这种灵活性和前瞻性不仅提高了企业对风险的抵御能力，还在竞争激烈的环境中创造了更多抓住机遇的可能性。总体来说，场景化预算与动态控制的结合使得企业管理不再是静态的规划，而变成了一种动态、互动的战略过程，帮助企业以更稳健的姿态走向未来。

场景化预算通过对不同情境的模拟，帮助企业提前预判可能的财务需求。这一过程不仅涉及对市场趋势和竞争态势的深入分析，还要求对内部资源配置进行灵活调整。企业可以根据不同的市场条件，构建多个财务模型，从而在面对不确定性时拥有更大的选择余地。通过这种多元化的财务规划方法，企业不仅能够识别潜在的风险和挑战，还能把握可能的机遇。这种方法论使得企业能够在不同的经济环境中保持战略的灵活性和适应性。比如，在经济增长缓慢的时期，企业可以通过调整生产线的投入来实现成本效率的最大化；在市场需求激增的情况下，企业则可以通过加大市场开发预算来迅速抓住机会。场景化预算不仅是一种财务工具，更是企业增强决策能力和长期竞争力的战略性资产。这种方法将使企业在动荡的商业环境中更具弹性，从而在市场中立于不败之地。

与此同时，动态控制则强调在预算执行过程中保持高度的适应性。通过实时监控和分析，企业能够迅速识别财务运行中的偏差，并及时采取调整措施。这种灵活的管理方式，使得企业能在资源配置上游刃有余，保持财务健康并支持业务增长。动态控制并不仅仅限于数字上的调整，更重要的是不断评估和更新企业战略目标，以应对市场上不断变化的挑战。企业管理层可以通过这种方法，更好地理解业务的实际需求和发展趋势，从而在竞争中保持优势。这种实时反馈机制还能增强跨部门的协同合作，确保各层次的决策与企业整体战略保持一致。通过灵敏的动态控制体系，企业不仅能在短期内实现有效的预算管理，还能在长期内建立更具弹性的财务框架，进而实现稳健而持续的发展。

在当今快速变化的商业环境中，企业如果想要在竞争中保持领先，就必须在策略制定上找到外部市场动态与内部运营效率之间的平衡点。为此，许多公司不再依赖传统的固定预算模式，而是转向更加灵活的场景化预算方法。这种方法允许企业实时调整预算和战略，以应对市场的瞬息万变。通过引入动态控制机制，企业可以更有效地分配资源，优化运营流程，避免因市场波动而导致的资源浪费或资金短缺。这种具有前瞻性和可操作性的财务管理方式，不仅能够提高企业的敏捷性，还能在不确定性的市场环境中，为企业挖掘更高的成长潜力。在这一过程中，运用大数据分析和人工智能工具来获取市场洞察和预测趋势，成为企业进行战略调整的重要手段。通过这种综合方式，企业才能在激烈竞争的市场中稳步前行，实现长久发展。

三、实践启示

管理会计与内部控制在现代企业管理中扮演着至关重要的角色。管理会计为企业提供了内部信息支持，通过预算编制、绩效评估及成本控制等方式，帮助企业管理层做出科学的决策，进而提高企业的经济效益。在信息技术快速发展的今天，管理会计的职能也不断扩展，它不仅需要处理复杂的数据分析，还需参与企业战略的制定，为企业长远发展出谋划策。内部控制作为企业管理的基石，通过程序和制度的合理设计与实施，确保企业资源的妥善管理和利用。实践表明，完善的内部控制体系能够有效地降低企业运营风险，防止欺诈行为，保障财务数据的真实性和准确性，从而增强企业的透明度和投资者的信心。内部控制还是实现公司治理的重要手段，可以帮助企业管理层发现潜在问题，促进企业的合规与稳定发展。因此，企业在推进管理会计与内部控制的过程中，应注重这两者的协调配合，形成相辅相成的良性互动，最终实现企业管理效能的整体提升。

（一）中小企业的适配策略

中小企业常常面临资源有限、结构较为简单的挑战，因此在日常运营中灵活应对变化、提升工作效率尤为重要。这些企业由于规模较小，往往没有大型企业那样的资源和设备来支持多样化的业务需求。然而，这并不妨碍它们在竞争激烈的市场中生存并茁壮成长。为了在市场中占据一席之地，中小企业需要制定切合自身实际的适配策略，以确保在变化莫测的商业环境中保持竞争力。

在这一方面，简化工具和补偿性控制成了关键手段。通过应用简化流程的工具，中小企业能够降低运营复杂性，从而更迅速地做出反应。这不仅有助于节省时间和人力，还能减少因操作烦琐导致的错误。补偿性控制则是在资源不足时采取的一种策略，通过优化现有的流程和制度来弥补硬件或人员的不足。这种策略可以通过对员工进行适当的培训，或引入新的技术和方法，提升整体工作效率和竞争实力。中小企业能通过灵活的结构和创新的思维快速调整市场策略，抓住新的机会，在有限的资源条件下实现可持续发展。

简化工具的应用为中小企业提供了一个有效途径，使其能够充分利用现有资源，同时剔除不必要的复杂性，从而实现更高效的运营。这些工具可以通过多种方式简化业务流程。模块化设计为企业提供了根据自身需要调整或扩展操作的灵活性，避免了全面改造带来的成本和混乱。集成化管理平台能够将不同部门和功能结合在一个统一的界面下运行，从而减少信息传递的滞后，提高工作效率。在数字化转型的过程中，使用云计算服务或SaaS（在线软件服务）解决方案可以显著降低初期投资门槛。这使得企业可以更加快速地接入并利用最新技术进行数据存储和分析，促成更高效的决策制定。这种技术还支持随时随地的远程访问，使员工可以在全球各地进行协作，有效减少传统办公的地域限制。这些举措不仅帮助企业在数字化浪潮中脱颖而出，而且使其能够更专注于核心领域的发展与创新，真正实现可持续增长。

补偿性控制为中小企业的风险管理提供了重要的保障，这是因为这些企业通常具有资源有限、结构相对简单的特点，正式控制系统不如大型企业健全。补偿性控制措施在这些企业中显得尤为必要和有效。通过强化员工培训，企业不仅能提高员工的专业技能，还能增强他们的风险意识和应对能力，在潜在风险出现时，实现更为迅速的反应。另外，建立清晰的沟通渠道也是关键，它能确保企业内部信息的有效传递，有助于全体员工及时了解公司政策的变更以及新的操作流程，从而减少因信息不对称造成的操作失误和风险敞口。定期的内部审查与评估，如同给企业健康状况做“体检”，可以让管理层持续监控企业的运营状况，识别可能存在的隐患，从而在问题萌芽阶段就采取防范措施。这不仅提高了企业的风险抵御能力，还能够在瞬息万变的市场中保持灵活性和竞争力，确保企业的可持续发展。

通过将简化工具与补偿性控制相结合，中小企业能够更好地整合内部资源，提升工作效率，同时在规范管理上保障业务持续发展。这不仅有助于提升企业的竞争力，也为其在市场变革中抓住更多的发展机遇打下了坚实的基础。简化工具通常包括自动化软件和精简流程，它们可以显著减少日常运营中的冗余步骤和不必要的流程，帮助企业削减成本并提高反应速度。与此同时，补偿性控制措施则为这些自动化和简化步骤提供了必要的监督和管理，确保在提升效率的同时不降低质量和合规性。通过这种双管齐下的方法，企业可以更快速地适应市场变化，及时调整战略方向，捕捉更好的增长契机。这种合并方法使得即便是资源有限的中小企业，也能够在数字化浪潮中脱颖而出，保持可持续的发展势头。

（二）大型企业的系统化建设

在这个全球化和数字化的商业环境中，大型企业面临的挑战越来越复杂多变。因此，系统化建设，特别是端到端流程的整合，变得愈发关键。这种整合不仅仅是对业务流程的优化，更是在战略层面的升级。通过无缝衔接所有运营环节，企业能够有效减少瓶颈和冗余操作，使整个生产和交付过程更加流畅。这种提升在竞争激烈的市场中尤其重要，因为它能够显著降低因信息不对称和流程断裂导致的延误和错误。而在质量保证方面，系统化的整合确保每个生产和交付节点都能保持一致的标准和过程监督，从而提升客户满意度并增强品牌声誉。

端到端流程整合为企业带来的远超于此。它使得数据分析不再是碎片化和局限性的，而是基于全面、实时的数据，可以洞察市场的微妙变化，精确识别潜在的商业机会，此外还能够及时发现系统内部的不足，并进行有效调整，确保企业在市场中的竞争力。这一体系的成功实施，需要企业内部各部门间紧密合作和对新技术的持续探索和应用，以迎合市场变化和技术革新。通过这样的战略措施，企业能够构建出一个充满活力和创新力的生态系统，持续推动自身成长和市场占有率的提升。

大型企业的系统化建设，尤其是端到端流程整合，具有显著的重要性。在现代商业环境中，随着市场竞争的加剧和客户需求的变化，企业需要具备快速响应能力和优秀的执行力。通过端到端流程整合，企业不仅能形成一个无缝、连贯的运营系统，提高效率，降低运营成本，而且能更加准确、高效地进行资源配置。这种整合使企业能够全面掌握从生产到交付的每一个环节，不仅确保了产品和服务的质量，还能有效地提升客户满意度。值得一提的是，端到端的整合能够帮助企业在进行数据分析时获取更全面和精准的数据，这对识别市场机会和发现内部问题至关重要。通过精准的数据分析，企业能够更明智地做出决策，从而改进业务流程，创新产品服务，快速占据市场先机。整个系统化建设过程中，跨部门的协同合作以及新技术的引入和应用都是至关重要的。通过不断的创新与调整，企业能够打造一个灵活高效、可持续增长的生态系统，进而在激烈的市场竞争中脱颖而出。

（三）持续优化的管理理念

持续优化的管理理念以数据驱动和风险可控为核心，使企业能够在不断变化的环境中实现稳健发展。数据驱动指的是通过系统化收集、细致分析和深刻解读海量数据，使决策过程更加科学和精准，不仅能提高企业对于市场变化的敏锐度，更能精确识别客户需求的细微变化，通过调整运营策略，优化资源分配，实现高效的管理模式。风险可控则为企业稳定性提供了关键的保障。通过制定并实施全面的风险管理策略，企业能在面对不可预测的市场波动和潜在的危机时，从容应对，迅速调整。构建强有力的风险评估和应对机制，借助大数据分析和人工智能等先进技术手段，企业可以提前预测风险趋势，为决策提供数据支撑。同时，强化员工的风险意识和专业技能培训，确保风险来临时，员工能够快速做出反应，采取果断措施。持续优化的管理理念，不仅促进了企业内部各部门的高效协作，还为企业的长期可持续发展奠定了坚实基础。这样的管理方式能使企业在充满竞争的市场环境中，始终保持卓越的竞争力，脱颖而出，引领行业发展潮流。

参考文献

1. 张毅，周罕. 管理会计与内部控制建设的融合浅析［M］. 太原：山西经济出版社，2024.

2. 宋秀梅. 医院财务管理与内部控制［M］. 延吉：延边大学出版社，2018.

3. 宋月，朱玲，张丛政. 企业管理会计及其内部控制研究［M］. 北京：中国原子能出版社，2024.

4. 郭晓梅，马建军. 管理会计报告与内部控制［M］. 厦门：厦门大学出版社，2018.

5. 盛永志. 内部控制学［M］. 北京：北京交通大学出版社，2020.

6. 袁小勇. 内部控制与审计［M］. 北京：经济科学出版社，2017.

7. 陈武朝. 企业内部控制研究：重大缺陷披露及经济后果［M］. 北京：中国财政经济出版社，2024.

8. 美国Treadway 委员会发起组织委员会（COSO）. 财务报告内部控制：较小型公众公司指南［M］. 方红星，译. 大连：东北财经大学出版社，2009.

9. ［美］英格拉姆，奥尔布赖特，希尔. 管理会计：决策信息［M］. 陈晋平，等译. 北京：中信出版社，2003.

10. 田高良，李留闯，宋环环，等. 数智时代的企业内部控制：关键风险点控制、流程设计与案例详解［M］. 北京：人民邮电出版社，2023.

11. 李素英. 内部控制［M］. 北京：高等教育出版社，2021.

12. 吕垚，李洋. 内部控制：理论、工具与实训［M］. 北京：社会科学文献出版社，2024.

13. 陈冰玉，张艳平，祝群. 内部控制［M］. 济南：山东大学出版社，2019.

14. 荣庆娇，赵慧丽，刘小梅. 内部控制［M］. 天津：天津大学出版社， 2024.

15. 黄庆平. 管理会计［M］. 北京：中国金融出版社，2012.

16. ［美］安东尼·A. 阿特金森，［加］拉吉夫·D. 班克，罗伯特·S. 卡普兰，等. 管理会计［M］. 王立彦，杨松，袁颖，等译. 北京：北京大学出版社，2004.

17. 王文清，甘永生. 管理会计［M］. 北京：清华大学出版社，2007.

18. 卫珺慧，胡跃清，孙梅. 财务管理与会计内部控制探索［M］. 北京：中国书籍出版社，2025.

19. 卢安婧，朱大伟，卢珊. 财务管理与会计内部控制［M］. 哈尔滨：哈尔滨出版社，2024.

20. 郭宝财，韩晓兵，王鲁星. 财务管理与会计内部控制［M］. 北京：航空工业出版社，2024.

21. 陶燕贞，李芸屹. 财务管理与会计内部控制研究［M］. 长春：吉林人民出版社，2020.

22. 包景慧，苏丽静，陈立芳. 现代财务会计管理与内部控制探究［M］. 北京：现代出版社，2023.

23. 蒋淑玲. 内部控制与风险管理［M］. 北京：高等教育出版社，2019.

24. 叶陈刚，韩燕，胡咏华. 内部控制与风险管理［M］. 北京：经济科学出版社，2019.

25. 池国华，朱荣. 内部控制与风险管理［M］. 北京：中国人民大学出版社，2018.

26. 徐立德. 医院管理会计与内部控制的融合发展［J］. 会计之友，2018（14）：15–18.

27. 韩彩霞. 医院财务管理工作中管理会计与内部控制的融合路径［J］. 中国乡镇企业会计，2024（16）：124–126.

28. 宋时磊. HRP环境下管理会计与内部控制在医院财务管理工作中的融合分析［J］. 首席财务官，2024，20（14）：125–127. DOI：10. 12317/j. issn. 1673–3169. 2024. 14. 043.

29. 孙艳珍. 关于医院管理会计与内部控制融合发展的分析与研究［J］. 中国乡镇企业会计，2024（01）：163–165.

30. 张颖. 试析公立医院管理会计与内部控制的融合［J］. 财会学习，2023（33）：103–105.

31. 原微娜. 管理会计与内部控制关系的探索和实践［J］. 现代商业，2022（17）：179–182.

32. 谢梅. 医院财务管理工作中管理会计与内部控制融合思考［J］. 中国科技投资，2023（11）：66–68.

33. 罗珊珊，张晓红. 医院管理会计与内部控制的融合发展探讨［J］. 财会学习，2021（17）：114–115.

34. 姜睿. 管理会计与内部控制在公立医院财务管理工作中的有机融合探讨［J］. 当代会计，2022（04）：48–50.

35. 高雅静. 民营企业的管理会计与内部控制［J］. 会计师，2019（02）：61–62.

36. 王兆楠，张先治. 关于将管理会计与内部控制纳入《会计法》修订的思考［J］. 财务与会计，2017（23）：11–13.

37. 张彪. 浅析管理会计与内部控制的协同［J］. 中国总会计师，2019（08）：72–73.

38. 赵晓宁. 经济新常态下管理会计与内部控制的融合发展［J］. 时代金融，2016（18）：183–186.

39. 龙振波. 管理会计与内部控制融合发展［J］. 乡镇企业导报，2020（5）：99–100.

40. 俞小梅. 现代管理会计与企业内部控制管理的关系研究［J］. 理财（经济），2023（04）：94–96.

41. 何光亮. 管理会计研究与发展——基于内部控制视角［J］. 大众投资指南，2021（12）：83–84.

42. 王琳. 现代信息化背景下管理会计与企业内部控制的融合发展［J］. IT经理世界，2019，22（05）：40–41.

43. 郝春阳. 关于完善管理会计与企业内部控制的探讨［J/OL］. 中文科技期刊数据库（全文版）经济管理，2022（6）［2022–06–01］. https：//www. cqvip. com/doc/journal/2010228875451106816.

44. 武艳君. 企业管理会计与内部控制融合发展的优化路径研究［J］. 中国管理信息化，2024，27（15）：29–32. DOI：10. 3969/j. issn. 1673–0194. 2024. 15. 009.

45. 楼肖阳. 现代管理会计在企业内部控制管理中的应用分析与研究［J］. 中国乡镇企业会计，2024（02）：184–186.

46. 李亚男. 企业管理会计与内部控制如何融合发展［J］. 中国商界，2024（01）：102–104.

47. 李琳. 论企业管理会计与内部控制的融合发展［J］. 中国总会计师，2023（07）：177–179.

48. 王晓庆. 从管理会计角度谈企业内部控制的实施与优化［J］. 当代会计，2022（19）：65–67.

49. 李夏. 管理会计视角下内部控制体系的构建与完善分析［J］. 时代金融，2020（26）：97–98.

50. 段濛. 内部控制与管理会计工具及方法的运用［J］. 纳税，2019，13（13）：281–281.

51. 刘杰. 内部控制与管理会计工具的运用探究［J］. 山西农经，2018（23）：100–100. DOI：10. 16675/j. cnki. cn14–1065/f. 2018. 23. 068.

52. 王洋. 内部控制与管理会计工具与方法运用［J］. 财会学习，2018

（31）：144–144.

53. 张歌. 儒家文化、管理会计应用与企业价值创造［D］. 青岛：青岛大学，2024. DOI：10. 27262/d. cnki. gqdau. 2024. 000458.

54. 王文慧. 股权结构、内部控制与会计信息质量［D］. 天津：天津科技大学，2023. DOI：10. 27359/d. cnki. gtqgu. 2023. 000257.

55. 刘婉婷. 内部控制质量、外部审计质量与现金流风险［D］. 成都：四川农业大学，2022. DOI：10. 27345/d. cnki. gsnyu. 2022. 000076.

56. 徐婷. 数字化改革契机下行政事业单位财务管理信息化建设研究——基于内部控制视角［D］. 厦门：厦门大学，2022. DOI：10. 27424/d. cnki. gxmdu. 2022. 001043.

后 记

在完成这本关于管理会计与内部控制的著作之际，我心中满是感慨与感恩。

管理会计与内部控制，犹如企业管理大厦的两根重要支柱，支撑着企业在复杂多变的市场环境中稳健前行。在深入研究与撰写的过程中，我越发深刻地认识到两者深度融合所蕴含的巨大能量，它们相互促进、协同发展，为企业提升管理效率、防范风险、实现战略目标提供有力保障。

在此，我要诚挚地感谢众多为我提供帮助的人。感谢那些在学术领域辛勤耕耘的前辈与同行，他们的研究成果如璀璨星辰，照亮了我探索的道路，为本书的创作提供了坚实的理论基础。同时，我也要感谢每一位参与本书出版工作的同人，你们专业的编辑与细致的校对，使得本书能够以更好的面貌呈现在读者面前。

希望本书能够为企业管理者、财务工作者以及对管理会计与内部控制感兴趣的人士提供有价值的参考，助力大家在实践中更好地运用管理会计与内部控制，推动企业持续、健康发展。由于学识有限，书中难免存在不足之处，恳请各位读者批评指正。

于 明

2025年6月20日